Bundesurlaubsgesetz
Basiskommentar zum BUrlG

AF825389

Tanja Keller
Katrin Augsten

Bundesurlaubsgesetz

Basiskommentar zum BUrlG

2., überarbeitete und aktualisierte Auflage

BUND
VERLAG

Bibliografische Information der Deutschen Nationalbibliothek
Die Deutsche Nationalbibliothek verzeichnet diese Publikation in der Deutschen Nationalbibliografie; detaillierte bibliografische Daten sind im Internet über http://dnb.d-nb.de abrufbar.

2., überarbeitete und aktualisierte Auflage 2025
© Bund-Verlag GmbH, Emil-von-Behring-Straße 14, 60439 Frankfurt am Main, 2023

Umschlag: Ute Weber, Geretsried
Satz: Dörlemann Satz, Lemförde
Druck: CPI books GmbH, Birkstr. 10, 25917 Leck

ISBN 978-3-7663-7485-1

Das Werk einschließlich aller seiner Teile ist urheberrechtlich geschützt.
Jede Verwertung außerhalb der engen Grenzen des Urheberrechtsgesetzes ist ohne Zustimmung des Verlages unzulässig und strafbar.
Das gilt insbesondere für Vervielfältigungen, Übersetzungen, Mikroverfilmungen und die Speicherung und Verarbeitung in elektronischen Systemen.
Die Inhalte dürfen nicht zur Entwicklung, zum Training und/oder zur Anreicherung von KI-Anwendungen, insbesondere von generativen KI-Anwendungen verwendet werden. Dies umfasst auch jede Verwendung der digitalen Inhalte in KI-Anwendungen. Die Nutzung der Inhalte für Text- und Data-Mining im Sinne von § 44b UrhG ist ausdrücklich vorbehalten und damit verboten.

kontakt@bund-verlag.de
www.bund-verlag.de

Vorwort und Tipps zur Arbeit mit diesem Kommentar

Unser Basiskommentar Bundesurlaubsgesetz besteht aus zwei Hauptteilen. In dem »Einführung« genannten Teil beschäftigen wir uns eher in der Art eines Praxisratgebers mit den im Zusammenhang mit Urlaub und den verschiedenen anderen Freistellungsansprüchen entstehenden Problemen. Der zweite Teil ist dann der Basiskommentar zum BUrlG im klassischen Sinne.

Wir denken, dass Sie, liebe Lesende, als die Praktiker:innen und direkt Betroffenen, die Sie sind, jeden Tag mit einer breiten Palette an Fragestellungen konfrontiert werden, die im weitesten Sinne mit dem Thema Urlaub zu tun haben. Unsere Antworten auf Ihre Alltagsfragen haben wir deshalb »vor die Klammer gezogen« und dem klassischen Kommentar als eine recht umfangreiche Einführung vorangestellt.

Wir hoffen, liebe Nutzer:innen, dass diese Kombination aus Praxisteil und juristischer Kommentierung des BUrlG dafür sorgt, dass Sie unser Werk im Alltag immer wieder mit Gewinn für Ihre tägliche Arbeit nutzen können. Und – keine Angst – auch der Teil des Buches, der dem juristischen Kommentar gewidmet ist, ist für Sie als Praktiker:innen gut lesbar gehalten. Und, liebe Lesende, bitte wundern Sie sich nicht. Wir haben uns bemüht, im Einführungsteil des Buches soweit möglich, moderne Alltagssprache zu verwenden, also natürlich auch zu gendern. Im Kommentarteil wäre konsequentes Vorgehen in diesem Sinne auf Kosten der leichten Lesbarkeit gegangen. Sie finden dort also weiterhin die von der Gesetzgebung und auch Rechtsprechung benutzten Formen der Ansprache.

Unserem Wegbereiter, in dessen Fußstapfen wir vor einigen Jahren mit der ersten Auflage des »generalüberholten« Werkes mit großem Respekt getreten sind, dürfen wir an dieser Stelle nochmals ausdrücklich für die Arbeit all der Jahre am Vorläuferwerk danken.

Wir freuen uns, Sie, liebe Lesende, nun bereits in der zweiten Auflage in unserer Verantwortung wieder bei uns zu wissen und wünschen Ihnen viel Mehrwert und Praxisnutzen.

Wenn Ihnen etwas auffällt, das Ihnen besonders nützt oder aus Ihrer Sicht noch (tiefergehend) zu beleuchten wäre, lassen Sie es uns sehr gern wissen (*kontakt@bund-verlag.de*).

Jedes Buch ist nur dann etwas wert, wenn es seinen Leser:innen nützt. Sie haben mit Ihren Rückmeldungen die Möglichkeit, zu diesem Nutzen in kommenden Auflagen beizutragen.

Tanja Keller, Richterin am Arbeitsgericht Regensburg
Katrin Augsten, Fachanwältin für Arbeitsrecht
im April 2025

Inhaltsverzeichnis

Abkürzungsverzeichnis

a. A.	anderer Ansicht
a. a. O.	am angegebenen Ort
ABl./ABl. EG	Amtsblatt bzw. Amtsblatt der Europäischen Gemeinschaften
Abs.	Absatz
a. E.	am Ende
AE	Arbeitsrechtliche Entscheidungen
AEUV	Vertrag über die Arbeitsweise der Europäischen Union
a. F.	alte Fassung
AGG	Allgemeines Gleichbehandlungsgesetz
AiB	Arbeitsrecht im Betrieb (Zeitschrift)
Alg.	Arbeitslosengeld
Alt.	Alternative
Anh.	Anhang
Anm.	Anmerkung
AP	Arbeitsrechtliche Praxis (Zeitschrift)
ArbG	Arbeitsgericht
ArbGG	Arbeitsgerichtsgesetz
ArbPlSchG	Arbeitsplatzschutzgesetz
ArbRB	Der Arbeits-Rechtsberater (Zeitschrift)
ARS	Arbeitsrechts-Sammlung
Art./Artt.	Artikel
AU	Arbeitsunfähigkeit
AuA	Arbeit und Arbeitsrecht (Zeitschrift)
Auf.	Auflage
AuR	Arbeit und Recht (Zeitschrift)
BAG	Bundesarbeitsgericht
BAGE	Entscheidungen des Bundesarbeitsgerichts, Band und Seite
BAT	Bundes-Angestelltentarifvertrag

Bayreuther/ Bearbeiter	Bayreuther/Kiel/Zimmermann, Bundesurlaubsgesetz, Kommentar
BB	Betriebs-Berater (Zeitschrift)
BBiG	Berufsbildungsgesetz
Bd.	Band
BEEG	Bundeselterngeld- und Elternzeitgesetz
ber.	bereinigt
BErzGG	Bundeserziehungsgeldgesetz
BeschFG	Beschäftigungsförderungsgesetz
BetrR	Der Betriebsrat (Zeitschrift)
BetrVG	Betriebsverfassungsgesetz
BFQG	Bildungsfreistellungs- und Qualifizierungsgesetz
BGB	Bürgerliches Gesetzbuch
BGBl.	Bundesgesetzblatt
BGH	Bundesgerichtshof
BildUrlG	Bildungsurlaubsgesetz
BMAS	Bundesministerium für Arbeit und Soziales
BPersVG	Bundespersonalvertretungsgesetz
BReg.	Bundesregierung
BRTV	Bundesrahmentarifvertrag
BSG	Bundessozialgericht
BSHG	Bundessozialhilfegesetz
bspw.	beispielsweise
BT	Bundestag
Buchst.	Buchstabe
BUrlG	Bundesurlaubsgesetz
BV	Betriebsvereinbarung
BVerfG	Bundesverfassungsgericht
BVerfGE	Entscheidungen des Bundesverfassungsgerichts, Band und Seite
BVerwG	Bundesverwaltungsgericht
bzgl.	bezüglich
bzw.	beziehungsweise
DAG	Deutsche Angestelltengewerkschaft
DB	Der Betrieb (Zeitschrift)
dbr	der Betriebsrat (Zeitschrift)
ders.	derselbe
DGB	Deutscher Gewerkschaftsbund
DKW	Däubler/Klebe/Wedde (Hrsg.), Betriebsverfassungsgesetz, Kommentar für die Praxis
Drucks.	Drucksache
DStR	Deutsches Steuerrecht (Zeitschrift)

ebd.	ebenda
EFZG	Entgeltfortzahlungsgesetz
EG	Europäische Gemeinschaft
EGBGB	Einführungsgesetz zum Bürgerlichen Gesetzbuch
EG-V	Vertrag der Europäischen Gemeinschaften
EMRK	Europäische Menschenrechtskonvention
EP	Europäisches Parlament
ErfK	Erfurter Kommentar
ESC	Europäische Sozialcharta
etc.	et cetera
EU	Europäische Union
EÜG	Eignungsübungsgesetz
EuGH	Europäischer Gerichtshof
EUV	Vertrag über die Europäische Union
EuZW	Europäische Zeitschrift für Wirtschaftsrecht
EVG	Eisenbahn- und Verkehrgewerkschaft
EWiR	Entscheidungen zum Wirtschaftsrecht
EzA	Entscheidungssammlung zum Arbeitsrecht
f./ff.	folgende
Fn.	Fußnote
FPR	Familie Partnerschaft und Recht (Zeitschrift)
FR	Frankfurter Rundschau (Zeitung)
GdB	Grad der Behinderung
GdS	Gewerkschaft der Sozialversicherung (Zeitschrift)
gem.	gemäß
GG	Grundgesetz
ggf.	gegebenenfalls
GK	Gemeinschaftskommentar
GMTV	Gemeinsamer Manteltarifvertrag
grds.	grundsätzlich
GVBl.	Gesetzes- und Verordnungsblatt
HAG	Heimarbeitsgesetz
Halbs.	Halbsatz
Hess./hess.	Hessisch/e/s
HGB	Handelsgesetzbuch
Hk	Handkommentar
h. M.	herrschende Meinung
Hohmeister/ Bearbeiter	Hohmeister/Oppermann/Bearbeiter

IAO	Internationale Arbeitsorganisation
i. d. F.	in der Fassung
i. d. R.	in der Regel
ILO	International Labour Organisation
InsO	Insolvenzordnung
ISR	Internationales Schifffahrtsregister
i. S. d.	im Sinne des/der
i. S. v.	im Sinne von
i. V. m.	in Verbindung mit
JArbSchG	Jugendarbeitsschutzgesetz
Jhdt.	Jahrhundert
KMU	Kleine und mittlere Unternehmen
KO	Konkursordnung
krit.	kritisch
KrPflG	Krankenpflegegesetz
KSchG	Kündigungsschutzgesetz
LAG	Landesarbeitsgericht
LAGE	Entscheidungen der Landesarbeitsgerichte
lit.	Littera (Buchstabe)
Lit.	Literatur
LSG	Landessozialgericht
MAV	Mitarbeitervertretung (einer kirchlichen oder karitativen Einrichtung)
MiLoG	Mindestlohngesetz
MHdB	Münchener Handbuch zum Arbeitsrecht
MitbestG	Mitbestimmungsgesetz
MOE-Staaten	Mittel- und Osteuropäische Staaten
m. N.	mit Nachweisen
Mrd.	Milliarde/n
MTV	Manteltarifvertrag
MuSchG	Mutterschutzgesetz
m. V. a.	mit Verweis auf
m. w. N.	mit weiteren Nachweisen
n. F.	neue Fassung
Neumann/Bearbeiter	Neumann/Fenski/Kühn/Bearbeiter
NGG	Gewerkschaft Nahrungsmittel, Genuss, Gaststätten
NJOZ	Neue Juristische Online Zeitschrift

NJW	Neue Juristische Wochenschrift (Zeitschrift)
NordÖR	Zeitschrift für Öffentliches Recht in Norddeutschland
NRW	Nordrhein-Westfalen
NS	Nationalsozialismus
NZA	Neue Zeitschrift für Arbeitsrecht
NZA-RR	Neue Zeitschrift für Arbeitsrecht – Rechtsprechungsreport
o. Ä.	oder Ähnliches
OT	Ohne Tarifbindung
OVG	Oberverwaltungsgericht
PersR	Der Personalrat (Zeitschrift)
PersV	Die Personalvertretung (Zeitschrift)
PersVG	Personalvertretungsgesetz
PflegeZG	Pflegezeitgesetz
PflR	Pflegerecht (Zeitschrift)
RAG	Reichsarbeitsgericht
Rev.	Revision
RGBl.	Reichsgesetzblatt
RL	Richtlinie
Rn.	Randnummer
Rs.	Rechtssache
Rspr.	Rechtsprechung
S.	Seite
s.	siehe
SBZ	Sowjetisch besetzte Zone Deutschlands (1945–1949)
SchwbG	Schwerbehindertengesetz (jetzt SGB IX)
SeeArbG	Seearbeitsgesetz
SeemG	Seemannsgesetz
SGB	Sozialgesetzbuch
SMAD	Sowjetische Militäradministration in Deutschland
sog.	sogenannte/s
Sp.	Spalte
str.	streitig
TV	Tarifvertrag
TVAöD	Tarifvertrag für Auszubildende des öffentlichen Dienstes
TVG	Tarifvertragsgesetz
TV-L	Tarifvertrag für den öffentlichen Dienst der Länder

TVöD	Tarifvertrag für den öffentlichen Dienst
TzBfG	Teilzeit- und Befristungsgesetz
u. a.	unter anderem
u. Ä.	und Ähnliches
u. E.	unseres Erachtens
ULAK	Urlaubs- und Lohnausgleichskasse (im Baugewerbe)
u. U.	unter Umständen
u. v. a.	und viele(s) andere
v.	vom
VermBG	Vermögensbildungsgesetz
vgl.	vergleiche
VO	Verordnung
Vorbem.	Vorbemerkung(en)
WRV	Weimarer Reichsverfassung
WSI	Wirtschafts- und Sozialwissenschaftliches Institut in der Hans-Böckler-Stiftung
z. B.	zum Beispiel
Ziff.	Ziffer
ZInsO	Zeitschrift für das gesamte Insolvenzrecht
ZPO	Zivilprozessordnung
z. T.	zum Teil
ZTR	Zeitschrift für Tarifrecht
zust.	zustimmend/e/er
ZVI	Zeitschrift für Verbraucher- und Privat-Insolvenzrecht
ZVK	Zusatzversorgungskasse des Baugewerbes

Literaturhinweise

Anstelle eines ausführlichen und vollständigen Literaturverzeichnisses sollen für den praktischen Gebrauch im Betrieb nur einige Hinweise auf die Kommentierungen und Handbücher erfolgen.

Handbücher

Däubler/Hjort/Schubert/Wolmerath, Arbeitsrecht, Individualarbeitsrecht mit kollektivrechtlichen Bezügen, Handkommentar, 5. Aufl. 2022

Kiel/Lunk/Oetker (Hrsg.), Münchener Handbuch zum Arbeitsrecht, Bd.: 1 – 4, 6. Aufl. 2024/2025

DeinertWenckebach/Zwanziger (Hrsg.), Arbeitsrecht – Handbuch für die Praxis, 11. Aufl. 2023

Küttner, Personalbuch 2025 – Arbeitsrecht, Lohnsteuerrecht, Sozialversicherungsrecht, 32. Aufl. 2025

Schaub, Arbeitsrechts-Handbuch, 20. Aufl. 2023

Kommentare

Arnold/Tillmanns, Bundesurlaubsgesetz, Praxiskommentar, 5. Aufl. 2024

Bayreuther/Kiel/Zimmermann, Bundesurlaubsgesetz – Kommentar, 3. Aufl.2024

Däubler/Klebe/Wedde, Betriebsverfassungsgesetz, Kommentar für die Praxis, 19. Aufl. 2024

Hohmeister/Oppermann, Bundesurlaubsgesetz, Handkommentar, 3. Aufl. 2013

Müller-Glöge/Preis/Schmidt (Hrsg.), Erfurter Kommentar zum Arbeitsrecht, 25. Aufl. 2025

Neumann/Fenski/Kühn, Bundesurlaubsgesetz, Kommentar, 12. Aufl. 2021

Einführung

Inhaltsübersicht

I. Die Stellung des Bundesurlaubsgesetzes im System des deutschen Arbeitsrechts

Das Bundesurlaubsgesetz regelt seit 1963[1] die Mindestbedingungen, die bei der Gewährung von Erholungsurlaub für die vom Geltungsbereich des Gesetzes erfassten Betroffenen[2] zu beachten sind. Dabei stellt sich das Bundesurlaubsgesetz als eine Art »Sandwichkind« dar. Das Bundesurlaubsgesetz liegt in gewisser Weise eingebettet zwischen den europarechtlichen Rahmenbedingungen und den gewerkschaftlichen/tarifvertraglichen Ursprüngen und Erweiterungen des Erholungsurlaubs. 1

Der Anspruch auf einen bezahlten Jahresurlaub für Beschäftigte gehört zu den bedeutsamen Grundsätzen des Sozialrechts der Gemeinschaft. Als Mitglied der Europäischen Union ist die Bundesrepublik verpflichtet, die entsprechenden europäischen Mindestregelungen und Schutzvorschriften auf dem Gebiet des Arbeitsrechts, zudem auch das Urlaubsrecht gehört, zu beachten. Deshalb ist das Bundesurlaubsgesetz immer wieder anhand der

1 Bis 1990 nur auf dem Gebiet der alten Bundesrepublik Deutschland; in der Deutschen Demokratischen Republik galt eine eigenständige, hier nicht behandelte Rechtsordnung.

2 Gem. § 2 BUrlG sind dies grundsätzlich: Arbeitnehmer (Arbeiter und Angestellte) sowie die zu ihrer Berufsausbildung Beschäftigten, sowie arbeitnehmerähnliche Personen – im Folgenden werden die vom Geltungsbereich des BUrlG erfassten Personen wegen der besseren Lesbarkeit mit der Bezeichnung »Beschäftigte« bezeichnet.

geltenden Richtlinien der Europäischen Union[3] zu überprüfen und gegebenenfalls bei Weiterentwicklungen an diese anzupassen.
Auf der anderen Seite wird die Praxis des deutschen Arbeitsrechts eben noch immer ganz wesentlich durch in Tarifverträgen normierte, oftmals aus Sicht der Beschäftigten deutlich bessere, Bedingungen geprägt.
Grundsätzlich denkbar – und in Bezug auf die Anzahl der zur Verfügung stehenden Urlaubstage durchaus auch mit gewisser praktischer Bedeutung – sind aber auch einzelvertragliche Regelungen zu den relevanten urlaubsrechtlichen Fragen.
Welche arbeits- oder tarifvertraglichen Abweichungen von den Regelungen des Bundesurlaubsgesetzes im Einzelnen rechtswirksam sein können, regelt § 13 BUrlG.[4] Somit ist z. B. sichergestellt, dass den Beschäftigten pro Kalenderjahr wenigstens die europarechtlich normierten 4 Wochen bezahlter Erholungsurlaub verbleiben und nicht etwa vertraglich unterlaufen werden.
Praktisch leider ebenfalls relevant ist natürlich, dass auch im Urlaubsrecht das Prinzip »wo kein Kläger, da kein Richter« greift. Werden die diesbezüglichen Rechte der Beschäftigten von der Arbeitgeberseite schlicht nicht eingehalten, müssen die Beschäftigten selbst aktiv werden, ihre Rechte einfordern und notfalls einklagen. Gesetzlich normierte Bußgeld- oder gar Strafvorschriften kennt das Urlaubsrecht, im Gegensatz z. B. zum Arbeitszeitrecht[5], leider bisher nicht.

II. Wie viel Urlaub gibt es? Ein Überblick

1. Erholungsurlaube

2 § 3 BUrlG sichert jeder anspruchsberechtigten Person einen Erholungsurlaub von 24 Werktagen pro Kalendertag zu. Auf Basis einer Woche mit 6 Werktagen ergibt sich also der auch europarechtlich abgesicherte Mindesturlaub von 4 Wochen.
Schwerbehinderte Beschäftigte (nicht aber diesen gleichgestellte!) haben zudem gem. § 208 SGB IX Anspruch auf 5 weitere Arbeitstage. Das bezieht sich aber nur auf eine 5-Tage-Woche. Schwerbehinderten, die an 5 Tagen in der Woche zur Arbeitsleistung verpflichtet sind, steht eine weitere Woche Urlaub im Kalenderjahr zu.
Hinsichtlich der Beschäftigten, deren GdB von 50 oder höher nicht während des gesamten Urlaubsjahres besteht, ist § 208 Abs. 2 SGB IX zu beachten.

---

3 Aktuell diesbezüglich: Richtlinie 2003/88/EG über bestimmte Aspekte der Arbeitszeitgestaltung, dieser gingen die Richtlinien 2000/34/EG und 93/104/EG voraus.

4 Siehe dortige Kommentierung für Details.

5 Siehe §§ 22, 23 ArbZG.

Demnach werden die 5 für das Jahr zustehenden Tage in diesen Fällen durch 12 geteilt und mit der Anzahl der vollen Monate multipliziert, für die der GdB von 50 (+) festgestellt ist. Ergeben sich dabei Bruchteile von Urlaubstagen, die mindestens einen halben Tag ergeben, ist auf volle Urlaubstage aufzurunden.

Beispiel:
Sandra bekommt einen Bescheid, aus dem sich ergibt, dass ihr ab 28.8.2024 ein GdB von 50 zusteht. Aus Tarifvertrag stand ihr bereits ein Urlaubsanspruch von 30 Tagen für 2024 zu. Wegen des GdB von 50 kommen nun noch 2 Tage dazu.
5 Tage Anspruch Zusatzurlaub aus § 208 SGB IX ÷ 12 (Anzahl Monate im Jahr) × 4 (September – Dezember = volle Monate mit GdB von 50) = 1,67, aufzurunden auf 2 Tage.
Sandras Arbeitsverhältnis endet nun zum 30.4.2025
Ihr (ggf. abzugeltender) Urlaubsanspruch berechnet sich nun wie folgt:
30 Tage aus Tarifvertrag + 5 Tage aus § 208 SGB XI = 35 Tage ÷ 12 × 4 = 11,67
Es wird wieder auf 12 Tage aufgerundet; der Rechtsgrund hierfür findet sich aber nun in § 5c BUrlG.

Jugendlichen Beschäftigten steht nach § 19 JArbSchG ein erhöhter Mindesturlaub zu; gestaffelt nach Alter. Jugendliche, die zu Beginn des jeweiligen Kalenderjahres noch nicht alt sind:
16 Jahre: haben Anspruch auf 30 Werktage in diesem Kalenderjahr,
17 Jahre: haben Anspruch auf 27 Werktage in diesem Kalenderjahr,
18 Jahre: haben Anspruch auf 25 Werktage in diesem Kalenderjahr.
Tarifverträge stellen in ihrem Anwendungsbereich in der Regel deutlich über diesen Mindesturlaub hinausgehende Urlaubsansprüche sicher. Auf diese gewerkschaftlichen Anstrengungen dürfte deshalb zurückzuführen sein, dass Beschäftigte laut statistischem Bundesamt durchschnittlich Anspruch auf 28 Tage (also knapp 6 Wochen) Erholungsurlaub im Jahr haben.[6]
Hinzu kommen oft tarifliche Zusatzurlaubstage für besondere Belastungen, z. B. § 27 TVÖD für Schicht- und ständige Wechselschichtarbeit.
Diese Zusatzurlaube und andere Freistellungsregelungen erklären auch, warum die Anzahl der durchschnittlich genommenen Urlaubstage – für 2023 31 Tage – über der Zahl der durchschnittlich zur Verfügung stehenden Erholungsurlaubstage liegt.[7]
Seit ein paar Jahren vereinbaren Gewerkschaften zudem gelegentlich auch freie Tage, die von den Beschäftigten anstatt ausgezahlten Entgelterhöhungen gewählt werden können.

---

6 Quelle: *https://www.destatis.de/DE/Themen/Arbeit/Arbeitsmarkt/Qualitaet-Arbeit/Dimension-2/urlaubsanspruchl.html*, abgerufen 27.1.2025.

7 *https://www.destatis.de/DE/Themen/Arbeit/Arbeitsmarkt/Qualitaet-Arbeit/Dimension-2/_Interaktiv/2-2-urlaub.html*, abgerufen 27.1.2025.

Dieses Instrument der Tarifgestaltung kommt bis dato noch recht vereinzelt vor, Beispiele wären tarifliche Regelungen im Zuständigkeitsbereich der EVG für die DB AG, der ver.di für die Deutsche Post AG oder der IG Metall für die Metall- und Elektroindustrie.
Wie sich diese Tage dann im Detail auswirken, ob sie vollständig dem Urlaubsrecht unterworfen sind oder teilweise oder ob sie reine Arbeitszeitverkürzungen mit den entsprechenden Folgen darstellen, regeln die Tarifvertragsparteien in den entsprechenden Tarifverträgen.

2. Weitere Urlaubs- und Freistellungsansprüche

3 Des Weiteren gelten eine schier unüberschaubare Anzahl von Regelungen, die die verschiedensten weiteren zweckgebundenen Freistellungsansprüche begründen. Vom Urlaub unterscheiden sich diese Freistellungsansprüche dadurch, dass sie nicht der Erholung, sondern der Erfüllung anderer Zwecke dienen.
Das können bundesgesetzliche Regelungen sein, z.B. § 3 Abs. 1 Satz 2 THWG.[8]
Vor allem aber gibt es in den Bundesländern sehr unterschiedliche landesgesetzliche Freistellungsregelungen für die verschiedensten Zwecke.
In allen Bundesländern – bis auf Bayern und Sachsen[9] – gibt es gesetzliche Regelungen zum Bildungsurlaub, die sich aber in der konkreten Ausgestaltung wieder von Land zu Land unterscheiden.
Soweit ersichtlich bieten zudem alle Bundesländer den in der Kinder- und Jugendverbandsarbeit aktiven Beschäftigten die Möglichkeit, für entsprechende ehrenamtliche Aktivitäten, wie z.B. Zeltlager und Fortbildungen, Freistellungsansprüche gelten zu machen. In manchen Fällen erfolgt diese Freistellung bezahlt – die Entgeltkosten werden dem Arbeitgeber dann aber aus Landesmitteln erstattet – oder die unbezahlt Freigestellten erhalten gewisse Leistungen aus Landesmitteln, um den Entgeltausfall zu mindern.
Unter bestimmten Voraussetzungen gibt es weitere zweckgebundene Freistellungsansprüche.
So haben z.B. Gemeinde- oder Stadträt:innen Freistellungsansprüche nach den jeweiligen landesrechtlichen Regelungen und auch Kandidat:innen für den Bundestag das Recht, innerhalb der letzten zwei Monate vor dem Wahl-

---

8 Siehe dazu auch BAG 10.5.2005 – 9 AZR 251/04.

9 Dank einer Initiative, unter anderem des DGB und ver.di, für einen Volksentscheid, die mehr als 55000 Unterschriften sammeln konnte, steht seit Dezember 2024 im Koalitionsvertrag der Regierung die Selbstverpflichtung, ab 2027 wenigstens einen Anspruch auf 3 Tage Bildungsurlaub festschreiben zu wollen. Quelle: *https://www.bildungsurlauber.de/bildungsurlaub/bundeslaender/bildungsurlaub-sachsen/*, abgerufen 27.1.2025.

tag auf Antrag unbezahlten Urlaub von bis zu zwei Monaten zu erhalten (§ 3 AbgG). Ähnliches gilt in einzelnen Bundesländern für Landtagskandidat:innen (z. B. Art. 3 BayAbgG).
Eigene Recherche zum konkreten Zweck und im konkreten Bundesland kann daher sehr lohnend sein.

3. Überblick: Folgen unterschiedlicher Arbeitszeitgestaltungen und Veränderungen der Wochenarbeitszeit

Das Bundesurlaubsgesetz geht hinsichtlich des Anspruches auf Erholungs- **4**
urlaub von einer 6-Tage-Woche und Verteilung der Arbeitszeit auf alle diese Tage aus.
Der Realität entspricht dies schon lange nicht mehr. Üblich ist für Vollzeit heute in vielen Branchen die 5-Tage-Woche.
Bei von der Logik des Gesetzes abweichender Verteilung der Arbeitszeit erfolgt die Umrechnung im Verhältnis der Arbeitstage zu den Werktagen im Bezugszeitraum. Maßstab der Berechnung ist dabei immer die Anzahl der vertraglich geschuldeten, nicht etwa die Anzahl der tatsächlich geleisteten Arbeitstage.
Für eine vertraglich vereinbarte 5-Tage-Woche im gesamten Urlaubsjahr ergibt sich also ein Anspruch von 24 Werktage ÷ 6 Werktage × 5 Arbeitstage = 20 Urlaubstagen.
Ist die Arbeitszeit z. B. so verteilt, dass in Woche 1 jeweils an 4 Tagen die Woche gearbeitet werden muss, in Woche 2 jeweils an 5 Tagen, würde wie folgt gerechnet:
24 Werktage ÷ 12 Werktage (Bezugszeitraum sind 2 Wochen) × 9 Arbeitstage (die 4 aus Woche 1 plus 5 aus Woche 2) = 18 Urlaubstage für das Jahr.
Früher wurde auch dann nach diesem Schema umgerechnet, wenn sich **5**
unterjährig die Anzahl der pro Woche geschuldeten Arbeitszeit geändert hat. Seit der EuGH-Entscheidung »Brandes«[10] ist klar, dass dies, zumindest bezogen auf den gesetzlichen Urlaub,[11] nicht mehr zulässig ist.
Derzeit wird daher im ersten Schritt nach Zeitabschnitten differenziert:

> **Beispiel:**
> Caro arbeitet vom 1. 1. bis 30. 6. an 4 Tagen/Woche.
> Ab 1. 7. wird der Arbeitsvertrag geändert – Caro arbeitet nun 2 Tage/Woche
> Urlaubsanspruch:
> 1 HJ: 24 WT ÷ 6 WT × 4 AT ÷ 12 × 6 = 8 AT

10 EuGH 13.6.2013 – C-415/12.
11 Vgl. BAG 10.2.2015 – 9 AZR 53/14, aber ausdrücklich anders zu § 26 Abs. 1 Satz 4 TVöD a. F.: BAG 14.3.2017 – 9 AZR 7/16, wobei im entschiedenen Fall der ungekürzte gesetzliche Mindesturlaub von 4 Wochen gewährt worden war, siehe aber auch BAG 19.3.2019 – 9 AZR 406/17.

2 HJ: 24 WT ÷ 6 WT × 2 AT ÷ 12 × 6 = 4 AT
Wichtig: Wenn Caro im ersten Halbjahr ihren sich für diese Zeit rechnerisch ergebenden Urlaub (also die 8 Tage = 2 Wochen) noch nicht vollständig in Anspruch genommen hatte, dann darf der Urlaub nun nicht mehr gekürzt werden![12]
Nehmen wir an, Caro hatte im ersten Halbjahr noch keinen Urlaub, also hat sie noch die vollen 8 Tage, plus die 4 Tage, die sich für das zweite Halbjahr ergeben. Sie kann also 12 Arbeitstage Urlaub nehmen, auch wenn sie dann wegen der neuen Verteilung der Arbeitszeit (auf nur mehr 2 Tage pro Woche) für 6 statt 4 Wochen in Urlaub, also aus dem Betrieb weg, ist.
Richtig ist das deshalb, weil der Arbeitgeber trotzdem nur für den Anteil an Tagen Urlaubsentgelt schuldet, für den es auch verdient worden ist. Die Verlängerung der Freizeit in Wochen ergibt sich im Beispiel ja nur daraus, dass er nun nicht mehr für 5 Tage pro Woche bezahlte Freistellung schuldet, sondern nur noch für 2.

6 Die oben erklärte Logik bezieht sich im Übrigen nicht nur auf die Anzahl der Urlaubstage als solches, sondern auch auf deren Wert. Wurde die Arbeitszeit also unterjährig reduziert, sind die Urlaubstage, die rechnerisch aus der Zeit stammen, in der pro Tag mehr gearbeitet und damit verdient wurde, auch in Bezug auf das Urlaubsentgelt entsprechend mit dem »alten Wert« zu vergüten.[13]
Konsequenterweise gilt dies natürlich auch bei einem unterjährigen Wechsel von niedriger zu höherer Arbeitszeit; auch hier haben die Urlaubstage, die rechnerisch der Zeit mit niedrigerer Arbeitszeitvergütung zuzurechnen sind, nur noch den niedrigeren Wert.

4. Ruhendes Arbeitsverhältnis/Sonderurlaub

7 Ein ruhendes Arbeitsverhältnis entsteht, wenn die Vertragsparteien zwar den Vertrag als solchen bestehen lassen, aber die gegenseitigen Hauptleistungspflichten suspendieren, also aussetzen.
Auf Deutsch: Der/die Beschäftigte muss nicht (mehr) arbeiten, die Arbeitgeberseite muss für diese Zeit auch kein Arbeitsentgelt mehr leisten.
Ein Arbeitsverhältnis kann aus einer ganzen Reihe von Gründen ruhen.
Da sind zunächst gesetzliche Ruhenstatbestände, im Wesentlichen:

- (langandauernde) Arbeitsunfähigkeit
- familienbedingte Auszeiten (Elternzeit und Pflegezeit ohne Arbeitsleistung)

12 Jedenfalls so der EuGH in der Entscheidung »Tirol« (EuGH 22.4.2010 – C-486/08), wenn die betroffenen Beschäftigten den Urlaub, den sie in einer Phase mit mehr Arbeitstagen pro Woche erarbeitet haben, in dieser Phase nicht (mehr) nehmen konnten.

13 Siehe EuGH 11.11.2015 – C-219/14 (Greenfield).

- Wehr-/Zivildienst,[14] freiwilliger Wehrdienst

Es kann außerdem tarifvertragliche Ansprüche auf ein Ruhen des Arbeitsverhältnisses geben, betriebliche Regelungen oder auch rein arbeitsvertragliche Vereinbarungen zum Ruhen.

Je nach Anspruchsgrundlage sind dabei die urlaubsrechtlichen Folgen sehr verschieden.

Für das Entstehen des Urlaubsanspruchs nach dem Bundesurlaubsgesetz (d. h. für den gesetzlichen Mindesturlaub) ist Voraussetzung grundsätzlich allein das Bestehen eines Arbeitsverhältnisses. Der gesetzliche Urlaubsanspruch entsteht im Grunde also auch dann, wenn die Beschäftigten nicht arbeiten, weil das Arbeitsverhältnis ruht.

Für den Fall der Erkrankung gilt das uneingeschränkt; allerdings verfällt der 8
entstandene Urlaub dann, wenn die Erkrankung verhindert, dass er innerhalb 15 Monaten nach Schluss des Kalenderjahres, in dem er entstanden ist, genommen wird.[15]

Im Fall der familienbedingten Vollfreistellungen relativiert der Gesetzgeber 9
aber bereits selbst:

Der entstandene Urlaub kann gekürzt werden – für jeden vollen Kalendermonat der Elternzeit[16] /Pflegezeit[17] um ein Zwölftel.

Entsprechendes gilt für den zurzeit ausgesetzten Wehrdienst/Zivildienst[18] und den freiwilligen Wehrdienst.[19]

Ruht das Arbeitsverhältnis infolge eines unbezahlten Sonderurlaubs, wird 10
anhand der tatsächlich erbrachten Arbeitsleistung ermittelt, in welcher Höhe der Urlaub besteht. Da keine Arbeitsleistung geschuldet ist, beträgt der Anspruch für ein volles Jahr des Ruhens Null Tage, wie das Bundesarbeitsgericht 2019[20] unter Abkehr von seiner bisherigen Rechtsprechung entschieden hat.

In entsprechender Anwendung werden also konsequenterweise volle Kalendermonate des ruhenden Arbeitsverhältnisses in diesen Fällen mit einer Ar-

14 Arbeitsplatzschutzgesetz – ArbPlSchG. Nachdem die Wehrpflicht (und der Zivildienst 2011, für den das Gesetz über § 78 Abs. 1 Nr. 1 ZDG auch gilt) ausgesetzt wurde, hat das Gesetz aktuell nur noch Bedeutung beim freiwilligen Wehrdienst (gem. § 16 Abs. 7 ArbPlSchG, § 54 WPflG), Wehrübungen und für Grenzschutzdienstpflichtige (nach § 59 BGSG). Auf den Bundesfreiwilligendienst und den Jugendfreiwilligendienst (Freiwilliges Soziales Jahr (FSJ), Freiwilliges Ökologisches Jahr (FÖJ) oder Internationaler Jugendfreiwilligendienst (IJFD) findet das Gesetz keine Anwendung.

15 BAG 7. 8. 2012 – 9 AZR 353/10.

16 § 17 Abs. 1 Satz 1 BEEG.

17 § 4 Abs. 4 PflegeZG.

18 § 3 Abs. 1 ArbPlSchG, §§ 78, 35 Zivildienstgesetz (ZDG).

19 § 16 Abs. 2 bis 7 ArbPlSchG.

20 BAG 19. 3. 2019 – 9 AZR 406/17.

beitszeit von Null in die Berechnung des jährlichen Urlaubsanspruches eingebracht; was effektiv dazu führt, dass diese Monate den Urlaubsanspruch jeweils um ein Zwölftel kürzen.

III. Urlaub und Krankheit

1. Erkrankung während des Urlaubs

11 Erkranken Beschäftigte während des gewährten Urlaubs (egal ob die Erkrankung vor Antritt oder während des Urlaubs eintritt), sind die Tage der nachgewiesenen Erkrankung dem Urlaubskonto wieder gutzuschreiben.[21] Der aktuelle Urlaub verlängert sich aber nicht automatisch um diese Tage, es muss ein neuer Urlaubsantrag gestellt und genehmigt werden, um die gutgeschriebenen Tage in Anspruch nehmen zu können.
Wenn diese Erkrankung dazu führt, dass Urlaub nicht mehr (vollständig) im Kalenderjahr der Urlaubsentstehung gewährt werden kann, erfolgt eine automatische Übertragung ins erste Quartal des Folgejahres.

2. Langdauernde Erkrankung

12 Kann der Urlaub wegen Fortdauer der Erkrankung auch bis zum 31. 3. des Folgejahres nicht genommen werden, überträgt sich der Anspruch seit der EuGH-Entscheidung »Schultz-Hoff« automatisch weiter; allerdings verfällt er, wenn er dann innerhalb 15 Monaten nach Schluss des Kalenderjahres, in dem er entstanden ist, nicht genommen wird.[22] Das gilt auch, wenn der Grund dafür weiterhin die Erkrankung ist. Zu beachten ist seit Dezember 2022 allerdings, dass der Anspruch auf gesetzlichen Mindesturlaub aus Urlaubsjahren, in denen Beschäftigte nicht durchgehend erkrankt waren, grundsätzlich nur dann nach Ablauf des Übertragungszeitraums von 15 Monaten erlischt, wenn vor der Arbeitsunfähigkeit eine entsprechende Belehrung über den Umfang des Urlaubsanspruches und die Verfallfristen erfolgt war.[23]
Eine Frage des Einzelfalles ist es, wieviel Zeit sich der Arbeitgeber am Jahresanfang oder nach Wiederherstellung der Arbeitsfähigkeit der Beschäftigten lassen kann, um seine Mitwirkungspflichten zu erfüllen. In der Regel wird man dem Arbeitgeber aber wohl ca. 1 Woche, bei Vorliegen besonderer Um-

---

21 § 9 BUrlG – zu Details siehe in der diesbezüglichen Kommentierung.
22 BAG 7.8.2012 – 9 AZR 353/10.
23 Vgl. BAG 20.12.2022 – 9 AZR 245/19 und BAG 20.12.2022 – 9 AZR 401/19.

stände auch mehr Zeit, einräumen müssen, seiner Belehrungspflicht nachzukommen.[24]

3. Medizinische Vorsorge/Reha-/Anschlussbehandlungen

Maßnahmen der medizinischen Vorsorge oder Rehabilitation dürfen gem. § 10 BUrlG nicht auf den Urlaub angerechnet werden, soweit während ihnen Arbeitsunfähigkeit nach den Arbeitsunfähigkeitsrichtlinien[25] der gesetzlichen Krankenkassen besteht. **13**

Wenn die Beschäftigten im Anschluss an eine Maßnahme der medizinischen Vorsorge oder Rehabilitation Urlaub verlangen, ist dieser gem. § 7 Abs. 1 Satz 2 BUrlG zu gewähren; eine Möglichkeit der Ablehnung des Urlaubswunsches besteht (ausreichend vorhandene Urlaubstage bei den Beschäftigten vorausgesetzt) für den Arbeitgeber nicht.

IV. Finanzielle Fragen

1. Urlaubsentgelt und Sachbezüge

Der gesetzliche Erholungsurlaub ist eine bezahlte Freistellung von der geschuldeten Arbeitsleistung.[26] **14**

Das bedeutet, dass nicht nur das vertragliche Entgelt für den Urlaub zu zahlen ist; auch Sachbezüge sind weiterzugewähren oder zumindest abzugelten.

In der Regel wird also z. B. die vereinbarte Dienstwagennutzung zu privaten Zwecken auch die Urlaubsreise umfassen,[27] bzw. zumindest ein entsprechender Abgeltungsbetrag zur Verfügung gestellt werden müssen, wenn der Dienstwagen an die Urlaubsvertretung geht. Auch Haustrunk, kostenfreie Kohle für Bergleute etc., müssen entweder auch für die Urlaubszeit zur Verfügung stehen oder deren Wert mit dem Urlaubsentgelt ausgezahlt werden.

---

24 Vgl. BAG 31. 1. 2023 – 9 ZR 107/20, Rn. 19.

25 *https://www.g-ba.de/downloads/62-492-2700/AU-RL_2021-11-19_iK-2022-01-19.pdf.*

26 § 11 BUrlG – für Details siehe dortige Kommentierung.

27 Wobei es im Einzelfall immer auf den Inhalt der konkreten vertraglichen Grundlage für die Sachbezugsleistung ankommt!

2. Urlaubsgeld

15 Vom Urlaubsentgelt (also faktisch der Fortzahlung bzw. in der Gesetzeslogik Vorauszahlung der geschuldeten Vergütung auch im Urlaub) zu unterscheiden ist das Urlaubsgeld.

Auf diese zusätzliche Leistung besteht kein unmittelbarer gesetzlicher Anspruch; sie unterliegt damit auch nicht den in diesem Kommentar behandelten gesetzlichen Regelungen für den Urlaub.

Urlaubsgeld ist eine klassische tarifvertragliche Leistung. 74% der Beschäftigten in tarifgebundenen Unternehmen der Privatwirtschaft erhalten ein zusätzliches Urlaubsgeld, aber nur 36% der Beschäftigten in Unternehmen ohne Tarifvertrag.[28]

Der Anspruch kann sich grundsätzlich unter Beachtung der Sperre des § 77 Abs. 3 BetrVG auch aus Betriebsvereinbarung ergeben, meistens ergibt er sich aber, wenn er nicht schon auf den Tarifvertrag gestützt ist, aus Arbeitsvertrag bzw. betrieblicher Übung oder Gesamtzusage.

Der Urlaubsgeldanspruch ist grds. Sonderzuwendung und entsprechend den dafür geltenden Regelungen zu behandeln; somit sind z. B. auch Stichtagsregelungen, die zur Rückzahlungsverpflichtung bzgl. des Urlaubsgeldes bei bestimmten Kündigungen führen, oder Kürzungen bei Arbeitsunfähigkeit[29] denkbar.

Wie bei jeder vertraglichen Regelung gilt aber auch hier:

Ob das, was im Grundsatz zulässig ist, auch im konkreten Einzelfall zulässig gestaltet wurde, sind zwei verschiedene Paar Schuhe. Eine qualifizierte Prüfung im Einzelfall lohnt sich deshalb oft nicht nur wegen des Erkenntnisgewinns, sondern auch in Euro.

3. Verjährung und Verfall

16 Der eigentliche Urlaubsanspruch verfällt mit dem Ende des Kalenderjahres, für den er entstanden ist. In den Fällen der gesetzlichen Übertragung verfällt er mit Ablauf des Übertragungszeitraums,[30] der in der Regel das erste Quartal des Folgejahres umfasst. Wenn Arbeitsunfähigkeit wegen Erkrankung die Beschäftigten an der Urlaubsnahme hindert, verfällt der Urlaubsanspruch (erst) 15 Monate nach seiner Entstehung. Ein im Kalenderjahr 2025 entstandener Urlaubsanspruch verfällt in diesem Fall der Erkrankung also frühestens mit dem 31. 3. 2027.

---

28 *https://www.boeckler.de/de/pressemitteilungen-2675-46-prozent-aller-beschaftigten-bekommen-urlaubsgeld-41709.htm.*

29 § 4a EFZG.

30 § 7 BUrlG – Details siehe dortige Kommentierung.

Voraussetzung für den Verfall des Urlaubs ist aber, dass der Arbeitgeber die betroffenen Beschäftigten rechtzeitig nachweisbar darauf hingewiesen hat, dass der Urlaub bis zum 31. 12. bzw. bis zum Ende des Übertragungszeitraums, also zum 31. 3. des Folgejahres, in vollem Umfang genommen werden muss und dass dieser Urlaub ansonsten mit Ablauf des Urlaubsjahres oder Übertragungszeitraums erlischt.[31] 17

Seit 22. 9. 2022 ist nun auch klar, dass Arbeitgebern, die diese Hinweispflicht versäumt haben, auch keine Verjährungseinrede mehr hilft. Auf einen Vorlagebeschluss des BAG[32] hatte der Generalanwalt am EuGH am 5. 5. 2022 seinen Entscheidungsvorschlag veröffentlicht: Die Verjährungsfrist beginnt dieser Auffassung nach erst dann zu laufen, wenn der Arbeitgeber seinen Hinweispflichten gegenüber den Beschäftigten nachgekommen ist. Der EuGH hat sich wie erwartet dieser Auffassung mit mehreren am gleichen Tag veröffentlichten Entscheidungen angeschlossen.[33] Im Dezember 2022 schloss sich dann auch das BAG dieser Rechtsauffassung an. Der Beginn von Verfall und Verjährung für den gesetzlichen Mindesturlaub ist also grundsätzlich davon abhängig, dass die Beschäftigten durch entsprechende Belehrung des Arbeitgebers über ihren Urlaubsanspruch und den drohenden Verfall informiert wurden.[34] Diese Mitwirkungsobliegenheit des Arbeitgebers genannte Belehrungspflicht greift allerdings nur im bestehenden Arbeitsverhältnis. Endet das Arbeitsverhältnis, sieht die Rechtsprechung auch das dieser Pflicht zugrundeliegende Machtgefälle als beendet an. Das bedeutet, spätestens mit dem Ende des Arbeitsverhältnisses beginnt die Verjährungsfrist zu laufen. 18

Seit der Aufgabe der sogenannten Surrogatstheorie[35] ist außerdem klar: Der Anspruch auf Abgeltung des Urlaubs nach dem Ende des Arbeitsverhältnisses ist in jedem Fall ein reiner Geldanspruch. Der Abgeltungsanspruch ist daher nicht an den Urlaubsanspruch geknüpft und verfällt somit nicht am Ende des Kalenderjahres/Übertragungszeitraumes. 19

Das bedeutet aber im Umkehrschluss auch, dass der Abgeltungsanspruch bereits deutlich schneller als der Urlaubsanspruch verfallen kann – er unterliegt, wenn auf das Arbeitsverhältnis eine solche wirksam anzuwenden ist, der Ausschluss-/bzw. Verfallsfrist.

Das bedeutet, der Urlaubsabgeltungsanspruch kann im Falle der Geltung eines entsprechenden Tarifvertrages sogar innerhalb von deutlich unter

31 BAG 19. 2. 2019 – 9 AZR 541/15.

32 BAG Vorlagebeschluss 29. 9. 2020 – 9 AZR 266/20 (A).

33 EuGH 22. 9. 2022 – C-120/21 und EuGH 22. 9. 2022 – C-518/20 und C-727/20.

34 BAG 20. 12. 2022 – 9 AZR 266/20.

35 BAG 19. 6. 2012 – 9 AZR 652/10.

3 Monaten nach Fälligkeit verfallen,[36] hier ist Schnelligkeit und Aufmerksamkeit gefragt.
Soweit keine Ausschlussfrist auf das Arbeitsverhältnis Anwendung findet, verjährt der Geldanspruch auf Urlaubsabgeltung im Ergebnis also jedenfalls 3 Jahre nach Schluss des Kalenderjahres, in dem er entstanden ist.[37]
Das gerade Gesagte gilt grundsätzlich auch für die Erb:innen, wenn es der Tod ist, der das Arbeitsverhältnis von Beschäftigten beendet.

4. Urlaub und Insolvenz

20 Auf den Urlaubsanspruch der Beschäftigten selbst wirkt sich die Beantragung und Eröffnung des Insolvenzverfahrens über das Arbeitgebervermögen nicht aus. Soweit der Freistellungsanspruch von der Insolvenzverwaltung[38] erfüllt werden kann, entstehen keine Abwicklungsprobleme. Die Insolvenzverwaltung lässt entweder das Arbeitsverhältnis bestehen oder kündigt es gem. § 113 Insolvenzordnung (InsO).[39]
Im letzteren Fall gilt es als zulässig, dass die Insolvenzverwaltung die betroffenen Beschäftigten bis zum Ablauf der Kündigungsfrist unter Anrechnung auf den Urlaubsanspruch von der Arbeit freistellt.

21 Schon vor Insolvenzeröffnung kann ein Urlaubsabgeltungsanspruch entstanden sein. Dessen insolvenzrechtliches Schicksal richtet sich nach dem Entstehungszeitpunkt. Grundsätzlich ist dieser Anspruch bezogen auf Arbeitsverhältnisse, die vor Insolvenzeröffnung geendet haben, eine Insolvenzforderung, die lediglich zur Tabelle angemeldet werden kann, bei der erfahrungsgemäß aber meist nur noch kleine Bruchteile befriedigt werden.
Hierbei gibt es allerdings noch etwas zu beachten. Die Beschäftigten können ihre Ansprüche als **Insolvenzgeld** nach §§ 165 ff. SGB III gegen die Bundesagentur für Arbeit geltend machen. Wenn die Bundesagentur für Arbeit Insolvenzgeld als Entgelt für Urlaub von Beschäftigten vor Insolvenzeröffnung gezahlt hat, geht der Anspruch der Beschäftigten gegen den ehemaligen Arbeitgeber gem. § 169 SGB III auf die Bundesagentur über.

---

36 Z. B. 2 Monate Rahmentarifvertrag für die gewerblichen Beschäftigten in der Gebäudereinigung vom 31.10.2019 Quelle: *https://www.gebaeudereinigerinnung-owl.de/wp-content/uploads/Rahmentarifvertrag_2019_WEB_Version.pdf*, abgerufen 31.1.2025.

37 §§ 195, 201 BGB

38 Gem. § 56 Abs. 1 Satz 1 InsO eine »für den jeweiligen Einzelfall geeignete, insbesondere geschäftskundige und von den Gläubigern und dem Schuldner unabhängige natürliche Person«.

39 Achtung: Im Falle der Insolvenz gelten besondere Regelungen für Kündigungen, Sozialpläne und Abfindungen.

5. Vererblichkeit des Urlaubsanspruches?

Der reine Urlaubsanspruch kann natürlich nicht vererbt werden; Urlaub dient der Erholung von Körper und Geist, diese Form der Erholung ist nach dem Tod definitiv ausgeschlossen. 22
Aber mit der Aufgabe der Surrogatstheorie[40] und noch ein paar klärenden Worten des EuGH[41] war der Weg frei, um nun folgendes festzustellen:
Das Arbeitsverhältnis endet mit dem Tod der/des Beschäftigten. Mit dem Ende des Arbeitsverhältnisses ist der noch offene Urlaubsanspruch abzugelten.[42] Dieser Abgeltungsanspruch ist als reiner Geldanspruch vererblich.
Für diesen Geldanspruch gelten aber auch in Bezug auf die Erb:innen ggf. wieder sehr kurze Verfallfristen und jedenfalls die Verjährung.

V. Weitere Fragen

1. Arbeitskampf und Urlaub

Befinden sich Beschäftigte im Urlaub oder sind erkrankt und ruft die Gewerkschaft zum Streik auf, bedarf die Teilnahme am (Warn-)streik der ausdrücklichen oder konkludenten Erklärung der Betroffenen.[43] Ohne eine solche Erklärung bleibt es trotz des gewerkschaftlichen (Warn-)streiks beim Urlaub mit Anspruch auf Urlaubsentgelt bzw. Entgeltfortzahlung. 23
Falls die Betroffenen die (Warn-)Streikteilnahme aber erklären,[44] ist ihnen die Streikteilnahme auch während Urlaubs oder bei AU möglich.[45]
Ein bewilligter Urlaub wird allerdings nicht dadurch unterbrochen, dass während des Urlaubs der Betrieb bestreikt wird. Der Arbeitgeber bleibt zur Zahlung des Urlaubsentgelts an die im Urlaub befindlichen Betroffenen auch während der Streiktage verpflichtet,[46] sofern diese eben gerade nicht wirksam die Streikteilnahme erklären (können).[47]
Ist der Urlaub genehmigt, soll aber erst während des dann erklärten Streiks angetreten werden, hat das keine Auswirkungen auf die Rechte aus dem

---

40 BAG 19.6.2012 – 9 AZR 652/10.
41 EuGH 12.6.2014 – C-118/13 (Bollacke) und vor allem EuGH 6.11.2018 – C-569/16 und C-570/16.
42 § 7 Abs. 4 BUrlG.
43 ArbG Hamburg 16.10.2013 – 27 Ca 184/13.
44 Ob die Streikteilnahme aus dem bereits angetretenen Urlaub heraus überhaupt möglich ist (mit der Folge, dass dann jedenfalls keine Urlaubsentgeltzahlung mehr geschuldet wäre), hat die Rspr. bis dato noch nicht entscheiden müssen, vgl. BAG 26.7.2005 – 1 AZR 133/04, Rn. 29.
45 Vgl. BAG 26.7.2005 – 1 AZR 133/04, Rn. 28 ff.
46 BAG 9.2.1982 – 1 AZR 567/79.
47 Siehe vorstehend, vgl. BAG 26.7.2005 – 1 AZR 133/04, Rn. 29.

gesetzlichen oder (tarif-)vertraglichen Urlaubsrecht mehr. Der Urlaub kann wie bewilligt in Anspruch genommen werden, das zustehende Urlaubsentgelt ist bei Urlaubsantritt auszuzahlen. Eine Kürzung des Anspruchs auf Urlaubsentgelt kommt nicht in Frage, auch wenn während der Urlaubszeit im Beschäftigungsbetrieb gestreikt wird. Selbst eine von der Arbeitgeberseite vorgenommene Totalaussperrung ändert hieran nichts.[48] Die damit einhergehende Entgeltzahlungspflicht beeinträchtigt nach Ansicht des BAG die Kampfparität nicht.[49]

Im Umkehrschluss verlängert sich ein einmal angetretener Urlaub nicht dadurch, dass in die Urlaubszeit einzelne betriebliche Streiktage fallen, es entsteht auch kein Anspruch auf Gutschrift analog § 9 BUrlG. Der Verbrauch des Urlaubsanspruchs wird durch einen Streik im Betrieb nicht ausgeschlossen, denn der Arbeitgeber kann seine Verpflichtung zur bezahlten Freistellung von der Arbeit auch während eines Streiks erfüllen.

Wenn allerdings die betroffenen Beschäftigten dem Streikaufruf schon vor Urlaubsbeginn ausdrücklich Folge geleistet haben, wurde ihre Arbeitspflicht durch die Streikteilnahme ausgesetzt.

In diesem Fall kann der Arbeitgeber diese Beschäftigten nun nicht mehr von der Arbeitspflicht freistellen. Folglich trifft ihn dann auch keine Pflicht, mit Urlaubsbeginn Urlaubsentgelt zu zahlen.

In diesem Fall verbrauchen sich dann natürlich auch die Urlaubstage nicht – die Betroffenen sind ja nicht wegen Urlaubs, sondern wegen Streikteilnahme von der Arbeitsleistung befreit.

Entscheiden sich Beschäftigte wiederum während eines Streiks dazu, Erholungsurlaub zu nehmen, hängt die Wirksamkeit der Geltendmachung des Urlaubs auf jeden Fall auch davon ab, dass sie ihre Streikteilnahme für beendet erklären und dem Arbeitgeber ihre Arbeitsbereitschaft anzeigen. Hierzu sollte es genügen, dass sie eine kurzfristige oder vorübergehende Wiederaufnahme der Arbeit unmissverständlich anbieten.[50]

Zusammenfassend kann man festhalten:

Wer an Streiktagen bereits genehmigten Urlaub hat, bei dem bleibt es beim Urlaub. Bereits genehmigter Urlaub darf vom Arbeitgeber auch nicht etwa wegen des Streiks widerrufen werden.

24 Arbeitskampfbedingte Ausfalltage während der letzten 13 Wochen vor Urlaubsantritt, die in den Berechnungszeitraum für das Urlaubsentgelt fallen, führen nicht zu Verdienstkürzungen, sondern bleiben für die Berechnung des Urlaubsentgelts nach § 11 Abs. 1 Satz 3 BUrlG außer Betracht. Differenzierungen nach der Rechtmäßigkeit bzw. Rechtswidrigkeit der Kampfmaß-

48 BAG 31.5.1988 – 1 AZR 200/87.

49 BAG 7.4.1992 – 1 AZR 377/91, Rn. 26.

50 BAG 24.9.1996 – 9 AZR 364/95.

nahme[51] erscheinen für den Einzelfall nicht praktikabel und im Ergebnis eher zufällig.

Diskutiert wird neuerdings die Frage, ob für Streiktage eine Urlaubsreduzierung zu erfolgen hat.[52] Diese Debatte hat die neuere Rechtsprechung zur Urlaubsreduzierung im Sabbatical, in der Freistellungsphase der Alterszeit und bei Kurzarbeit Null[53] als Hintergrund. 25

Unseres Erachtens kann sich diese Frage wohl erst bei länger andauernden Streiks bzw. Aussperrungen stellen und dann müsste auch hier differenziert werden: Handelt es sich um eine freie Entscheidung der Beschäftigten, am Streik teilzunehmen, wird man dem aus rechtlichen Überlegungen zustimmen müssen, nicht aber, wenn sie – ohne zu streiken – von einer Aussperrung betroffen sind.

Die schon ältere Frage, ob das zusätzliche Urlaubsgeld gekürzt werden kann, ist dagegen zu bejahen, wenn entsprechende tarifliche oder einzelvertragliche Regelungen – soweit zulässig – dies vorsehen.

2. Kurzarbeit und Erholungsurlaub

Arbeitsrechtlich gesehen ist Kurzarbeit eine Verringerung der Arbeitszeit, also eine Form von Teilzeit oder im Extremfall, bei »Kurzarbeit Null« eine Freistellung von der Arbeitsleistung. 26

Zwischenzeitlich sind mehrere – aus Sicht der Autorinnen zu kritisierende[54] – Entscheidungen[55] ergangen, nach denen der Arbeitgeber auch bei Kurzarbeit berechtigt ist, den Jahresurlaub anteilig dem Verhältnis der ausgefallenen Arbeitstage zur Gesamtarbeitsleistung zu kürzen.

In diesem Zusammenhang ist aber zu beachten, dass die Einführung der Kurzarbeit einer besonderen einzelvertraglichen oder kollektivrechtlichen Grundlage bedarf.[56]

Die **Zustimmung des Betriebsrates**, ohne die Kurzarbeit wegen § 87 Abs. 1 Nr. 2, 3 BetrVG nicht eingeführt werden kann, sollte daher **unbedingt davon abhängig gemacht werden**, dass die Betriebsvereinbarung u. a. auch eine Klausel enthält, die den **Arbeitgeber rechtswirksam davon abhält, den Urlaub der Beschäftigten** wegen der Freistellung an ganzen Arbeitstagen auf der Grundlage von Kurzarbeit **zu kürzen**.

---

51 Hohmeister/Oppermann, BUrlG, § 1 Rn. 89–91.

52 Siehe Gooren, NJW-Spezial 2021, 114.

53 Vgl. hierzu § 3 Rn. 32.

54 So auch ArbG Osnabrück 8.6.2021 – 3Ca 108/21 und dazu zustimmend: Kohte/Hinrichs, jurisPR-ArbR 43/2021 Anm. 5.

55 Zuletzt BAG 30.11.2021 – 9 AZR 225/21; siehe auch Kommentierung zu § 3 Rn. 32.

56 Ebenfalls BAG 30.11.2021 – 9 AZR 225/21, Rn. 28.

Eine Kürzung der Urlaubsvergütung wegen Kurzarbeit im Berechnungszeitraum wäre dagegen wegen § 11 BUrlG ohnehin rechtswidrig.[57]

27 Sozialrechtlich geregelt wird das Kurzarbeitergeld in den §§ 95ff. SGB III. Kurzarbeitergeld ist daher eine Transferleistung der Beschäftigten untereinander, da es aus dem Etat der Bundesagentur für Arbeit, also letztlich aus den Beiträgen der Beschäftigten zur Arbeitslosenversicherung, gezahlt wird.

Nach den Voraussetzungen des § 96 SGB III wird Kurzarbeitergeld unter anderem nur dann gezahlt, wenn der Arbeitsausfall nicht vermeidbar ist. Nach Abs. 4 Ziff. 2 derselben Vorschrift gilt als vermeidbar »insbesondere ein Arbeitsausfall, der bei Gewährung von bezahltem Erholungsurlaub ganz oder teilweise verhindert werden kann, soweit vorrangige Urlaubswünsche der Arbeitnehmer der Urlaubsgewährung nicht entgegenstehen«.

Beschäftigte müssen also ggf. vorhandene Urlaubsansprüche, insbesondere Resturlaubsansprüche aus dem Vorjahr, zunächst einsetzen, bevor Kurzarbeitergeld bezogen werden kann. Dies gilt allerdings mit der Einschränkung »soweit vorrangige Urlaubswünsche der Arbeitnehmer der Urlaubsgewährung nicht entgegenstehen«. Das bedeutet in jedem Fall, dass eine **bestehende Urlaubsplanung auch im Falle von Kurzarbeit ihre Gültigkeit** behält. Auch **Kurzarbeit rechtfertigt keinen Widerruf bereits genehmigten Urlaubs.**

Des Weiteren bedeutet das aber auch, dass es den Beschäftigten, die zur Schaffung der Voraussetzungen zum Bezug von Kurzarbeitergeld aufgefordert werden, Urlaub zu nehmen, unbenommen bleibt, konkrete persönlich begründete anderweitige (spätere) Urlaubswünsche zu äußern, um z. B. den Familienurlaub zu gewährleisten.

3. Widerruf bereits genehmigten Urlaubs/Rückruf aus dem Urlaub

28 Ist der Urlaub nachweislich genehmigt, ist der Arbeitgeber an seine Zustimmung gebunden und kann sie nicht widerrufen.

Einen Anspruch des Arbeitgebers gegen die Beschäftigten, seinen Urlaub abzubrechen oder zu unterbrechen, gibt es nach dem BUrlG nicht.[58]

Eine Ausnahme von dieser Regel könnte unter Umständen, aber nur im absoluten Notfall möglich sein, also bei einem tatsächlich unvorhersehbaren, existenzgefährdenden Ereignis, falls es für den Widerruf des Urlaubs gerade für den/die konkret betroffene Beschäftigte zwingende betriebliche Gründe und keine andere Lösung gibt.[59] Die Notlage darf dann aber nicht (nur) auf

57 Vgl. BAG 16.4.2024 – 9 AZR 165/23.
58 BAG 20.6.2000 – 9 AZR 405/99, Rn. 26.
59 Vgl. BAG 19.12.1991 – 2 AZR 367/91.

schlechter Organisation seitens des Arbeitgebers beruhen, sondern müsste durch diesen wirklich unverschuldet und unvorhersehbar gewesen sein. Dabei ist ein personeller Engpass für sich noch keine Notlage.[60] Eine solche Notlage könnte höchstens in einem Fall ähnlich dem folgenden angenommen werden: In einem für den Betrieb besonders sensiblen Bereich steht an sich genug qualifiziertes Personal zur Verfügung, um die Urlaubsabwesenheit sicher abzudecken Dann fallen plötzlich unvorhersehbar alle Vertreter:innen zeitgleich aus (z. B. wegen einer Infektion). Nun hätte trotz grundsätzlich ausreichender Vorkehrungen seitens des Arbeitgebers tatsächlich nur noch der/die betreffende Urlauber:in das Fachwissen, um einen Betriebsstillstand oder gar eine Insolvenz des Arbeitgebers abzuwenden. Ein dieser Beschreibung ähnlicher Sachverhalt könnte geeignet sein, den Rückruf aus dem Urlaub im Einzelfall zu rechtfertigen.

Nun könnte ein schlauer Arbeitgeber auf die vermeintlich gute Idee kommen, die Genehmigung des Urlaubs davon anhängig zu machen, dass sich die Betroffenen bereit erklären, auf Rückruf aus dem Urlaub zurückzukehren. Eine solche Abrede verstößt aber wieder gegen zwingendes Urlaubsrecht und ist rechtsunwirksam.[61] Das gilt in jedem Fall bezogen auf den gesetzlichen Mindesturlaub.

Aber selbst wenn ein Tarif- oder Arbeitsvertrag für einen eventuellen Mehrurlaub eigenständige Regelungen vorsieht und damit eine andere Auslegung für den Mehrurlaub überhaupt erst denkbar macht, kann unserer Meinung nach auch für den Mehrurlaub nichts anderes gelten, weil der Sinn und Zweck des Urlaubs damit konterkariert würde. Im Übrigen würde das voraussetzen, dass vor jedem Urlaub genau bestimmt wird, ob es sich um den gesetzlichen Mindest- oder den tariflichen Mehrurlaub handelt – was nicht sehr praktikabel erscheint.

4. Anspruch auf Urlaub zu bestimmten Zeiten

a. Jugendliche Berufsschüler:innen

§ 19 Abs. 3 JArbSchG fordert den Arbeitgeber dazu auf, Jugendlichen, die am Berufsschulunterricht teilnehmen, den Urlaub in der Zeit der Berufsschulferien zu geben. 29

Dadurch tritt zu den allgemeinen Regeln über die zeitliche Urlaubsfixierung noch ein weiterer Umstand hinzu. Eine Urlaubserteilung außerhalb der Berufsschulferien setzt dringende betriebliche Belange wie z. B. ordnungsgemäß vereinbarte Betriebs- oder Werksferien voraus. Auch persönliche Gründe bei den Jugendlichen können berücksichtigt werden.

---

60 LAG Köln 27. 9. 2012 – 6 Sa 449/12.

61 BAG 20. 6. 2000 – 9 AZR 405/99, Rn. 28 ff.

Sollte aber in Abweichung von der Regel in § 19 Abs. 3 Satz 1 JArbSchG doch während des Erholungsurlaubs die Berufsschule besucht werden, steht den betroffenen Jugendlichen für jeden Tag in der Berufsschule ein Ersatzurlaubstag zu (§ 19 Abs. 3 Satz 2 JArbSchG).

30 Umstritten ist, ob der Ersatzurlaubstag entfällt, wenn der Unterricht entschuldigt oder unentschuldigt versäumt wird. Da die Auszubildenden nicht automatisch am Berufsschultag keine Arbeitspflicht haben, sondern hierzu – je nach Dauer des Schultags – vom Arbeitgeber zumindest für den Unterricht gem. § 15 BBiG freizustellen sind, entfällt der Tag wohl zumindest dann, wenn der Berufsschulunterricht unentschuldigt nicht besucht wird.[62]
Für diese Auffassung spricht zudem, dass § 19 Abs. 3 JArbSchG explizit von einem weiteren Urlaubstag nur für die Fälle spricht, »an dem die Berufsschule während des Urlaubs besucht wird«.
Bei krankheitsbedingter Arbeitsunfähigkeit bleibt es jedoch bei der allgemeinen Vorschrift des § 9 BUrlG.

31 Auch der Zusatzurlaub für Jugendliche nach JArbSchG ist im Prinzip gesetzlicher Mindesturlaub und als solcher ebenfalls vor Verschlechterungen durch einzel- oder kollektivvertragliche Klauseln geschützt.[63]
Die Geltung des BUrlG bezieht sich auch auf die Ansprüche auf Urlaubsentgelt nach § 11 BUrlG.
Von der Geltung des Bundesurlaubsgesetzes für den Zusatzurlaub nach JArbSchG sind aber ausdrücklich die Absätze 1 und 2 des § 13 BUrlG ausgenommen. Das bedeutet, Tarifnormen, die nach diesen Absätzen durchaus vom BUrlG abweichende, die urlaubsrechtliche Stellung für erwachsende Beschäftigte verschlechternde Regelungen enthalten können, greifen nicht für die dem JArbSchG unterfallenden jugendlichen Beschäftigten.
Das bedeutet dann auch, dass unabhängig davon, was vielleicht ein Tarifvertrag für Erwachsene regelt, ein Urlaubsabschnitt der Jugendlichen »mindestens zwölf aufeinander folgende Werktage umfassen« muss.

b. Auszubildende nach BBiG

32 Für Auszubildende nach BBiG gilt das Bundesurlaubsgesetz grundsätzlich uneingeschränkt.
Mit der Reform des BBiG zum 1. 1. 2020 wurden zudem im Grunde die Regelungen, die bisher nach § 9 JArbSchG a. F. nur für jugendliche Auszubildende galten, auf alle Auszubildenden übertragen, nun unabhängig von Alter und an sich bestehender Schulpflicht. Zudem wurden die Regelungen besser ausgearbeitet.

---

62 Vgl. nur Neumann/Fenski/Kühn, Rn. 14 zu JArbSchG m. w. N.
63 § 19 Abs. 4 JArbSchG.

Das bedeutet: Im Ergebnis haben **alle Auszubildenden nach BBiG** das **Recht auf Freistellung für den Berufsschulunterricht**;[64] es **macht** daher **im Interesse beider Seiten** – Ausbildungsbetrieb wie Azubi – **Sinn**, den **Urlaub in die Berufsschulferien** zu legen.
Deshalb begründet das Interesse der Auszubildenden, den Urlaub nicht für den Berufsschulbesuch unterbrechen zu müssen, einen in der Urlaubsplanung zu berücksichtigen persönlichen Belang, der zudem nach Ansicht der Autorinnen mindestens ebenso hoch zu gewichten ist, wie die mit der Betreuung der Kinder in den Ferien begründeten Urlaubswünsche anderer Beschäftigter.
Sollte – aus welchen Gründen auch immer – der Urlaub der Auszubildenden nicht so gelegt werden, dass in diesen keine Berufsschule fällt, bliebe aber auch für die im Ausbildungsbetrieb in Urlaub befindlichen Auszubildenden die Verpflichtung zum Besuch der Berufsschule bestehen; einen gesetzlichen Anspruch auf einen Ersatzurlaubstag, wie jugendliche Auszubildende nach § 19 Abs. 3 JArbSchG haben erwachsene Auszubildende nicht.

c. Urlaub im Anschluss an Reha-Maßnahmen

Gem. § 7 Abs. 1 Satz 2 BUrlG ist der Urlaub zu gewähren, wenn die Be- **33**
troffenen dies im Anschluss an eine Maßnahme der medizinischen Vorsorge oder Rehabilitation verlangen.[65]

5. Prozessuale Fragen

Was ist zu tun, wenn sich Beschäftigte und Arbeitgeber über Fragen des **34**
Urlaubs nicht einig werden?
Da die Urlaubsansprüche nach Möglichkeit im laufenden Jahr genommen werden sollen und unter Umständen sonst verfallen, muss rechtzeitig gehandelt werden.
Nach dem Wortlaut des § 7 Abs. 1 ist den Beschäftigten der Urlaub zu gewähren, sie haben also einen Anspruch darauf.
Auf der anderen Seite bedeutet das auch, dass jemand anderes – hier also der Arbeitgeber – den Urlaub erteilen muss. Daher wird fast einheitlich in der Rechtsprechung und in der Literatur angenommen, dass es **kein Recht zur Selbstbeurlaubung** gibt.[66] Vielmehr liegt in einem eigenmächtigen Urlaubsantritt eine Vertragsverletzung, die zu einer fristlosen Kündigung führen kann (was dann je nach den Umständen des Einzelfalls auf Rechtmäßigkeit

---

64 § 15 BBiG.

65 Details siehe Kommentierung zu § 7 BUrlG.

66 Vgl. nur BAG 16.3.2000 – 2 AZR 75/99, Neumann/Fenski, § 7 Rn. 3 m. w. N., die Ausnahmen zulassen wollen (a. a. O. Rn. 43 f.).

zu beurteilen ist).[67] Selbst wenn das Urlaubsjahr abzulaufen droht oder das Arbeitsverhältnis bereits gekündigt wurde, gilt nichts anderes.[68]

35 Wenn um das **Bestehen** eines Urlaubsanspruchs (in Höhe einer bestimmten Anzahl von Tagen) im laufenden Arbeitsverhältnis gestritten wird, ist dieser Anspruch am einfachsten durch Erhebung einer Feststellungsklage geltend zu machen.[69] Ist das Arbeitsverhältnis beendet, so dass nur noch ein Anspruch auf Urlaubsabgeltung bestehen kann, und streiten die Parteien neben der Anzahl der noch bestehenden Urlaubstage auch über das Urlaubsentgelt oder ob die Ansprüche einer Ausschlussfrist unterliegen, ist eine Leistungsklage auf Zahlung der Urlaubsabgeltung in einer bestimmten Höhe zu erheben.[70]

36 Bei Streitigkeiten über die **zeitliche Lage** des Urlaubs im laufenden Arbeitsverhältnis ist zu überlegen, wie rechtzeitig gerichtliche Hilfe erlangt werden kann.

Verurteilt werden kann der Arbeitgeber nur auf die Gewährung von Urlaub für einen mit konkreten Daten festgelegten Zeitraum. Bei der Auswahl der Verfahrensart muss also die zeitliche Dauer des Verfahrens berücksichtigt werden.

Auch wenn die Arbeitsgerichte in der Regel schnell sind und innerhalb von ca. 4 Wochen zumindest ein Gütetermin stattfinden kann, ist dies unter Umständen zu spät. Außerdem kann im Gütetermin nur eine freiwillige Einigung erzielt werden, eine Verurteilung auf Urlaubsgewährung gibt es da noch lange nicht.

Wenn es um einen – vermeintlich schon gewährten – Urlaubsanspruch geht, auf dessen Erfüllung der/die Beschäftigte sich eingestellt und beispielsweise schon einen Urlaub gebucht hat, der innerhalb der nächsten 2–4 Wochen angetreten werden soll, bleibt nur ein Antrag auf einstweilige Verfügung. Solche Anträge werden in der Regel innerhalb einer Woche entschieden (wenn nötig auch schneller). Auch wenn dieser Weg teilweise umstritten ist, weil in diesem Verfahren die Hauptsache bereits entschieden wird, besteht jedoch immerhin über den Grundsatz Einigkeit, dass ein Verfahren des einstweiligen Rechtsschutzes in diesem Zusammenhang zulässig ist.[71]

37 In Betrieben mit Betriebsrat besteht zudem die Möglichkeit, mit Hilfe des Gremiums und notfalls durch Spruch der Einigungsstelle eine Verpflichtung des Arbeitgebers zur Urlaubsgewährung durchzusetzen.[72]

---

67 Zuletzt LAG Baden-Württemberg 1.10.2020 – 17 Sa 1/20.

68 BAG 25.10.1994 – 9 AZR 339/93.

69 BAG 12.4.2011 – 9 AZR 80/10.

70 BAG 21.5.2019 – 9 AZR 260/18.

71 BAG 22.1.1998 – 2 ABR 19/97, Rn. 21, Neumann/Fenski/Kühn, § 7 Rn. 54 m.w.N.

72 Mehr dazu siehe Kapitel IX. »Betriebliche Mitbestimmung zum Thema Urlaub«.

Diese Möglichkeit, für die Beschäftigten kostenfrei, schnell und effektiv zu einer Lösung ihres Problems zu gelangen, sollte keinesfalls unversucht gelassen werden, bevor (oder notfalls parallel dazu, dass) ein gerichtliches Verfahren eingeleitet wird.
In Betrieben/Dienststellen mit Personalrat oder MAV sollte sich in solchen Konfliktfällen immer auch der Weg zum Gremium lohnen. Zu beachten ist allerdings, dass die Durchsetzungsmöglichkeiten der Personalräte und MAVen im Vergleich zu denen des Betriebsrates nach den jeweiligen Rechtsgrundlagen deutlich eingeschränkter sind.

VI. Weitere Anspruchsgrundlagen für Freistellungen

1. § 616 BGB

Beschäftigte, die für eine verhältnismäßig nicht erhebliche Zeit durch einen in ihrer Person liegenden Grund, ohne ihr Verschulden an der Arbeitsleistung verhindert sind, verlieren ihre Entgeltansprüche nicht. **38**

a. Verhältnismäßig nicht erhebliche Zeit

Die Dauer des unbestimmten Rechtsbegriffes »verhältnismäßig nicht erhebliche Zeit« ist für Laien unklar und juristisch umstritten. Das BAG hat einmal einen Zeitraum von 5 Tagen als nicht erheblich anerkannt,[73] für den Bereich des TVÖD wurde dies nochmals bestätigt.[74] **39**
Mit der Bestätigung, dass 5 Tage in den Anwendungsbereich des § 616 BGB fallen, ist aber noch nicht gesagt, ob die Grenze dann bei 6 oder 7 etc. Tagen liegt. Richtig wird aber wohl im Regelfall sein, innerhalb der Grenzen des § 45 SGB V/§ 2 PflegeZG zu bleiben, aus denen sich im Normalfall ein Anspruch auf Fernbleiben von der Arbeit aus spontan auftretenden familienbedingten Gründen für maximal 10 Arbeitstage ergibt.

b. Verhinderung in der Person des Betroffenen

Die Verhinderung muss in der Person der Betroffenen selbst liegen. Hier kommen z. B. unaufschiebbar in der Arbeitszeit liegende Termine für ärztliche (Kontroll- oder Vorsorge-)Untersuchungen in Frage, bei denen aber (noch) keine Arbeitsunfähigkeit vorliegt. **40**
Ebenfalls in Betracht kommt die kurzfristige Betreuungs-/Pflegebedürftigkeit eines Kindes durch Erkrankung, die dann in Verbindung mit der Per-

---

73 BAG 19.4.1978 – 5 AZR 834/76.
74 BAG 5.8.2014 – 9 AZR 878/12.

sonensorgepflicht der betroffenen Beschäftigten Freistellungsansprüche nach § 616 BGB auslösen können.
Klassisch zählen hierzu auch die Niederkunft der Ehefrau,[75] man wird aber wohl auch dem Menschen, der dann für das Neugeborene die Verantwortung mit übernehmen wird,[76] die Freistellung für die Geburt auf der Basis des § 616 BGB zuzugestehen haben, wenn (noch) keine rechtliche Verbindung zur Mutter bzw. dem Kind vorliegt, zumindest aber die Anerkennung der Vaterschaft/Adoption geplant ist.

c. Kein wirksamer vertraglicher Ausschluss

41 Voraussetzung für die bezahlte Freistellung ist aber zudem immer, dass § 616 nicht wirksam abbedungen, also seine Anwendung nicht tarif- oder arbeitsvertraglich ausgeschlossen wurde.

d. Anrechnung anderweitiger Leistungen

42 Des Weiteren müssen sich die betroffenen Beschäftigten den Betrag anrechnen lassen, welcher ihnen für die Zeit der Verhinderung aus einer auf Grund gesetzlicher Verpflichtung bestehenden Kranken- oder Unfallversicherung zukommt – im Falle der Erkrankung des Kindes käme da z. B. das Kinderkrankengeld gem. § 45 SGB V in Betracht.

e. Keine Kürzung des Mindesturlaubs

43 Auf den Erholungsurlaubsanspruch kann die Inanspruchnahme von Freistellungstagen gem. § 616 BGB schon praktisch keine Auswirkungen haben, da die relevante Zeitspanne zu kurz ist, um eine Kürzung zu rechtfertigen. Zudem spricht auch die Konstruktion der bezahlten Freistellung von der Arbeitsleistung gegen eine Kürzungsmöglichkeit.

2. Betreuung und Pflege von Angehörigen – familienbedingte Freistellungen

a. Vorbemerkungen

44 Ohne die jeweilige spezialgesetzliche Kommentarliteratur ersetzen zu wollen, erscheint es doch erforderlich, einige Regelungen, aus denen sich Freistellungsansprüche für Beschäftigte ergeben, unter diesem Freistellungs-

75 Was dann auch für Lebenspartnerinnen nach LPartG gilt.
76 In den meisten Fällen dürfte das der leibliche Vater des Kindes sein.

aspekt, also dem Aspekt der Beurlaubung zur Betreuung und Pflege von Angehörigen hier etwas näher zu beleuchten.
Wir konzentrieren uns dabei auf die bestehenden gesetzlichen Regelungen zu familienbedingten Freistellungen wie die Elternzeit (als Vollfreistellung, also ohne Teilzeittätigkeit), die Freistellungsregelung bei Erkrankung von Kindern bzw. die Akutpflege nach § 2 PflegeZG und die Vollfreistellung nach § 3 PflegeZG.

b. Elternzeit

aa. § 15 BEEG – maximal 3 Jahre Elternzeit

§ 15 BEEG gibt den Anspruchsberechtigten[77] das Recht, zur Betreuung eines **45**
Kindes[78] maximal für die Dauer von 3 Jahren Elternzeit zu nehmen.
Unerheblich sind dabei bei den Anspruchsberechtigten folgende Eigenschaften und Umstände: Geschlecht, Art der Beschäftigung (vollzeit- oder teilzeitbeschäftigt, befristet oder unbefristet eingestellt) und die Dauer des bisherigen Arbeitsverhältnisses. Endet ein Arbeitsverhältnis durch den Ablauf einer (zulässigen) Frist, ist auch die Elternzeit beendet; dasselbe gilt für einen Ablauf durch Kündigung, wobei aber der besondere Kündigungsschutz in § 18 BEEG zu beachten ist.
Auch **Auszubildende** und **Heimarbeiter:innen** (dazu § 20 BEEG) sind anspruchsberechtigt. Auf Grundlage eigener (hier nicht behandelter) Gesetze haben ebenso Beamt:innen, Richter:innen und Soldat:innen die Möglichkeit, Elternzeit zu nehmen.
Die Elternzeit ist unabhängig vom Elterngeld zu gewähren. **46**

bb. Anspruchsdauer und Übertragung

Die Anspruchsdauer umfasst zunächst den Zeitraum bis zur Vollendung des **47**
3. Lebensjahres des Kindes.
Davon kann ein Anspruchsanteil von höchstens 24 Monaten auf einen Zeitraum nach dem 3. Geburtstag des Kindes bis längstens den Tag vor dem 8. Geburtstag übertragen werden.
Der Zustimmung des Arbeitgebers bedarf es dazu nicht.
Bei Arbeitgeberwechsel verfallen die Ansprüche auf nicht genommene Elternzeit ebenfalls nicht, sondern werden – wie auch Ansprüche nach dem

77 § 15 Abs. 1 Satz 1 – Arbeitnehmerinnen und Arbeitnehmer.
78 Im Grunde haben den Anspruch die Eltern von kleinen Kindern, die mit diesen in einem Haushalt leben, und Adoptiveltern. Die Detailregelungen sind umfangreich und kompliziert, so dass die Darstellung hierzu eigenständigen Kommentaren überlassen werden soll.

BUrlG – von Gesetzes wegen und unabdingbar auf den neuen Arbeitsplatz übertragen.

cc. Gleichzeitige und teilweise Inanspruchnahme der Elternzeit

48 Jede:r Anspruchsberechtigte kann grundsätzlich eigenverantwortlich über die Elternzeit entscheiden.

D. h. soweit die gesetzlichen Voraussetzungen erfüllt sind, können die Eltern des Kindes die Elternzeit auch ganz oder teilweise parallel nehmen. Für die leiblichen Eltern ist dies ausdrücklich in § 15 Abs. 3 Satz 1 BEEG erwähnt, für Adoptiveltern bzw. die Ehe- oder Lebenspartner:innen (LPartG) der leiblichen Eltern ergibt sich das über die Verweisungen.

Lediglich die Großeltern und weiter entfernten Verwandten können nicht parallel mit den Eltern Elternzeit beanspruchen. Gerichtliche Entscheidungen zu dieser Frage gibt es, soweit erkennbar, bis dato nicht.

Allerdings können Großeltern Elternzeit leider nach § 15 Abs. 1a BEEG immer noch nur in den Fällen beanspruchen, die der Gesetzgeber ausdrücklich benennt. Ihr Anspruch auf Elternzeit ist also nachrangig zu dem der Eltern.

Soweit der Anspruch auf Elternzeit aber überhaupt auf die Großeltern übergegangen ist, muss auch für das Großelternpaar ggf. wieder die Möglichkeit bestehen, die Elternzeit für das in ihrem Haushalt lebende Enkelkind parallel zu beanspruchen.

Die Elternzeit kann, muss aber nicht, vollständig in Anspruch genommen werden. Selbstverständlich ist unter den Elternzeitberechtigten grundsätzlich »jederzeit« auch ein Wechsel möglich, dabei müssen aber die weiteren Voraussetzungen zu den Vorankündigungsfristen und maximal möglichen Abschnitten beachtet werden.

Für Adoptivkinder und Kinder in Adoptivpflege hat der Gesetzgeber eine Rahmenfrist bis zur Vollendung des 8. Lebensjahres des Kindes vorgesehen, in der die maximal möglichen drei Jahre genommen werden können. Elternzeit zugunsten des Kindes, die von anderen vor der Inobhutnahme genommen wurde, beeinträchtigt dabei die Anspruchsdauer von drei Jahren für die neuen Erziehungsberechtigten nicht.

dd. Unabdingbarkeit

49 Nach § 15 Abs. 2 Satz 6 BEEG ist der Anspruch auf Elternzeit **unabdingbar**. Von diesem zwingenden Gesetzesrecht kann also nicht zum Nachteil der Beschäftigten abgewichen werden. Dieses Benachteiligungsverbot gilt sowohl für bereits entstandene wie auch für erst entstehende Elternzeitansprüche.

ee. Kürzungsmöglichkeiten des Erholungsurlaubs

Der Erholungsurlaub von Beschäftigten, die Elternzeit genommen haben, ohne zugleich in Teilzeit bei ihrem Arbeitgeber (weiter) zu arbeiten, kann für jeden vollen Kalendermonat der Elternzeit um 1/12 gekürzt werden. 50

Ganz wichtig ist, dass es sich bei § 17 Abs. 1 BEEG um eine **Kann-Vorschrift** handelt.

Der Arbeitgeber kann von der Kürzungsmöglichkeit nach freiem Ermessen Gebrauch machen.[79]

In Betrieben mit Betriebsrat etc. ist dieses **freie Ermessen nach Ansicht der Autorinnen** jedoch **eingeschränkt**.

Entscheidet sich der Arbeitgeber dafür, von der Kürzungsmöglichkeit in bestimmten Fällen Gebrauch zu machen, in anderen aber nicht und ist ein kollektiver Bezug gegeben,[80] unterfällt die Gestaltung des Kürzungsrechtes der betrieblichen Mitbestimmung gem. § 87 Abs. 1 Nr. 5 BetrVG. In diesem Fall sind zwischen den Betroffenen, bei denen der Urlaub gekürzt wird, und denen, bei denen dies nicht der Fall ist, widerstreitende Interessen auszugleichen und Gerechtigkeitsgesichtspunkte zu beachten, was das Mitbestimmungsrecht auslöst.

Schon aus Diskriminierungsschutzgründen (AGG) würde es sich z. B. verbieten, den Urlaub von Elternzeit in Anspruch nehmenden Männern zu kürzen, den von Frauen dagegen nicht oder andersherum.

Angerechnet werden können im Falle der Kürzung aber sowieso lediglich **volle Kalendermonate** der Elternzeit. Eine Elternzeit vom 10. 2. bis zum 21. 8. führt zur Anrechenbarkeit der Monate März bis Juli, also von fünf Monaten. Eine Addition von Monatsteilen am Anfang und Ende ist nicht zulässig. 51

Die Kürzung darf bereits bei einem Erholungsurlaub vorgenommen werden, der noch vor Beginn einer bereits verlangten Elternzeit gewährt wird.[81] Treten dann später doch noch Abweichungen der tatsächlichen Dauer der Elternzeit vom ursprünglichen Antrag auf, führen diese ggf. zu einer Neuberechnung der zu kürzenden Zwölftel. Bei Verlängerung würde also ggf. weiter gekürzt werden können, bei vorzeitigem Abbruch der Elternzeit wären sich ergebende Urlaubstage wieder gut zu schreiben.

Die Kürzung hat von der Gesamtzahl aller Erholungsurlaubstage inkl. Zusatzurlaub gem. § 208 SGB IX zu erfolgen. Wenn bei Antritt der Elternzeit der volle Urlaubsanspruch noch nicht erworben wurde, wird die Kürzung 52

---

79 Vgl. zu § 17 insgesamt Fiedler, Die Elternzeit, FPR 2007, S. 338 ff., S. 340 f; BAG 19. 3. 2019 – 9 AZR 362/18; EuGH 4. 10. 2018 – C-12/17. Dazu Kurzbericht mit kritischer Anm. von Siebens, AuR 2019, S. 247.

80 Was in der Regel der Fall sein dürfte.

81 Vgl. BAG 19. 3. 2019 – 9 AZR 495/17, Rn. 30, 35.

dennoch auf der Basis errechnet, die sich in Bezug auf die geplante/durchgeführte Elternzeit schlussendlich ergibt.
Ragt die Elternzeit in mehrere Kalenderjahre, muss die Kürzungsberechnung für jedes Kalenderjahr getrennt vorgenommen werden, ausgehend von dem für dieses Jahr dann maßgeblichen Gesamturlaub.

ff. Schicksal des Urlaubsgeldes bei Kürzung des Erholungsurlaubs

53 Da das Urlaubsgeld keine gesetzliche, sondern eine (tarif-)vertragliche Leistung ist, kann aus dem BEEG auch keine weitere Erkenntnis zu seinem Schicksal gewonnen werden.
Manche Tarifverträge machen das Urlaubsgeld in der Höhe von der Anzahl der den Beschäftigten zustehenden Urlaubstage abhängig. In diesen Fällen wird die Auslegung wohl ergeben, dass das Urlaubsgeld anteilig zum Urlaubsanspruch kürzbar ist.
Soweit das Urlaubsgeld unabhängig von der Anzahl der Urlaubstage ist, kommt eine Kürzung wegen der Elternzeit grundsätzlich nicht in Betracht.[82]

54 Bei **Teilzeitarbeit** während der Elternzeit bei demselben Arbeitgeber entfällt nach § 17 Abs. 1 Satz 2 BEEG die Kürzungsmöglichkeit.
Teilzeitarbeit bei einem anderen Arbeitgeber lässt die anteilige Kürzung unberührt, führt aber ihrerseits zu eigenständigen Erholungsurlaubsansprüchen (soweit (tarif-)vertraglich vorgesehen auch Urlaubsgeld) bzw. unter den Voraussetzungen des § 7 Abs. 4 BUrlG zu Urlaubsabgeltung.

gg. Übertragung nicht erhaltenen Erholungsurlaubs

55 Urlaub, der vor Beginn der Elternzeit nicht mehr gewährt werden konnte,[83] bleibt bestehen.[84] Der Urlaub muss dann nach der Elternzeit im laufenden oder im nächsten Urlaubsjahr gewährt werden.
Das Fristenregime des § 7 Abs 3 BUrlG findet während der Elternzeit keine Anwendung. Die gesetzlichen Sonderregelungen in § 17 Abs. 1 Satz 1 BEEG und § 17 Abs. 2 BEEG gehen § 7 Abs 3 BUrlG vor.[85] Das bedeutet, der Urlaub, der aus der Zeit vor Antritt der Elternzeit stammt, verfällt auch bei langandauernder Elternzeit nicht etwa 15 Monate nach dem Jahr, in dem er entstanden ist.

---

82 So schon BAG 6.9.1994 – 9 AZR 92/93, Rn. 19ff. zum Erziehungsurlaub.

83 Das kann daran liegen, dass der Arbeitgeber Urlaubswünsche der Betroffenen nicht erfüllt hat, aber auch daran, dass die Betroffenen kein Interesse daran hatten, den Urlaub vor der Elternzeit vollständig zu verbrauchen.

84 § 17 Abs. 2 BEEG.

85 BAG 19.3.2019 – 9 AZR 495/17, Rn. 12.

Aufgrund unionsrechtskonformer Auslegung und unter Berücksichtigung des allgemeinen Gleichheitssatzes aus Art. 3 Abs. 1 GG verfallen die gem. § 17 Abs. 2 BEEG übertragenen Urlaubsansprüche erst 15 Monate nach dem Ende des Folgejahres, in dem der/die Beschäftigte aus der Elternzeit zurückkehrt, wenn der/die Betroffene noch in der Elternzeit oder nach deren Ende dauerhaft arbeitsunfähig erkrankt ist.[86]

Wenn im Anschluss an die erste Elternzeit unmittelbar erneut Elternzeit **56** (z. B. für ein anderes Kind) angeschlossen wird und noch übertragener Erholungsurlaub ausstand, wird dieser (immer) weiter übertragen. Erst mit dem Ende der letzten Elternzeit ist dieser übertragene Urlaub dann zu gewähren.[87]

hh. Urlaubsabgeltung bei Beendigung

Urlaub, der wegen Beendigung des Arbeitsverhältnisses nicht mehr ge- **57** nommen werden kann, ist abzugelten.[88] Das gilt auch für Urlaub, der aus früheren Jahren stammt und wegen der Elternzeit übertragen und nicht genommen wurde.[89]

Aus welchem Grund das Arbeitsverhältnis beendet wird, ist unerheblich.

Zu beachten hinsichtlich der Höhe des Anspruches wäre lediglich die Frage, ob der Arbeitgeber die Urlaubsansprüche der Betroffenen ggf. rechtmäßig gem. § 17 Abs. 1 BEEG gekürzt hatte, solange das Arbeitsverhältnis noch bestand. Fällt dem Arbeitgeber diese Möglichkeit erst auf, wenn der Fall des § 17 Abs. 3 BEEG eingetreten, das Arbeitsverhältnis also beendet ist, kann er die Kürzung nicht mehr vornehmen.[90]

Geht es um die Höhe tariflichen Urlaubsgeldes in diesen Abgeltungsfällen, **58** ist es eine Frage der (Tarif-)vertragsauslegung, inwieweit eine Kürzung auch dieser Leistung zulässig ist.[91]

ii. Verrechnung zu viel gewährten Urlaubs

Stellt sich durch eine berechtigte Urlaubskürzung heraus, dass vor Antritt **59** der Elternzeit tatsächlich mehr Urlaub gewährt/genommen wurde, als der/dem Betroffenen nun rechnerisch noch zusteht, kann dieses »Zuviel« gem. § 17 Abs. 4 BEEG vom Urlaubsanspruch, der nach dem Ende der Elternzeit besteht, abgezogen werden.

---

86 BAG 15.12.2015 – 9 AZR 52/15.
87 BAG 19.3.2019 – 9 AZR 495/17.
88 § 17 Abs. 3 BEEG.
89 Vgl. LAG Nürnberg 4.10.2011 – 7 Sa 169/11.
90 BAG 19.3.2019 – 9 AZR 495/17.
91 Dazu BAG 18.3.1997 – 9 AZR 84/96.

Diese nachträgliche Kürzungsmöglichkeit des Arbeitgebers ist zwar für die aus der Elternzeit zurückkehrenden Beschäftigten wenig erfreulich, in ihrer praktischen Anwendung ist sie jedoch unproblematisch, sofern das Arbeitsverhältnis nicht beendet ist.[92]
Bestehen jedoch wegen des beendeten Arbeitsverhältnisses nach der Elternzeit keine (ausreichenden) Ansprüche, um eine Kürzung durchzuführen, ist nach unserer Ansicht eine Rückforderung ausgeschlossen. Dies ist deshalb so, weil § 17 Abs. 4 BEEG ausdrücklich von der Kürzung von Urlaubstagen spricht, solche also vorhanden sein müssen.

c. § 45 SGB V – Freistellungsanspruch bei Erkrankung des Kindes

aa. Inhalt der Regelung

60 § 45 SGB V regelt einerseits – wie man das in einer sozialrechtlichen Vorschrift auch erwartet – Krankengeldansprüche für Versicherte, andererseits aber auch – eher überraschend – rein arbeitsrechtliche Ansprüche auf Freistellung (bzw. Fernbleiben – siehe unten) von der Arbeitsleistung, wobei diese Freistellungsansprüche sogar Beschäftigte betreffen, die nicht gesetzlich krankenversichert sind.

aaa. Sozialrechtlicher Inhalt der Regelung

61 Abs. 1 und 2 bzw. Abs. 4 SGB V gewährt Versicherten unter den noch näher zu betrachtenden Voraussetzungen einen Anspruch auf Krankengeld, ohne dass tatsächlich eine Erkrankung vorliegt. Da der Anspruch nach § 45 Abs. 1 und 2 SGB V sehr begrenzt ist, sollte vor allem in diesen Fällen aber stets geprüft werden, ob nicht parallel eine eigene Erkrankung zur Arbeitsunfähigkeit führt (die dann nicht die Kinderarztpraxis bescheinigen kann, sondern die eigene Hausarztpraxis beurteilen sollte). Ist letzteres der Fall, könnten die betroffenen Eltern sich die eigene Arbeitsunfähigkeit bestätigen lassen. Dann ist natürlich auch das Prozedere des Entgeltfortzahlungsgesetzes einzuhalten.

Kinderkrankengeld bei Erkrankung des Kindes

62 Ist nur das KInd erkrankt, greift § 45 Abs. 1 SGB V, vorausgesetzt,

- die betroffenen Beschäftigten haben keine vorrangig zu nutzenden arbeitsrechtlichen Ansprüche auf bezahlte Freistellung von der Arbeit,[93]

---

92 Vgl. BAG 19.5.2015 – 9 AZR 725/13.

93 Zu denken wäre hier an § 616 BGB, der aber einerseits abdingbar ist, also arbeitsvertraglich oder durch Tarifvertrag ausgeschlossen sein kann, und andererseits nur einen »nicht erheblichen Zeitraum« umfasst, was i. d. R. als ca. 5 Arbeitstage

- es besteht eine Versicherung mit Krankengeldanspruch gem. § 44 SGB V (gesetzlich oder freiwillig) bei einer gesetzlichen Krankenkasse,
- ein Kind (leibliches Kind oder Kind in Ehe/Lebenspartnerschaft, unter bestimmten Voraussetzungen weitere), welches
  - selbst gesetzlich versichert ist,[94] das 12. Lebensjahr noch nicht vollendet hat,
    - ohne Altersgrenze, wenn das Kind behindert und auf Hilfe angewiesen ist,
  - ist nach ärztlichem Zeugnis erkrankt und bedarf deshalb der Beaufsichtigung, Betreuung oder Pflege UND
  - eine andere im gleichen Haushalt wie die das Krankengeld in Anspruch nehmende lebende Person steht zur Betreuung nicht zur Verfügung.[95]

Der Anspruch ist der Höhe nach mehrfach begrenzt (§ 45 Abs. 2 SGB V). Das Kinderkrankengeld wird Beschäftigten gewährt

- in Höhe von 70 v. H. des regelmäßig erzielten Arbeitseinkommens, welches unterhalb der Beitragsbemessungsgrenze liegt,
- für maximal 10 Arbeitstage je Kind und versicherter Person,[96]
  - 20 Arbeitstage[97] für Alleinerziehende[98]
    - Die Übertragung von Ansprüchen zwischen den Elternteilen ist möglich, wenn der zweite im Haushalt des Kindes lebende Elternteil aus beruflichen Gründen nicht übernehmen kann.[99] Dies sollte durchsetzbar sein, wenn nachgewiesen werden kann, dass der andere versicherte Elternteil, z. B. aus gesundheitlichen Gründen, zur Betreuung des Kindes nicht zur Verfügung steht, analog Alleinerziehenden-Regelung.
- für Versicherte mit mehreren anspruchsbegründenden Kindern für höchsten 25 Arbeitstage.[100]

---

ausgelegt wird, andererseits könnten arbeits- oder tarifvertragliche Regelungen (ggf. auch Betriebsvereinbarungen) auch weitergehende Ansprüche normieren.

94 In der Regel wohl Familienversicherung gem. § 10 SGB V – für privat versicherte Kinder von gesetzlich versicherten Beschäftigten entfaltet § 45 SGB V keine Wirkung!

95 Die potenzielle Betreuungsperson muss objektiv (Alter, geistige und emotionale Fähigkeiten) und subjektiv (Bereitschaft) geeignet sein, vgl. LAG Köln 10. 11. 1993 – 7 Sa 690/93, Rn. 7 ff.

96 § 45 Abs. 2a SGB V für das Kalenderjahr 2025: 15 Arbeitstage.

97 § 45 Abs. 2a SGB V für das Kalenderjahr 2025: 30 Arbeitstage.

98 Im Sinne des § 45 SGB V gilt das auch für Kinder, deren anderer sorgeberechtigter Elternteil nicht im gleichen Haushalt lebt, vgl. BSG 26. 6. 2007 – B 1 KR 33/06 R.

99 Scheer, Sozialrecht, Kompaktkommentar, 2. Auflage, § 45 SGB V Rn. 9 m. w. N.

100 § 45 Abs. 2a SGB V für das Kalenderjahr 2025: 35 Arbeitstage.

- für Alleinerziehende max. 50[101] Arbeitstage.

Die Anzahl der maximal zur Verfügung stehenden Arbeitstage bezieht sich auf das Kalenderjahr, mit dem Jahreswechsel wird der »Zähler« also auf Null gesetzt. Das gilt nicht etwa auch bei unterjährigem Arbeitgeberwechsel, in diesem Fall bleiben bereits beim alten Arbeitgeber genommene Kinderkrankengeldtage stehen und können nicht erneut genommen werden.

Kinderkrankengeld zur Sterbebegleitung

63 § 45 Abs. 4 SGB V normiert zudem Krankengeldansprüche für Versicherte. Die Grundvoraussetzungen entsprechen denen zu § 45 Abs. 1 SGB V (siehe oben).

Der Anspruch gilt in diesem Fall, wenn das Kind

- nach ärztlichem Zeugnis deshalb der Beaufsichtigung, Betreuung oder Pflege bedarf, weil es an einer Erkrankung leidet,
  - a) die progredient (also auf den Tod zulaufend) verläuft und bereits ein weit fortgeschrittenes Stadium erreicht hat,
  - b) bei der eine Heilung ausgeschlossen und eine palliativmedizinische Behandlung notwendig oder von einem Elternteil erwünscht ist und
  - c) die lediglich eine begrenzte Lebenserwartung von Wochen oder wenigen Monaten erwarten lässt.

Hierbei ist zu beachten, dass das Kinderkrankengeld für die schwerkranken Kinder nur einem versicherten Elternteil[102] zusteht. Gemeint ist aber damit auch hier lediglich, dass nur jeweils ein anspruchsberechtigter Elternteil das Krankengeld (bzw. die Freistellung – siehe unten) in Anspruch nehmen kann, ein – auch mehrmaliger – Wechsel unter den Betreuungspersonen ist damit ausdrücklich nicht ausgeschlossen.[103]

In der Höhe sind auch diese Ansprüche begrenzt und entsprechen dem Krankengeldanspruch der Versicherten bei eigener Arbeitsunfähigkeit.

Eine zeitliche Begrenzung – zudem auf wenige Tage, wie Abs. 1 diese bei Erkrankung der Kinder festlegt – gibt es aber für die Sterbebegleitung nicht. Hier ergibt sich die faktische Begrenzung aus der verbleibenden Lebenszeit des kranken Kindes auf Wochen oder »wenige« Monate, wie sie der Gesetzgeber als Anspruchsvoraussetzung verlangt.[104]

---

101 § 45 Abs. 2a SGB V für das Kalenderjahr 2025: 70 Arbeitstage.

102 Unter bestimmten Voraussetzungen können statt der leiblichen Eltern auch weitere Personen berechtigt sein – siehe Verweis auf § 45 Abs. 1 Satz 2 SGB V, der auf § 10 SGB V verweist.

103 Siehe Gesetzesbegründung in BT-Drs. 14/9031 S. 3 »Für denselben Zeitraum kann nur ein Elternteil den Anspruch geltend machen.«

104 *http://dip21.bundestag.de/dip21/btd/14/090/1409031.pdf* – II. (S. 3).

bbb. Arbeitsrechtlicher Inhalt der Regelung – Freistellungsanspruch

Arbeitsrechtlich interessant und Grund dafür, diese Vorschrift in diesem Kommentar zu behandeln, ist der Freistellungsanspruch, den § 45 Abs. 3 SGB V Beschäftigten gegenüber ihrem Arbeitgeber gibt. 64

Dabei ist zu **beachten,** dass dieser **Anspruch gem. § 45 Abs. 3 Satz 3 SGB V nicht durch Vertrag ausgeschlossen oder beschränkt werden darf**, also **unabdingbar** ist.

Soweit ansonsten die Voraussetzungen nach Abs. 1 bzw. Abs. 4 erfüllt sind, haben Beschäftigte Anspruch auf unbezahlte Freistellung gegenüber ihrem Arbeitgeber. **§ 45 Abs. 5 SGB V erweitert den Kreis der Anspruchsberechtigten** zudem sogar **auf Arbeitnehmer, die keinen Anspruch auf Krankengeld nach Abs. 1** dieser Vorschrift **haben** und stellt **damit eine weitere im Sozialrecht versteckte arbeitsrechtliche Regelung** dar.

Mit der Regelung in Abs. 5 sollen nicht gesetzlich (bzw. mit Krankengeldanspruch) versicherte Beschäftigte und solche, deren Kinder nicht gesetzlich versichert werden, arbeitsrechtlich den Beschäftigten gleichgestellt werden, die aus § 45 SGB V Ansprüche auf Kinderkrankengeld herleiten können.

Auch z. B. privatversicherte Beschäftigte können sich daher bei entsprechender Erkrankung ihres unter 12-jährigen Kindes hinsichtlich der Freistellung von der Arbeitsleistung auf § 45 SGB V berufen. Kinderkrankengeld werden diese Beschäftigte aber wohl nicht oder nur bei wenigen Versicherern erhalten.

Die gesamte Vorschrift des § 45 SGB V ist zudem nicht leicht zu lesen und auch deshalb eher kompliziert für die Betroffenen, weil der Anspruch auf unbezahlte Freistellung gegen den Arbeitgeber, jedenfalls für Versicherte mit Krankengeldanspruch, jedoch dem Wortlaut nach davon abhängt, dass die Krankenkasse das Kinderkrankengeld auch bewilligt.

Nun ist es aber nicht sehr realistisch, dass man morgens vor dem Arbeitsweg, wenn man feststellt, dass das eigene Kind erkrankt ist, noch rechtzeitig vor Beginn der Arbeitsverpflichtung

a.) eine entsprechende ärztliche Bescheinigung über die Erkrankung des Kindes und die erforderliche Betreuung etc. auftreibt

b.) daraufhin einen Bescheid der Krankenkasse erwirkt und erhält und diesen dann

c.) dem Arbeitgeber vorlegt, der dann pflichtgemäß die Zustimmung zur beantragten Freistellung gewährt.

Das hat auch der Gesetzgeber im Grundsatz als Problem erkannt, der deshalb in § 45 Abs. 3 Satz 2 SBG V normiert, dass eine Freistellung, die in Anspruch genommen wird, ohne dass der entsprechende Bewilligungsbescheid der Krankenkasse vorliegt, den Arbeitgeber zur Verrechnung mit zukünftigen Freistellungsansprüchen berechtigt, sollte die Krankenkasse die Leistungspflicht nicht anerkennen.

Die Lösung des Gesetzgebers ist jedoch trotzdem sehr unglücklich formuliert; Nachbesserung täte hier insgesamt gut.

65 § 45 SGB V normiert einen Anspruch auf unbezahlte Freistellung. Das ist dem Wortlaut nach eigentlich – anders als in § 2 PflegeZG – kein Anspruch auf Fernbleiben von der Arbeit.

Formal gesehen wäre also denkbar anzunehmen, für das rechtmäßige Fernbleiben von der Arbeit im Falle der Erkrankung des Kindes wäre die Zustimmung des Arbeitgebers nötig.

Die Gerichtsentscheidungen zum Thema sind in der Regel auch Entscheidungen in Kündigungsschutzklagen; es gibt also durchaus Arbeitgeber, die dem oben dargestellten Irrtum unterliegen.

Personen, die Kindern Aufsicht und Pflege schulden, verlieren diese Verpflichtung aber nicht damit, dass sie sich zur Finanzierung ihres eigenen Lebensunterhaltes und dem dieser Kinder einem Arbeitsverhältnis unterwerfen. Die Pflicht, sich um ihre Kinder zu kümmern, zumal im Falle einer Erkrankung, bleibt auch im Arbeitsverhältnis bestehen und ist ggf. gegen die Arbeitspflicht abzuwägen.

Das erkennen quasi einhellig auch die wenigen, mit der Problematik des § 45 SGB V arbeitsrechtlich befassten Gerichte an – die Rechtsprechung geht hier einheitlich und richtigerweise davon aus, dass die Erkrankung eines – im Regelfall unter 12-jährigen – Kindes die betroffenen Betreuungspersonen ebenso zum Fernbleiben von der Arbeit berechtigt, wie dies eine eigene Erkrankung tun würde.[105]

Das LAG Köln lässt in diesem Zusammenhang ausdrücklich offen, ob neben dem Anspruch aus § 45 SGB V noch weitere Freistellungsansprüche aus §§ 242, 275 oder 616 BGB in Frage gekommen wären.

Würden also derartige Ansprüche in Konstellationen wie der entschiedenen bestehen, wären die Betroffenen verpflichtet gewesen, zunächst diese geltend zu machen.

Interessant ist der in der Entscheidung des LAG Köln angedeutete Gedanke deshalb vor allem in der weitergehenden Überlegung zu §§ 242, 275 BGB (dazu sogleich im folgenden Kapitel).

Der Anspruch auf unbezahlte Freistellung nach § 45 SGB V zur Pflege erkrankter Kinder ist einerseits grundsätzlich altersbeschränkt und andererseits

105 Vgl. z. B. LAG Köln 10. 11. 1993 – 7 Sa 690/93 mit überzeugender Begründung in Rn. 12; LAG Hamm 8. 10. 2001 – 19 Sa 772/01, siehe auch: Wissenschaftliche Dienste Deutscher Bundestag: »Regelungen im Recht der gesetzlichen Krankenversicherung zur Integration Angehöriger in die Pflege und Betreuung schwerstkranker, sterbender Kinder – Rechtshistorische Entwicklung und aktueller Stand«, WD 9 – 3000 – 155/10, Seite 9.

seits in der Anzahl der zur Verfügung stehenden Tage begrenzt. Der Anspruch aus § 45 Abs. 4 SGB V hinsichtlich Sterbebegleitung betrifft jedenfalls nur Kinder unter 12 Jahren.
Der Konflikt von Eltern, deren Kinder wegen Erkrankung oder gar Schlimmerem ggf. Betreuung und Pflege bedürfen, welcher ihrer Pflichten sie Priorität einräumen müssen, ist aber nicht auf eine gewisse Anzahl von Tagen im Jahr und auch nicht auf Kinder unter 12 Jahren beschränkt. Gerade auch wenn mehrere (kleinere) Kinder im Haushalt von Alleinerziehenden leben, können selbst die komfortabel erscheinenden 50 Tage im gesetzlichen Normalbetrieb aus Abs. 1 u. U. nicht mehr ausreichen.

bb. Leistungsverweigerungsrecht (Anspruch auf Fernbleiben von der Arbeit) nach §§ 242, 275 BGB

Für die in den vorherigen Ausführungen genannten Fälle, in denen die 66
Ansprüche nach § 45 SGB V ausgeschöpft sind bzw. wegen des Alters des Kindes nicht bestehen, kann eine Abwägung der Pflichten und Interessen richtigerweise nur dazu führen, dass man einen weitergehenden Anspruch auf unbezahltes Fernbleiben von der Arbeit bejaht.[106]
Den betroffenen Eltern muss man mit dem LAG Köln[107] richtigerweise ein auf §§ 242, 275 BGB gestütztes Recht, ggf. auch ohne die Zustimmung ihres Arbeitgebers von der Arbeit fernzubleiben, auch dann zubilligen, wenn sie anders keine Möglichkeit haben, ihre zivilrechtlich festgehaltenen (§§ 1626, 1627 BGB) und zudem strafbewehrten Pflichten (§§ 171, 221 StGB), ihren Kindern Unterstützung, Pflege und Aufsicht zukommen zu lassen, erfüllen können.
Voraussetzung ist, dass die betroffenen Eltern nach Ausschöpfen aller anderen zumutbaren Möglichkeiten nur vor der Wahl stehen, entweder nicht zur Arbeit zu gehen oder andere hohe Schutzgüter bzw. Pflichten zu verletzen. Im Falle der erkrankten Kinder kommt hier insbesondere die Gefahr in Betracht, eine Person, für deren Betreuung und Versorgung sie verantwortlich sind (hier ihr Kind – ohne starre Altersgrenze) in einer Situation, in der diese Person ohne ihre Aufsicht, Pflege oder Betreuung der Gefahr schwerer Gesundheitsschädigung oder gar des Todes ausgesetzt ist, hilflos allein zu lassen.
Diese Gefahr dürfte bei einem Kind, welches inhaltlich die Beschreibung des § 45 SGB V erfüllt (Alter bzw. Behinderung und entsprechende Erkrankung) in der Regel immer als gegeben unterstellt werden dürfen. Ein Erfahrungssatz dahingehend, dass Erkrankungen von Kindern nach Ausschöpfen des von § 45 SGB V vorgegebenen Zeitraums zu geringerer Hilflosigkeit beim

106 Siehe auch Rudolph, Gute Arbeit 9/2012 ab. S. 16.
107 LAG Köln 10.11.1993 – 7 Sa 690/93.

Kind führen, dürfte sich dagegen nicht aufstellen lassen. § 45 SGB V begrenzt lediglich den Anspruch auf finanzielle Unterstützung, den Eltern gegenüber der Versichertengemeinschaft haben sollen.
Es ist aber nicht ersichtlich, dass entsprechend erkrankte Kinder nur in den ersten 20 Tagen[108] der Erkrankung je Kalenderjahr der Betreuung etc. bedürfen. Auch bei Einzelkindern kann noch am 21. oder z. B. 35. Kalendertag eine durch die Krankheit bedingte Hilflosigkeit vorliegen, die einen Elternteil zur Betreuung zwingt.
Bei älteren Kindern wird es zudem auf die jeweilige Einsichtsfähigkeit und Selbständigkeit des Kindes einerseits und die Art und Schwere der Erkrankung andererseits ankommen.
Auch einen beispielsweise 16jährigen schwer fiebrigen und in diesem Zustand allein kaum bewegungs- bzw. orientierungsfähigen Jugendlichen wird man wohl schwerlich für einen vollen Arbeitstag ggf. inkl. Arbeitsweg allein lassen können, ohne erhebliche Gesundheitsgefahren (Dehydrierung, Kollaps-, Sturzgefahr) zu riskieren.
Dagegen wird ein gut einsichtsfähiges 14jähriges Kind mit einer leichten Infektionserkrankung, welches eher wegen der Ansteckungsgefahr für andere als wegen eigener Einschränkungen nicht zur Schule kann, wohl in der Regel auch eine arbeitstägliche Abwesenheit der Eltern überstehen, ohne sich selbst ernsthaft zu schädigen.

67 Die vorstehenden Überlegungen können in einer Ausnahmesituation (siehe bspw. Pandemiesituation Covid19 zu Beginn) auch auf die Notwendigkeit, zu Hause zu bleiben, übertragen werden, wenn arbeitsvertraglich gebundene Eltern ansonsten keine zumutbare Betreuungsmöglichkeit bei nicht ferienbedingten, also außergewöhnlichen, Schul- bzw. Kinderbetreuungseinrichtungsschließungen haben oder wenn die Kinder unter Quarantäne stehen.
Wie oben bereits ausgeführt, ist das Recht zum Fernbleiben aus § 275 Abs. 3 BGB aber auf die Fälle beschränkt, in denen die Abwägung der Hindernisse, die Arbeitsleistung zu erbringen, mit dem Interesse des Arbeitgebers, die Leistung zu erhalten, dahingehend ausgeht, dass man feststellt, das den betroffenen Beschäftigten das Erscheinen zur Arbeit nicht zugemutet werden kann.
Dabei wird zu berücksichtigen sein, dass im Geltungsbereich der § 45 SGB V und § 56 IfSchG der Gesetzgeber bei nicht behinderten Kindern davon ausgeht, dass eine entsprechende Betreuungsnotwendigkeit grundsätzlich nur bis zum vollendeten 12. Lebensjahr besteht.

---

108 Bezogen auf den gesetzlichen »Normalzustand« gem. § 45 Abs. 2 SGB V – solange die erhöhte Anzahl Freistellungstage nach § 45 Abs. 2a SGB V gilt, dürfte sich die Notwendigkeit, auf das BGB zurückzugreifen, relativieren.

Beschäftigte, die wegen der Homeschooling-Erfordernisse ihrer 12 Jahre alten bzw. älteren Kinder von der Arbeit fernbleiben wollen, werden wohl, sofern die Kinder nicht als entsprechend behindert anerkannt sind, zumindest gleichwertige Umstände darlegen und im Streitfall beweisen müssen, die dennoch die Notwendigkeit der Beaufsichtigung/Betreuung über die Arbeitspflicht überwiegen lassen.

Ebenso wird für den auf § 275 Abs. 3 BGB gestützten – gerade für den in Zu- **68**
sammenhang mit § 56 IfSG geltend gemachten – Anspruch auf Fernbleiben von der Arbeit meist behauptet, dass die Betreffenden zuvor sämtliche Ansprüche auf Überstundenguthaben, Erholungsurlaub oder Ähnliches aufbrauchen müssten.

Diese Überlegungen überzeugen nicht bzw. gehen fehl. Gerade weil § 56 Abs. 1a IfSG die regulären Ferien der jeweiligen Einrichtung ausschließt, müssen die betroffenen Eltern für diese Ferienzeiten anderweitige Möglichkeiten nutzen.

Soweit man, wie dies die Vertreter der Überlegungen vom Vorrang des Urlaubsabbaus meist ebenfalls tun, den Fernbleibensanspruch nach § 275 Abs. 3 BGB im Umfang an § 56 Abs. 2 IfSG koppelt, macht es daher überhaupt keinen Sinn, ein »Verbraten« von Überstunden- und Urlaubsguthaben in den Schulzeiten zu verlangen und damit das Problem der Eltern, wie sie die Kinderbetreuung sicherstellen sollen, in die Ferien zu verlagern.

Dazu kommt, dass der Arbeitgeber den Abbau von Überstunden – je nach zugrundeliegender Vereinbarung theoretisch sogar begründungslos – und den Urlaubsantrag jedenfalls mit Verweis auf die dringenden betrieblichen Erfordernisse, verweigern kann. Ohne ausdrückliche Genehmigung des Arbeitgebers dürfen Beschäftigte jedoch grundsätzlich nicht in Urlaub gehen. Von den Beschäftigten zu verlangen, dass sie erst einen Urlaubsantrag stellen, dessen Bescheidung abwarten und erst dann unter Verweis auf § 275 Abs. 3 BGB genehmigungslos von der Arbeit fernbleiben dürfen, macht daher wenig Sinn.

Zu beachten dürfte seit der BAG-Entscheidung[109] vom 19.3.2019 zudem sein, dass für den Fall, dass die Betroffenen einen oder gar mehrere volle Kalendermonate auf der Basis des § 275 Abs. 3 BGB der Arbeit fernbleiben, möglicherweise auch in diesen Fällen kein Anspruch auf Erholungsurlaub (und ggf. Zusatzurlaub für Schwerbehinderte § 208 Abs. 1 SGB IX) entsteht.

109 BAG 19.3.2019 – 9 AZR 315/17.

d. § 2 Pflegezeitgesetz (PflegeZG) – Pflegezeit und Akutpflege

aa. Vorbemerkungen

69 Dieser Kommentar befasst sich dabei ausschließlich mit den arbeitsrechtlichen Fragestellungen in Bezug auf die sich aus §§ 2 und 3 PflegeZG ergebenden Vollfreistellungsmöglichkeiten. Selbst die Regelungen zur Teilzeit in PflegeZG und FamilienPflegeZG werden hier – mangels Bezugs zu den urlaubsrechtlichen Fragestellungen – nicht behandelt; es sei daher bei weitergehendem Informationsbedarf ausdrücklich auf weiterführende Literatur, insbesondere auch den in 2025 in der 5. Auflage erschienenen Basiskommentar zu beiden Gesetzen aus dem Bund-Verlag verwiesen.

bb. Anspruchsberechtigte

70 Anspruchsberechtigte für die Akut- und »Dauer«-Pflege, sowie alle anderen Regelungen der Pflegezeitgesetze (PflegeZG, FamPflZG) sind die in § 7 Abs. 1 PflegeZG als Beschäftigte im Sinne dieser Gesetze definierten Personen:

1. Arbeitnehmerinnen und Arbeitnehmer,
2. die zu ihrer Berufsbildung Beschäftigten,
3. Personen, die wegen ihrer wirtschaftlichen Unselbständigkeit als arbeitnehmerähnliche Personen anzusehen sind; zu diesen gehören auch die in Heimarbeit Beschäftigten und die ihnen Gleichgestellten.

cc. Kündigungsschutz

71 Der Kündigungsschutz für Beschäftigte, die Pflegezeit beantragt haben oder nutzen, ist dem Kündigungsschutz der werdenden Mutter § 17 MuSchG bzw. für Beschäftigte in Elternzeit § 18 BEEG nachgebildet. Hinsichtlich Meinungsstand, Problemlagen und ergangenen Entscheidungen kann daher auf die einschlägige Kommentarliteratur nicht nur zum Pflegezeitgesetz, sondern auch zu MuSchG und BEEG verwiesen werden. Besondere beurlaubungsrechtliche Probleme stellen sich nicht.

dd. Akutpflege – § 2 Abs. 1 PflegeZG

72 § 2 Abs. 1 PflegeZG regelt das Recht von Beschäftigten, bis zu zehn Arbeitstage der Arbeit fernzubleiben, wenn dies erforderlich ist, um für einen pflegebedürftigen nahen Angehörigen in einer akut aufgetretenen Pflegesituation eine bedarfsgerechte Pflege zu organisieren oder eine pflegerische Versorgung in dieser Zeit sicherzustellen.

Voraussetzung für den Anspruch auf Fernbleiben von der Arbeit ist demnach, dass die betroffenen Beschäftigten Angehörige haben, die als pflegebedürftig im Sinne des § 2 Pflegezeitgesetz gelten und dass diese Angehörigen in einer akut aufgetretenen Pflegesituation bestimmte Formen der Unterstützung benötigen.

aaa. Nahe Angehörige

Wer Angehörige im Sinne des Pflegezeitgesetzes[110] sind, regelt § 7 Abs. 3 **73**
PflegeZG grundsätzlich abschließend und in 3 Gruppen:

1. Großeltern, Eltern, Schwiegereltern, Stiefeltern,
2. Ehegatten, Lebenspartner, Partner einer eheähnlichen oder lebenspartnerschaftsähnlichen Gemeinschaft, Geschwister, Ehegatten der Geschwister und Geschwister der Ehegatten, Lebenspartner der Geschwister und Geschwister der Lebenspartner,
3. Kinder, Adoptiv- oder Pflegekinder, die Kinder, Adoptiv- oder Pflegekinder des Ehegatten oder Lebenspartners, Schwiegerkinder und Enkelkinder.

Dabei ist darauf hinzuweisen, dass mit »Lebenspartner« die Partnerschaften nach dem Gesetz über die Eingetragene Lebenspartnerschaft (LPartG) gemeint sind.

bbb. Pflegebedürftigkeit der nahen Angehörigen in einer akut aufgetretenen Pflegesituation

Pflegebedürftigkeit

Weitere Voraussetzung, um das Recht auf Fernbleiben von der Arbeit nach **74**
§ 2 PflegeZG nutzen zu können, ist, dass die nahen Angehörigen, um die es geht, bereits einen Pflegegrad haben oder in einem Zustand sind, dass die Gewährung wahrscheinlich ist.

Tritt die Pflegebedürftigkeit überraschend z.B. durch Unfall oder Schlaganfall auf, muss für die Freistellung nach § 2 die Bestätigung der behandelnden Ärzt:in über das Vorliegen einer entsprechenden voraussichtlichen Pflegebedürftigkeit ausreichen.[111]

In der Praxis wird es in diesen Fällen oft eine Schnelleinstufung noch aus dem Krankenhaus/der Reha-Einrichtung heraus geben.[112]

---

110 Durch Verweis auf die §§ 5 bis 8 PflegeZG gelten diese Definitionen auch für das Familienpflegezeitgesetz.

111 Siehe auch Winkel, Arbeitsrecht im Betrieb 2/2015 ab S. 27.

112 Hinweis: Erfahrungswert aus der praktischen Arbeit in Bayern; ob auch auf Ihr Bundesland übertragbar, müssten Sie prüfen.

Akut aufgetretene Pflegesituation

75 Während die nahen Angehörigen oft bereits einen Pflegegrad bescheinigt haben werden, die Pflegebedürftigkeit auf zumindest gewisse Zeit (über 6 Monate) also festgestellt ist, muss jedenfalls die Situation, die zum Fernbleiben von der Arbeit berechtigen soll, akut auftreten.

In diesem Zusammenhang kann akut nur bedeuten, dass die Situation für die Beschäftigten, die nun § 2 PflegeZG in Anspruch nehmen wollen/müssen, nicht planbar gewesen ist.[113]

Der zum Fernbleiben von der Arbeit berechtigende Bedarf an pflegerischer Unterstützung muss aus Sicht dieser Beschäftigten akut – also plötzlich – aufgetreten sein oder zumindest muss sich ein bereits vorhandener Bedarf plötzlich erhöht haben.[114]

Das kann passieren z. B. nach einem Krankenhausaufenthalt der/des zu Pflegenden, wenn sich herausstellt, dass die Person nach der Entlassung nicht mehr in den selbständigen Alltag zurückkehren kann. In diesen Fällen kann § 2 dazu genutzt werden, die anschließende Kurzzeit-/oder auch Dauerpflege zu organisieren.

Gleiches gilt, wenn die eigentliche Pflegekraft überraschend ausfällt, z. B. bei deren Erkrankung. Ebenso kann z. B. ein Schub einer chronischen Erkrankung kurzfristig und unerwartet einen erhöhten Pflegebedarf verursachen, so dass die eigentlich eingespielte häusliche Pflege nun nicht mehr ausreicht und weitere Maßnahmen ergriffen werden müssen.

Anzeige- und Nachweispflicht

76 Gem. § 2 Abs. 2 PflegeZG haben die Beschäftigten, die wegen des akuten Pflegebedarfes von nahen Angehörigen zur Organisation oder Sicherstellung deren Pflege der Arbeit fernbleiben wollen, ihrem Arbeitgeber die Verhinderung an der Arbeitsleistung und deren voraussichtliche Dauer unverzüglich mitzuteilen.

Die Formulierung entspricht § 5 Abs. 1 Satz 1 EFZG, so dass auch auf die hierzu ergangene Rechtsprechung Bezug genommen werden kann.

Im Regelfall wird demnach zu erwarten sein, dass die Betroffenen, sobald sie von der Notwendigkeit des Fernbleibens von der Arbeit und den übrigen anspruchsbegründenden Voraussetzungen erfahren haben, beim Arbeitgeber anrufen und so ihre Verhinderung möglichst noch vor Arbeitsbeginn, besser noch so rechtzeitig anzeigen, dass der Arbeitgeber geeignete Überbrückungsmaßnahmen organisieren kann.

---

113 Siehe auch Müller, Boecken/Düwell/Diller/Hanau, beck-online – Gesamtes Arbeitsrecht, PflegeZG § 2 Rn. 8 m. w. N.

114 Siehe BAG 15.11.2011 – 9 AZR 348/10, Rn. 44. »Denn »akut« ist die Pflegesituation nur, wenn sie plötzlich, also unerwartet und unvermittelt aufgetreten ist« (Freihube/Sasse, DB 2008, 1320).

Soweit es im Betrieb ein wirksames – ggf. mitbestimmungspflichtiges – Prozedere gibt, wie solche Anzeigen zu bewirken sind (z. B. bzgl. Ansprechpartner oder Kommunikationsweg), ist dieses einzuhalten.
Die Anzeige ist unverzüglich – also ohne schuldhaftes Zögern (§ 121 Abs. 1 Satz 1 BGB) – zu leisten. Vom oben beschriebenen Regelfall kann deshalb situationsbedingt abgewichen werden, wenn die spätere Meldung nicht schuldhaft erfolgt.
Der Arbeitgeber ist bei der Mitteilung darüber aufzuklären, dass die Freistellung wegen des akuten Pflegebedarfes eines nahen Angehörigen in Anspruch genommen wird. Dabei steht diesem nach wohl einhelliger und richtiger Meinung die Information darüber zu, wer der/die Angehörige ist, da nur so geprüft werden kann, ob diese Person nach § 7 PflegeZG in den Kreis der nahen Angehörigen fällt.
Die exakte Diagnose o. ä. geht den Arbeitgeber wie bei eigener Erkrankung von Beschäftigten nichts an. Die auf Verlangen vorzulegende ärztliche Bescheinigung muss lediglich die Pflegebedürftigkeit als solche und die Erforderlichkeit der Organisation oder Sicherstellung der Pflege des betreffenden nahen Angehörigen umfassen.

ccc. Verlust des Entgeltanspruches

Die Freistellung nach § 2 PflegeZG erfolgt unentgeltlich (§ 2 Abs. 3 Satz 1 PflegeZG). Allerdings besteht seit 1.1.2015 mit § 44a Abs. 3 SGB XI ein sozialgesetzlicher Anspruch auf Pflegeunterstützungsgeld, so dass die betroffenen Beschäftigten für die 10 Tage Akutpflege seither einen Anspruch auf Pflegeunterstützungsgeld durch die Pflegekasse der zu pflegenden Angehörigen haben. **77**
Dieser Anspruch nach § 44a Abs. 3 SGB XI steht ausdrücklich auch mehreren pflegenden Beschäftigten zu, die dann aber insgesamt maximal 10 Tage Pflegeunterstützungsgeld unter sich aufteilen können.
Soweit den Betroffenen aus anderen Regelungen (Gesetz, Vertrag oder Vereinbarung) das Recht auf Fortzahlung des Entgeltes zusteht, werden diese Rechte durch § 2 Abs. 3 PflegeZG nicht ausgeschlossen.
So kann sich beispielsweise aus § 616 BGB das Recht auf bezahlte Freistellung ergeben, wenn die übrigen, im entsprechenden Kapitel beschriebenen, Voraussetzungen zutreffen.

ddd. Anspruch auf 10 Arbeitstage Fernbleiben von der Arbeit

§ 2 Abs. 1 PflegeZG gibt den Beschäftigten den Anspruch, bei Vorliegen der oben genannten Voraussetzungen bis zu 10 Arbeitstage von der Arbeit fernzubleiben. **78**

Umrechnen oder nicht umrechnen?

79 Die oft vertretene Auffassung[115], entgegen dem Wortlaut seien tatsächlich keine Arbeitstage gemeint, überzeugt nicht.

Diskutiert wird dieses Konstrukt vor dem Hintergrund, dass 10 Arbeitstage je nach vertraglicher Gestaltung des Beschäftigungsverhältnisses eine unterschiedliche Anzahl von Wochen ergeben.

Der akute Pflegebedarf wird aber in der Regel nur für kurze Zeit, nämlich maximal wenige Wochen, vorliegen. Wenn der Pflegebedarf nicht mehr akut ist, weil der Zweck des § 2 PflegeZG, kurzfristig Pflege sicherzustellen bzw. eine längerfristige Lösung zu organisieren, erfüllt ist, kommt es aber auch für Teilzeitbeschäftigte nicht mehr darauf an, ob noch »ein Guthaben« aus den 10 Arbeitstagen vorhanden wäre. Mit dem Wegfall des akuten Pflegebedarfes sind auch die Teilzeitbeschäftigten wieder zur Arbeitsleistung verpflichtet, sofern sie nicht in die Pflegezeit nach § 3 PflegeZG wechseln.

Ein Anlass, den Wortlaut des Gesetzes zu ignorieren und die gesetzlich verbrieften 10 Arbeitstage für Teilzeitbeschäftigte zu kürzen, ist bei genauer Betrachtung schlicht nicht gegeben.[116]

Parallele Akutpflege durch mehrere Beschäftigte?

80 Weder im Gesetz noch in der Gesetzesbegründung findet sich ein Ansatz dafür, warum es nicht zulässig sein sollte, dass mehrere Berechtigte zeitgleich die Freistellung nach § 2 PflegeZG nutzen, sofern auch tatsächlich alle entsprechende Aufgaben übernehmen.

So kann z. B. eine berechtigte Beschäftigte den Pflegeplatz organisieren, derweil ein anderer berechtigter Beschäftigter sich vor Ort um die zu pflegende Person kümmert. In diesem Beispiel organisiert eine die zukünftige Pflege, der andere stellt derweil die vorübergehende Pflege sicher.

Dass dies dem Willen des Gesetzgebers nach grundsätzlich denkbar ist, ist im Übrigen auch § 44a SGB XI zu entnehmen, in dem es in Abs. 3 Satz 2 heißt: »Wenn mehrere Beschäftigte den Anspruch nach § 2 Absatz 1 des Pflegezeitgesetzes für einen pflegebedürftigen nahen Angehörigen geltend machen, ist deren Anspruch auf Pflegeunterstützungsgeld auf insgesamt bis zu zehn Arbeitstage begrenzt«.

115 Z. B. Linck, BB 2008, 2738–2743; Böhm, Pflegezeitgesetz, § 2 Rn. 4.

116 Siehe auch: Rühl in Däubler/Hjort/Schubert/Wolmerath, Arbeitsrecht, § 2 PflegeZG Rn. 8.

e. Pflegezeit (»Dauer«-Pflege)

aa. Vorbemerkungen

Die Pflegezeit nach §§ 3, 4 PflegeZG wird hier in Abgrenzung zur nur in akuten Fällen und für maximal 10 Arbeitstage greifenden Akutpflege nach § 2 PflegeZG als »Dauer«-Pflegezeit bezeichnet. Die »Dauer« steht dabei aber bewusst in Gänsefüßchen; die Maximalzeit, für die Beschäftigte diese Pflegezeit beanspruchen können, beträgt 6 Monate. **81**
Genaugenommen kann von einer Pflegemöglichkeit auf Dauer auf Basis der Pflegegesetze (PflegeZG/FamPflG), die insgesamt max. 24 Monate Pflegezeit (und dies grundsätzlich in Teilzeit) vorsehen, wohl kaum gesprochen werden.

bb. Anspruchsvoraussetzungen

Bei den Anspruchsvoraussetzungen muss unterschieden werden: **82**
Pflegezeit nach § 3 Abs. 1 PflegeZG setzt voraus, dass nahe Angehörige in häuslicher Umgebung gepflegt werden.
Pflegezeit nach § 3 Abs. 5 PflegeZG kann beansprucht werden, wenn die zu betreuenden nahen Angehörigen minderjährig[117] sind. In diesen Fällen muss die Betreuung nicht zwingend in häuslicher Umgebung stattfinden, es genügt das Erbringen von Betreuungsleistungen, auch wenn die Kinder/Jugendlichen sich in außerhäuslicher Umgebung befinden.
In allen Fallgestaltungen besteht ein Wahlrecht für die Betroffenen, die sich für unbezahlte Vollfreistellung oder eine Teilzeittätigkeit entscheiden können.
Betrachtet werden soll aus der Zielrichtung dieses Kommentars heraus an dieser Stelle nur die Vollfreistellung.

aaa. Pflegebedürftige nahe Angehörige (§ 3 Abs. 1 und 5 PflegeZG)

Hinsichtlich dieser Voraussetzungen kann auf die Ausführungen zu § 2 PflegeZG (oben Rn. 73 [nahe Angehörige] und Rn. 74 [Pflegebedürftigkeit]) verwiesen werden; Pflegebedürftigkeit liegt also vor, wenn der/die Angehörige die Voraussetzungen erfüllt, um Pflegegrad 1 oder höher zu beanspruchen. **83**

117 Im Umkehrschluss aus § 2 BGB, der den Eintritt der Volljährigkeit auf die Vollendung des 18. Lebensjahres legt, alle Menschen bis zu ihrem 18. Geburtstag.

bbb. Pflege in häuslicher Umgebung (§ 3 Abs. 1 und 5 PflegeZG)

84 Der Begriff der häuslichen Umgebung erschließt sich in der Abgrenzung zu stationärer Pflege.[118]

ccc. Häusliche Umgebung (§ 3 Abs. 1 und 5 PflegeZG)

85 Damit gilt als »häuslich« der Ort, an dem die betroffene Person gepflegt wird, z. B. die Wohnung der Pflege- oder der zu pflegenden Person, die Wohnung von anderen Kindern der zu pflegenden Person, eine WG von Menschen mit erhöhtem Betreuungsbedarf wegen Alter und/oder gesundheitlichen Beeinträchtigungen. Die häusliche Pflege im Sinne § 3 PflegeZG kann daher auch im Ausland stattfinden, wenn z. B. der Sohn den Vater im Elternhaus in der Türkei pflegt oder die Tochter die Eltern an deren Altersruhesitz auf den Kanaren.

ddd. Außerhäusliche Umgebung (§ 3 Abs. 5 PflegeZG)

86 Der Freistellungsanspruch besteht bei minderjährigen pflegebedürftigen Angehörigen auch dann, wenn diese nicht in einer der oben erläuterten Definition von »häuslich« entsprechenden Umgebung betreut werden.

eee. Pflege (§ 3 Abs. 1 PflegeZG)

87 Der Begriff der Pflege als solcher ist dabei in den Pflegezeitgesetzen im Sinne des § 2 PflegeZG als pflegerische Versorgung zu verstehen.
Herangezogen werden kann in diesem Zusammenhang wohl auch die umfangreiche Rechtsprechung und Kommentarliteratur zu § 2057a Abs. 1 Satz 2 BGB, der einem erbenden Abkömmling, einen größeren Anteil am Erbe zubilligt, wenn dieser die verstorbene Person während längerer Zeit gepflegt hat.
Demnach kann Pflege einerseits das Erbringen unmittelbarer pflegerischer Leistungen beinhalten, andererseits aber auch ermöglichen, soweit es irgend geht, die täglichen Verrichtungen selbständig zu erbringen.
Pflege besteht demnach auch in der Unterstützung, Beaufsichtigung oder Anleitung der zu pflegenden Personen, mit dem Ziel der eigenständigen Übernahme dieser Verrichtungen durch die zu Pflegenden selbst.[119]

---

118 Vgl. z. B. SG Lüneburg 27.4.2017 – S 5 P 33/15, BSG 20.4.2016 – B 3 P 1/15 R.

119 Schermann in: Herberger/Martinek/Rüßmann/Weth/Würdinger, jurisPK-BGB, 9. Aufl., § 2057a BGB (Stand: 23.6.2020), Rn. 52 – mit Verweis auf Schneider, ZEV 2018, 380, 381.

Damit unterfallen auch weitere Hilfeleistungen, die ggf. im Katalog der sozialrechtlichen Pflege nicht enthalten sind, dem allgemeineren Begriff der Pflege auch im arbeitsrechtlichen Sinne.
Hierzu gehören etwa die Erledigung von Botengängen und schriftlichen Angelegenheiten, Besprechungen mit Ärzten, Vorsprachen bei Behörden sowie auch die seelische Betreuung der gepflegten Person.[120]
Ebenso wird auch die bloße Anwesenheit als Teil der Pflegeleistung gewertet, soweit diese bedeutet, dass die pflegende Person für Gespräche und zur Sicherheit der gepflegten Person im Falle plötzlich notwendig werdender Hilfe zur Verfügung steht[121] und diese Unterstützung bei Bedarf dann leistet oder organisiert.

fff. Betreuung (§ 3 Abs. 5 PflegeZG)

Der Begriff der Betreuung geht über den oben erläuterten weiten Pflegebegriff noch zusätzlich hinaus, umfasst demnach jedes »für die unterstützungsbedürftige Person da sein«. 88

ggg. Unternehmensgröße

Der Anspruch auf »Dauer«-Pflegezeit besteht nur in Unternehmen mit mehr 89 als 15 Beschäftigten. Abgestellt wird dabei richtigerweise auf die Beschäftigten im Sinne des § 7 Abs. 1 PflegeZG; siehe dort. Gezählt werden Personen, auf deren vertragliche Wochenstundenzahl kommt es dabei nicht an.
Ebenso kommt es nicht darauf an, wie viele Beschäftigte der konkrete Betrieb hat, in dem die anspruchstellende Person beschäftigt ist. Abgestellt wird vom Gesetzgeber auf den Arbeitgeber (Vertragspartner der Beschäftigten), den § 7 Abs. 2 PflegeZG definiert als natürliche und juristische Person, sowie rechtsfähige Personengesellschaft, die Personen nach Absatz 1 – also Beschäftigte – beschäftigt.

---

120 Schermann in: Herberger/Martinek/Rüßmann/Weth/Würdinger, jurisPK-BGB, 9. Aufl., § 2057a BGB (Stand: 23.6.2020), Rn. 53 – mit Verweis auf BFH 11.9.2013 – II R 37/12, BStBl II 2014, 114 zu § 13 Abs. 1 Nr. 9 ErbStG.

121 Schermann in: Herberger/Martinek/Rüßmann/Weth/Würdinger, jurisPK-BGB, 9. Aufl., § 2057a BGB (Stand: 23.6.2020), Rn. 53 – mit Verweis auf OLG Schleswig 22.11.2016 – 3 U 25/16, ZEV 2017, 400, 403; OLG Frankfurt 7.2.2020 – 13 U 31/18, ZEV 2020, 357, 359; Löhnig in: Staudinger, § 2057a BGB Rn. 23; Lohmann in: Bamberger/Roth/Hau/Poseck, § 2057a BGB Rn. 8; Weidlich in: Grüneberg, § 2057a BGB Rn. 7; Teschner, ZErb 2017, 61, 64; Kollmeyer, NJW 2017, 1849, 1850; Schneider, ZEV 2018, 380, 381.

hhh. Anzeige- und Nachweispflicht

90 Die Beschäftigten haben die Pflegebedürftigkeit des nahen Angehörigen durch Vorlage einer Bescheinigung der Pflegekasse oder des Medizinischen Dienstes der Krankenversicherung nachzuweisen. Bei in der privaten Pflege-Pflichtversicherung versicherten Pflegebedürftigen ist ein entsprechender Nachweis zu erbringen.
Eine exakte Frist, innerhalb derer der Nachweis zu erbringen ist, ist dem Gesetz nicht zu entnehmen. Im Grunde wird es sich anbieten und dürfte auch davon auszugehen sein, dass die Anspruchsberechtigten ihrem Arbeitgeber den Nachweis unverzüglich – also umgehend, nachdem er ihnen selbst vorliegt, sofern es dann für weitere Verzögerungen keine gute Erklärung gibt – zuleiten.
Voraussetzung für die Inanspruchnahme der Pflegezeit ist das Vorliegen des Nachweises bei Antragstellung aber noch nicht. Hier dürfte es sich anbieten, bei Nachfragen des Arbeitgebers die in § 2 zu diesem Thema beschriebene ärztliche Bescheinigung vorzulegen und auf die erfolgte Antragstellung zum Pflegegrad zu verweisen.

cc. Ankündigung – Frist und Form

91 Gem. § 3 Abs. 3 PflegeZG muss, wer Pflegezeit in Anspruch nehmen will, dies dem Arbeitgeber spätestens 10 Arbeitstage vor dem geplanten Beginn in Textform[122] ankündigen. Dabei ist zu erklären, für welchen Zeitraum und in welchem Umfang die Freistellung von der Arbeitsleistung in Anspruch genommen werden soll.
Diese Frist stellt Beschäftigte, die die Pflegezeit nicht langfristig planen konnten, sondern von der Situation überrascht werden, natürlich vor ein erhebliches Problem.
Zwar können Sie im akuten Pflegefall auf Basis der Regelung in § 2 PflegeZG maximal 10 Arbeitstage von der Arbeit fernbleiben.
Sie müssten aber bereits am ersten Akutpflegetag die Mitteilung einreichen, dass sie nach Ablauf der Akutpflege die Pflegezeit nach § 3 PflegeZG in Anspruch nehmen wollen, um dann die Vorankündigungsfrist für § 3 PflegeZG zu wahren.

---

122 Bis 31.12.2024 verlangte das Gesetz die Schriftform, also in der Praxis einen Brief mit Unterschrift. Die seit Jahresbeginn 2025 ausreichende Textform der Mitteilung kann nun auch z. B. durch E-Mail oder Textnachricht gewahrt werden. Allerdings muss trotzdem immer noch darauf geachtet werden, dass die Beschäftigten den Zugang der Nachricht beim Arbeitgeber auch beweisen können. Eine automatische »Lesebestätigung« des jeweiligen Systems reicht dazu in der Regel nicht aus.

Es darf auch an dieser Stelle wohl bezweifelt werden, dass dem Gesetzgeber bewusst war, vor welche Schwierigkeiten er die Betroffenen mit seinen Regelungen stellt.
Die 10 Arbeitstage Vorankündigungsfrist gilt letztlich zudem auch nur in dem Fall, dass die Pflegezeit aus dem laufenden Arbeitsverhältnis herausgenommen wird.
Wird Pflegezeit nach einer Familienpflegezeit oder einer Freistellung nach § 2 Abs. 5 FPfZG in Anspruch genommen, ist die Pflegezeit in unmittelbarem Anschluss an die Familienpflegezeit oder die Freistellung nach § 2 Abs. 5 FPfZG zu beanspruchen und abweichend von Satz 1 dem Arbeitgeber spätestens acht Wochen vor Beginn der Pflegezeit schriftlich anzukündigen.
Bis dato – soweit erkennbar – weder diskutiert noch entschieden ist, welche Frist zum Tragen kommt, wenn die Pflegezeit nach Abs. 1 im Anschluss an die nach Abs. 5 oder umgekehrt beansprucht wird.
Mangels ausdrücklicher gesetzlicher Regelung zu dieser Situation kann es dann wohl nur bei der Frist von 10 Arbeitstagen bleiben.

aaa. Ankündigungsfrist 10 Arbeitstage

Zur Frage, wie die 10 Arbeitstage gemeint sind oder berechnet werden, 92
wird auf die Ausführungen zu § 2 verwiesen. Demnach wird die Mindestankündigungsfrist parallel zum Freistellungsanspruch von 10 Arbeitstagen aus § 2 auf der Basis der individualvertraglichen Arbeitsverpflichtung der Beschäftigten bemessen.[123]

bbb. Form der Ankündigung

Die Pflegezeit ist in Textform anzukündigen. 93
Eine Ankündigung in Textform, also E-Mail (ohne qualifizierte elektronische Signatur gem. § 126a BGB), SMS, Messenger- oder Chatnachricht oder Ähnliches reicht seit 1.1.2025 also aus, um den Lauf der Frist in Gang zu setzen.
Das Ankündigungsschreiben muss aber erkennen lassen, von wann bis wann (Zeitraum) die antragstellenden Beschäftigten die Pflegezeit in Anspruch nehmen werden und ob diese Freistellung – wie hier behandelt – vollständig ohne die Erbringung der vertraglichen Arbeitsleistung und damit auch ohne Entgelt oder in Form der Teilzeittätigkeit in Anspruch genommen werden wird.

---

123 Hochstrittig: siehe z. B. ErfK/Gallner, PflegeZG, § 3 Rn. 2, m. w. N., siehe dazu aber Ausführungen dieses Kommentars zu § 2 PflegeZG, Rn. 10.

Für die Teilzeit gilt es dann noch Weiteres zu beachten, dies kann im urlaubsrechtlichen Kommentar aber nicht behandelt werden.

ccc. Folgen von Fehlern

94 Erfolgt die Ankündigung nicht ordnungsgemäß, greift weder der Kündigungsschutz nach § 5 PflegeZG noch das Recht zum Fernbleiben von der Arbeit. Beschäftigte, die ohne ordnungsgemäße Ankündigung der Arbeit fernbleiben, riskieren also Abmahnung und letztlich Kündigung.
Soweit lediglich die Ankündigungsfrist nicht eingehalten worden ist, verschiebt sich der Beginn der Pflegezeit entsprechend nach hinten.
In diesem Fall wird aber unter Umständen ein neuer Anspruch auf § 2 Akutfreistellung das Problem lösen helfen. Bei Vorliegen der entsprechenden Voraussetzungen wäre dann auch an einen Anspruch auf Fernbleiben von der Arbeit nach § 275 Abs. 3 BGB[124] zu denken.
Je nach genauer Formulierung des Ankündigungsschreibens ist auszulegen, ob der verschobene Beginn der Pflegezeit auch zu einem verschobenen Endzeitpunkt führt oder ob sich die beantragte Pflegezeit entsprechend verkürzt.
Bestätigt der Arbeitgeber aber eine nicht frist- und/oder formgerechte Pflegezeit und verzichtet somit auf die Einhaltung der gesetzlichen Regelungen, kann auch eine – im Zweifelsfall – mündliche Vereinbarung wirksam sein.
Die Beweislast für das wirksame Zustandekommen und den Inhalt der Vereinbarung, liegt jedoch bei den Beschäftigten. Es kann daher nur angeraten werden, die gesetzlichen Vorschriften strikt einzuhalten und sich nicht auf Absprachen und Zusagen zu verlassen, sofern diese nicht nachweisbar vorliegen.

dd. Dauer/Verlängerung/Ende

aaa. Längstens 6 Monate je Beschäftigten pro Angehörigen

95 Die Pflegezeit beträgt für jeden pflegebedürftigen nahen Angehörigen längstens sechs Monate.[125]
Im Falle minderjähriger Angehöriger, bei denen die Pflegezeit sowohl auf § 3 Abs. 1 als auch Abs. 5 PflegeZG gestützt werden kann, bedeutet dies, dass zunächst z. B. 6 Monate Pflegezeit nach Abs. 1 und im Anschluss nochmals 6 Monate nach Abs. 5 möglich wären.

---

124 Siehe Kapitel »Leistungsverweigerungsrecht (Anspruch auf Fernbleiben von der Arbeit) nach §§ 242, 275 BGB«.

125 § 4 Abs. 1 Satz 1 PflegeZG.

Eine zusätzlich zu beachtende Begrenzung stellt aber auch in diesen Fällen § 4 Abs. 1 Satz 4 dar:

»Pflegezeit und Familienpflegezeit nach § 2 des Familienpflegezeitgesetzes dürfen gemeinsam die Gesamtdauer von 24 Monaten je pflegebedürftigem nahen Angehörigen nicht überschreiten.«

Diese Begrenzung bezieht sich nicht nur auf die Zeit, die jeweils in Anspruch genommen werden kann; das Inanspruchnehmen der jeweiligen Pflegezeit nach § 3 verbraucht diese Möglichkeit für die jeweiligen Betroffenen nach der Rechtsprechung des BAG wohl endgültig.[126]
Das BAG hat sich dabei in seiner Entscheidung vom 15.11.2011, mangels Anlasses, mit der Frage, ob ein Arbeitgeberwechsel dazu führt, dass betroffene Beschäftigte erneut Anspruch auf Pflegezeit für den gleichen Angehörigen haben, nicht auseinandergesetzt. Auch in den unteren Instanzen wurde die Frage, soweit erkennbar, bisher nicht entschieden.
Diskutiert werden beide Varianten, dass die Pflegezeit als einmaliges Recht je nahem Angehörigen ausgelegt ist und dass ein Arbeitgeberwechsel zu einem Aufleben des Anspruchs führen würde. Begründet wird letzteres damit, dass der Gesetzgeber in einer Art gesellschaftlichem Risikoausgleich den einzelnen Arbeitgeber nur einmal belasten wollte, bei einem Arbeitgeberwechsel aber dann ja ein neuer Arbeitgeber den Ausfall bei erneuter Pflegezeit kompensieren müsste.
Nach unserer Ansicht ist das Konstrukt der Pflegezeit, die als einmaliges Recht konzipiert ist, sozialpolitisch verfehlt und geht an den Realitäten nicht nur bzgl. der Dauer (auch inklusive Familienpflegezeit) sondern auch dieser Einmaligkeit vollkommen vorbei. Dies darüber etwas retten zu wollen, dass man den Betroffenen, die die Erforderlichkeit einer erneuten Inanspruchnahme sehen, indirekt anrät, doch den Job zu wechseln, überzeugt als Lösung auch nicht.
Zudem dürfte Betroffenen, deren Arbeitgeber sich auf keine weitere Freistellung einlassen möchte, der Weg durch die Instanzen bis zur Klärung der Frage auch eher nicht möglich sein. Bei durchschnittlicher Pflegedauer von 4,4 Jahren könnte sich zudem das Rechtsschutzinteresse, welches nur besteht, solange die Pflege dieses Angehörigen noch möglich ist, bis zu einer Entscheidung des BAG erledigt haben.
Soweit der Bedarf an der Freistellung auf Seiten der betroffenen Beschäftigten aber so dringend ist, dass ggf. der Erlass einer einstweiligen Verfügung in Frage käme, wäre es stattdessen bzw. ergänzend wohl auch in den meisten

126 BAG 15.11.2011 – 9 AZR 348/10, Rn. 31.

Konstellationen möglich, zumindest hilfsweise über den Anspruch auf Freistellung nach § 275 Abs. 3 BGB[127] zu einer Lösung zu kommen.
Eine weitere Pflegezeit wäre also im gesetzgeberischen Normalfall wohl nur für einen anderen nahen Angehörigen möglich.

bbb. Verlängerung

96 § 4 Abs. 1 Satz 2 PflegeZG normiert:

»Pflegezeit und Familienpflegezeit nach § 2 des Familienpflegezeitgesetzes dürfen gemeinsam die Gesamtdauer von 24 Monaten je pflegebedürftigem nahen Angehörigen nicht überschreiten.«
»Für einen kürzeren Zeitraum in Anspruch genommene Pflegezeit kann bis zur Höchstdauer verlängert werden, wenn der Arbeitgeber zustimmt.«

§ 4 Abs. 1 Satz 3 PflegeZG gibt den Beschäftigten einen Rechtsanspruch auf diese Verlängerung (aber auch nur bis zur gesetzlichen Höchstdauer von 6 Monaten), wenn ein vorgesehener Wechsel in der Person des Pflegenden aus einem wichtigen Grund nicht erfolgen kann.
Es soll hier nicht zu tief darauf eingegangen werden, welche Gründe – die dem Wortlaut des Gesetzes nach in der Person liegen müssten, die die Pflege unmittelbar nach dem Beschäftigten ausüben soll, der die Verlängerung beansprucht – wichtig im Sinne des § 4 PflegeZG sein könnten. Zu denken wäre dabei sicher zuerst an den Tod dieser Person bzw. Unfall/schwere Erkrankung, ggf. auch Verlust der Rahmenbedingungen (in den meisten Fällen wird das der Arbeitsplatz sein) die es dieser ermöglicht hätten, die Auszeit für die Pflege sicherzustellen.
Soweit diese Faktoren oder andere Umstände dazu führen, dass die zu pflegende Person ohne die Fortsetzung der Pflegeleistungen des betroffenen Beschäftigten nicht angemessen versorgt ist, besteht unabhängig von § 4 Abs. 1 Satz 3 PflegeZG ohnehin ein Anspruch auf ein (weiteres) Ruhen des Arbeitsverhältnisses aus § 275 Abs. 3 BGB.[128]

ccc. Ende

97 Die Pflegezeit endet gem. § 4 Abs. 2 PflegeZG entweder, wenn die Arbeitsvertragsparteien das so vereinbaren oder von Gesetzes wegen 4 Wochen nach dem Wegfall der Umstände, die den Anspruch auf Pflegezeit begründet

127 Siehe Rn. 66ff., Kapitel »Leistungsverweigerungsrecht (Anspruch auf Fernbleiben von der Arbeit) nach §§ 242, 275 BGB«.

128 Siehe Rn. 66ff., Kapitel »Leistungsverweigerungsrecht (Anspruch auf Fernbleiben von der Arbeit) nach §§ 242, 275 BGB«.

haben, bzw. wenn die häusliche Pflege unmöglich oder unzumutbar geworden ist.
Im Falle der Pflege von minderjährigen Angehörigen auf Basis des § 3 Abs. 5 PflegeZG, der im Gegensatz zu Abs. 1 die häusliche Pflege nicht zur Bedingung macht, wird man die Bestimmung sachgerecht wohl nur so auslegen können, dass es hier auf die Unzumutbarkeit der Pflege in der Gesamtbetrachtung der Umstände ankommt.
Wurde die Pflege als häusliche Pflege aufgenommen und wird bei Umzug der minderjährigen Person in außerhäusliche Pflege von den Betroffenen nicht mehr in dem Umfang als erforderlich angesehen, dass dafür das Ruhen des Arbeitsverhältnisses mit dem entsprechenden sozialen und finanziellen Folgen in Kauf genommen werden müsste, wäre auch dies ein Fall der Unzumutbarkeit, der zum Ende der Pflegezeit führt.
Ansonsten kann, neben den beiden klassischen Gründen – Tod des nahen Angehörigen oder Verschlechterung seiner Situation, so dass doch stationäre Pflege erforderlich wird – die Unzumutbarkeit der Pflege vor allem darin begründet sein, dass sich das Verhältnis zwischen pflegender und zu pflegender Person so weit verschlechtert, dass die Pflege subjektiv nicht mehr geleistet werden kann, z. B. weil die zu pflegende Person dies nicht mehr akzeptiert oder die Pflegeperson schlicht »nicht mehr kann«. Unzumutbarkeit kann sich aber auch ergeben, wenn sich die persönlichen Umstände bei der Pflegeperson so ändern, dass das Arbeitseinkommen wieder notwendig wird.[129]
Nebenpflicht im Zusammenhang mit und vermutlich auch Voraussetzung für das Enden der Pflegezeit ist die unverzügliche Mitteilung von Zeitpunkt und Grund des Wegfalls der Pflegesituation. Im Streitfall wird man wohl verlangen müssen, dass die pflegende Person die Umstände darlegt und beweist, die sie zur Wiederaufnahme der Arbeit berechtigen.

ee. Sterbebegleitung

Einen Sonderfall der Pflegezeit stellt zudem § 3 Abs. 6 PflegeZG dar. **98**

aaa. Keine Pflegebedürftigkeit erforderlich

Unabhängig davon, ob die betreffenden nahen Angehörigen anerkannt bzw. voraussichtlich pflegebedürftig im sozialrechtlichen Sinne sind, haben Beschäftigte das Recht, vollständig (oder auch nur im Rahmen von Teilzeitarbeit) von der Arbeit fernzubleiben, um eine Sterbebegleitung zu gewährleisten.

---

129 BT-Drs. 16/7439, S. 93.

bbb. Auf den Tod zulaufende Erkrankung

99 Voraussetzung auch hier – ähnlich aber nicht ganz identisch zu § 45 Abs. 4 SGB V – die nahen Angehörigen leiden an einer Erkrankung,

- a) die progredient[130] verläuft und bereits ein weit fortgeschrittenes Stadium erreicht hat,
- b) bei der eine Heilung ausgeschlossen und eine palliativmedizinische Behandlung notwendig ist und
- c) die lediglich eine begrenzte Lebenserwartung von Wochen oder wenigen Monaten erwarten lässt.

Dem Wortlaut des Gesetzes nach ist nur die Erkrankung als solche,[131] nicht aber das Vorliegen der übrigen Voraussetzungen, dem Arbeitgeber durch ärztliches Zeugnis nachzuweisen. Empfehlenswert dürfte jedenfalls sein, dass das ärztliche Zeugnis auch die übrigen Voraussetzungen umfasst, da im Streitfall die Darlegungs- und Beweislast für das Vorliegen der zur Freistellung berechtigenden Voraussetzungen ohnehin bei den Beschäftigten liegt.

ccc. Dauer/Anspruchsvoraussetzungen

100 Die Sterbebegleitung ist nur für die Dauer von 3 Monaten möglich, § 4 Abs. 3 Satz 2 PflegeZG.[132]

Durch die Verweisung auf § 3 Abs. 1 Satz 2 (Unternehmensgröße), Abs. 3 Satz 1 und 2 (Ankündigungsfrist) und Abs. 4 PflegeZG (Teilzeit – hier nicht besprochen) kann wiederum – soweit urlaubsrechtlich relevant – auf die entsprechenden Ausführungen im Kommentar verwiesen werden.

ff. Urlaubskürzung

101 Der Erholungsurlaub der Beschäftigten, die Pflegezeiten nach § 3 PflegeZG in Anspruch nehmen, kann durch den Arbeitgeber für jeden vollen Kalendermonat der vollständigen Freistellung von der Arbeitsleistung um ein Zwölftel gekürzt werden.

---

130 Also nach ärztlicher Einschätzung »auf den Tod zulaufend«.

131 § 3 Abs. 6 Satz 2 PflegeZG: »Beschäftigte haben diese gegenüber dem Arbeitgeber durch ein ärztliches Zeugnis nachzuweisen«; das »diese« kann sich sprachlich nur auf die in Satz 1 angesprochene Erkrankung als solche beziehen.

132 Wenn mit Ablauf dieser Frist die Arbeitsbefreiung endet, die Sterbebegleitung aber noch nicht abgeschlossen ist, wäre stets zu prüfen, ob ggf. auf Grund der hohen psychischen Belastung überhaupt Arbeitsfähigkeit besteht. Sollte letzteres nicht der Fall sein, könnte sich aber ein Anspruch auf weiteres unbezahltes Fernbleiben von der Arbeit unter genau zu prüfenden Umständen auch aus § 275 Abs. 3 BGB ergeben.

Diese Regelung, die § 17 BEEG nachgebildet ist,[133] greift allerdings nur, wenn die Beschäftigten auch von den gesetzlichen Voll-Freistellungsmöglichkeiten Gebrauch gemacht haben.
Soweit der Auszeit für die Pflege dagegen nicht das Pflegezeitgesetz, sondern eine vertragliche Vereinbarung zwischen den Arbeitsvertragsparteien oder betriebliche/tarifliche Regelungen zu Grunde liegen, wäre zu prüfen, was diese Regelungen hinsichtlich des Urlaubsanspruchs ergeben.
Ohne eine diesbezügliche Regelung wird man seit der Entscheidung des BAG[134] vom 19.3.2019 vorsorglich davon ausgehen müssen, dass der Anspruch auf Urlaub für volle Kalendermonate des ruhenden Arbeitsverhältnisses auch im Falle der freiwilligen Pflegevereinbarung zwar entsteht, aber weil keine Arbeitspflicht besteht, im Umfang null Tage beträgt.
Es kommt dann in diesen Fällen – anders als in der gesetzlich geregelten und damit diesem allgemeinen Grundsatz vorgehenden Spezialregelung – für die gesetzlichen Pflegezeiten nicht (mehr) auf die Willenserklärung des Arbeitgebers, mit der die Kürzung bewirkt wird, an. Der Erholungsurlaub (und ggf. Zusatzurlaub für Schwerbehinderte gem. § 208 Abs. 1 SGB IX) beträgt dann im Lichte der genannten BAG-Entscheidung wohl jeweils null Tage je vollem Kalendermonat des ruhenden Arbeitsverhältnisses.

3. Unbezahlter Urlaub

Einen grundsätzlichen Rechtsanspruch auf die Freistellung von der Arbeits- **102**
leistung ohne Vergütung unter Beibehalt des Arbeitsverhältnisses gibt es für Arbeitnehmer:innen nicht.
Soweit also der Freistellungswunsch der Betroffenen nicht auf Gründen beruht, die eigenständige Freistellungs- oder Fernbleibensrechte gewähren, können Interessierte nur prüfen, ob die auf ihr Arbeitsverhältnis anwendbaren vertraglichen Bestimmungen derartige Rechte bieten.
Ist auch dies nicht der Fall, besteht grundsätzlich natürlich die Möglichkeit, unbezahlte Freistellungen mit dem Arbeitgeber zu vereinbaren.
Diese Einigungen werden üblicherweise unter der Bezeichnung »**unbezahlter Urlaub**« zusammengefasst.
Eine solche – für beide Seiten des Arbeitsvertrages freiwillige – Vereinbarung kann individualvertraglich jederzeit und mit beliebiger Dauer getroffen werden.

Bei Bestehen eines Betriebsrates wäre dabei natürlich grundsätzlich auch das **103**
Mitbestimmungsrecht nach § 87 Abs. 1 Nr. 5 BetrVG zu beachten,[135] bzw. wenn ein Personalrat nach Bundesrecht besteht, § 80 Abs. 1 Nr. 6 BPersVG,

133 Siehe dort.
134 BAG 19.3.2019 – 9 AZR 315/17.
135 Siehe Kapitel IX. »Betriebliche Mitbestimmung zum Thema Urlaub«.

bzw. die entsprechenden landesgesetzlichen Regelungen, soweit sie entsprechende Rechte gewähren.
Sind sich Arbeitgeber und betroffene Person über die Vereinbarung des unbezahlten Urlaubs einig, dürfte dieses Mitbestimmungsrecht in der Regel aber ins Leere laufen. Ein Fall der Zuständigkeit des Betriebsrates für individuelle Streitigkeiten über die Lage des Urlaubs wäre mangels Streitigkeit zwischen Arbeitgeber und betroffener Person nicht gegeben. Allenfalls könnte der Ausfall der betroffenen Person zu Kompensationszwängen hinsichtlich der bisher erbrachten Arbeitsleistung führen, die dann Auswirkungen auf andere Beschäftigte haben könnten. Eine Intervention des Betriebsrates gegen eine solche Vereinbarung wäre aber wohl kaum zielführend. Hat sich der Arbeitgeber bereits vertraglich mit der betroffenen Person vereinbart, hätte diese auch einen rechtlich durchsetzbaren Anspruch auf Freistellung, den der Betriebsrat nicht mehr verhindern könnte.
Gab es die Einigung noch nicht, bestünde – vor allem, soweit der unbezahlte Urlaub weitergehende Hintergründe hat, als den schlichten Wunsch, mal eine Weile nicht der vertraglich geschuldeten Arbeit nachzugehen – die hohe Wahrscheinlichkeit, dass eine Intervention des Betriebsrates maximal im Worst Case dazu führt, dass sich die betroffene Person gezwungen sieht, statt ihr Arbeitsverhältnis ruhen zu lassen, dieses zu beenden. Dem Interesse nach Verhinderung des Ausfalles des Betroffenen im Interesse der Belastung der anderen Beschäftigten wäre damit ein Bärendienst erwiesen.

104 Anders könnte es sich darstellen, wenn der Wunsch auf ein ruhendes Arbeitsverhältnis von der Beschäftigtenseite an den Arbeitgeber herangetragen wird, dort aber auf Ablehnung stößt. Zwar kann auch in diesem Fall mit Hilfe des Betriebsrates kein Rechtsanspruch geschaffen werden, wo keiner aus Gesetz oder (Tarif-)Vertrag bzw. Betriebsvereinbarung hergeleitet werden kann. Durch eine Beschwerde nach § 85 BetrVG kann aber – die Unterstützung des Betriebsrates vorausgesetzt – letztendlich der Weg geebnet werden, notfalls in der Einigungsstelle auszuloten, ob nicht doch ein Anspruch auf der Basis von Generalklauseln wie der Fürsorgepflicht und dem Gleichbehandlungsgrundsatz oder den Grundsätzen von Recht und Billigkeit gegeben sein könnte.[136]
Bejaht die Einigungsstelle schlussendlich einen solchen Anspruch im konkreten Einzelfall, wäre sie zwar gehindert, durch Spruch die begehrte Gestaltung anzuordnen, denn die Einigungsstelle nach § 85 BetrVG kann nicht durch Spruch über Fragen entscheiden, in denen die Betroffenen einen Rechtsanspruch haben. Die Einigungsstelle, die den Rechtsanspruch sieht, müsste sich für unzuständig erklären.[137]

---

136 Sehr ausführlich dazu LAG Hamburg 18.7.2006 – 3 TaBV 7/06, siehe auch Rn. 45.

137 Siehe auch DKW-Buschmann, § 85 Rn. 16 m.w.N.

Der eventuelle Spruch über die sachliche Unzuständigkeit hätte auch kein Präjudiz für ein individuelles Klageverfahren, würde der antragstellenden Person aber durchaus wichtige Einschätzungshilfen dazu geben können, ob sich das Klageverfahren vor dem Arbeitsgericht lohnt.
Erfahrungsgemäß muss es aber soweit dann meist gar nicht mehr kommen; Arbeitgeber und Betriebsrat finden unter Anleitung eines geeigneten Einigungsstellenvorsitzes in der Praxis meist doch noch zu einvernehmlichen und tragfähigen Lösungen für das der Beschwerde zugrunde liegende Problem.

In der Einigungsstelle könnte demnach diskutiert werden, ob die prinzipielle **105**
Freiheit des Arbeitgebers, einen Antrag des Arbeitnehmers auf unbezahlten Urlaub anzunehmen oder abzulehnen, durch besondere persönliche Umstände beim Arbeitnehmer eingeschränkt ist. Zu denken wäre z. B. an Umstände, die sich an § 616 BGB annähern und sachlich begründeten persönlichen und unverschuldeten Arbeitsverhinderungen entsprechen. Hier könnte an eine besondere Begründungslast auf Arbeitgeberseite gedacht werden, sich dem Wunsch nach vorübergehender Arbeitsbefreiung ohne Fortzahlung des Entgelts verschließen zu dürfen. Im Einzelfall dürfte es sich um eine umfassende Interessenabwägung handeln, die auf Arbeitnehmerseite die persönlichen Wünsche mit berechtigten Arbeitgeberinteressen – z. B. die Schwierigkeit, eine Ersatzkraft zu finden, oder die Einarbeitung anderer nur mit Kostenaufwand vornehmen zu können – in Relation zu setzen hätte. In eine solche Abwägung ganz allgemein müssen neben den rein privaten Interessen auf Beschäftigtenseite auch unverschuldete Kollisionen zwischen vertraglichen Arbeits- und staatlichen, beispielsweise Wehrdienstpflichten, einbezogen werden.
Das BAG[138] hat im Fall eines türkischen Arbeitnehmers in Deutschland, der in der Türkei einen verkürzten Wehrdienst von zwei Monaten abzuleisten hatte, den Arbeitgeber zur Hinnahme dieser Art von Freistellung ohne Fortentrichtung des Entgeltes für verpflichtet gehalten. Geht es um qualitativ vergleichbare, längere Zeiträume, müsste grundsätzlich auch dies vom Arbeitgeber akzeptiert werden, es sei denn, ihm wären zumutbare Überbrückungsmaßnahmen nicht möglich. Zu den zumutbaren Anstrengungen zum Ausgleich eines 12-monatigen Wehrdienstes eines Arbeitnehmers in Jugoslawien gehören nach Ansicht des BAG auch Stellenausschreibungen für eine Aushilfskraft über den Bereich des Beschäftigungsbetriebs hinaus, wenn der Arbeitgeber einen Personalabbau betreibt oder plant.[139] Die letztgenannte Einschränkung des BAG dürfte allein dem konkreten Sachverhalt geschuldet sein; von zwingender Allgemeingültigkeit ist sie gewiss nicht.

---

138 BAG 22.12.1982, DB 1983, S. 1602 ff.
139 BAG 20.5.1988, DB 1989, S. 985 ff.

Des Weiteren wäre in entsprechenden Fallgestaltungen zu überlegen, ob nicht die Vereinbarung von unbezahltem Urlaub als milderes Mittel vor Ausspruch einer Kündigung in Betracht kommt.
Bezogen auf die krankheitsbedingte längerfristige Unfähigkeit, die geschuldete Arbeitsleistung zu erbringen, wird dieses Recht de facto seit Jahrzehnten anerkannt. Beschäftigte, die nach Ablauf des Zeitraumes für die Zahlung von Krankengeld immer noch nicht in der Lage sind, ihrer arbeitsvertraglichen Verpflichtung wieder nachzukommen, können sich der Bundesagentur für Arbeit zur Verfügung stellen. Von dieser erhalten sie dann in der Regel Arbeitslosengeld im Wege der sog. Nahtlosigkeitsregelung,[140] obwohl ihr Arbeitsverhältnis zum bisherigen Arbeitgeber ungekündigt fortbesteht. Parallel werden sie von der Bundesagentur für Arbeit in der Regel aufgefordert, Antrag auf Erwerbsminderungsrente zu stellen. Da diese in der Regel aber nur befristet gewährt wird, besteht das bisherige Arbeitsverhältnis dann meist weiter. Gesunden die Betroffenen jedoch noch, lebt das Arbeitsverhältnis wieder auf.
Es erscheint daher nicht einleuchtend, warum Beschäftigte, bei denen die Unfähigkeit bzw. Unzumutbarkeit die Arbeitsleistung zu erbringen, nicht auf Krankheit oder ausländischem Wehrdienst beruht, bei denen die Gründe aber ebenfalls außerhalb ihrer Entscheidungsmacht liegen, nicht ebenso ein grundsätzliches Anrecht darauf haben sollten, dass ihr Arbeitgeber im Gegenzug zum Verzicht der Betroffenen auf ihr Arbeitsentgelt bis zum Wegfall der Hinderungsgründe auf die Ausübung seines Direktionsrechtes verzichtet, ihr Arbeitsverhältnis also ruht.
Insbesondere nach der Entscheidung des BAG vom 19.3.2019, dass volle Kalendermonate, in denen das Arbeitsverhältnis auf Wunsch der betroffenen Person ruht, keine Ansprüche auf Urlaub – auch nicht auf den gesetzlichen Mindesturlaub – auslösen,[141] dürfte bei der erforderlichen Abwägung der beidseitigen Interessen nicht mehr viel in der Waagschale der Arbeitgeberseite verbleiben. Kosten entstehen durch das ruhende Arbeitsverhältnis de facto keine; Umdisponieren bzw. Ersatzeinstellen müsste der Arbeitgeber auch, wenn er das Arbeitsverhältnis wegen Nichterbringung der Arbeitsleistung kündigen würde. Die Ersatzeinstellung könnte arbeitsrechtlich problemlos, wie z. B. bei einer Elternzeitvertretung, zweckbefristet werden.
Auf der Beschäftigtenseite könnte dagegen das Interesse am Erhalt des Arbeitsverhältnisses als solchem, mit den erdienten Rechten der Betriebszugehörigkeit in die Waagschale geworfen werden und natürlich der Grund für die Unmöglichkeit/Unzumutbarkeit der Arbeitsleistung.
Zu denken wäre hier z. B. an fortdauernde Pflegeverpflichtungen nach Ausschöpfung der Regelungen aus Pflegezeitgesetz/Familienpflegezeitgesetz,

---

140 § 145 SGB III.
141 BAG 19.3.2019 – 9 AZR 315/17.

Verlust einer für die Arbeitsleistung erforderlichen Fahrerlaubnis bei Suchthintergrund und Therapiewilligkeit, möglicherweise sogar ohne Suchthintergrund, Zugehörigkeit von Angehörigen zu einer besonderen Risikogruppe, deren Ansteckung durch die arbeitsvertragliche Tätigkeit mit gewisser Wahrscheinlichkeit zu erwarten ist.

VII. Beendigung des Arbeitsverhältnisses und urlaubsrechtliche Folgen

1. Abgeltungsanspruch

Ausschließlich mit dem Ende des Arbeitsverhältnisses entsteht ein Anspruch auf Abgeltung noch offener Urlaubsansprüche, § 7 Abs. 4 BUrlG.[142] 106

Daher wäre während des Arbeitsverhältnisses eine Abgeltung von Ansprüchen, die sich aus dem gesetzlichen Mindesturlaub (inkl. entsprechender Zusatzurlaube) herleiten, rechtswidrig. Zahlt der Arbeitgeber solche Urlaubsansprüche dennoch aus, bleiben wegen dieser Rechtswidrigkeit die Freistellungsansprüche weiterhin bestehen. Beschäftigte, die diese weiterbestehenden Freistellungsansprüche tatsächlich nutzen wollen, müssen sich natürlich darauf einstellen, dass im Gegenzug die rechtswidrig ausgezahlte »Urlaubsabgeltung« nach den Regelungen der ungerechtfertigten Bereicherung (§§ 812 ff. BGB) zurückgefordert werden wird.

2. Ausgleichsquittungen

Ausgleichsquittungen werden Vereinbarungen genannt, mit denen Beschäftigte dem Arbeitgeber (in der Regel im Zusammenhang mit der Beendigung des Arbeitsverhältnisses) bestätigen, bestimmte Dokumente erhalten zu haben und das (ggf. über ausdrücklich Geregeltes hinaus) keine weiteren Ansprüche gegen den Arbeitgeber mehr bestehen. 107

§ 13 BUrlG hat zur Folge, das Beschäftigte nicht wirksam auf den gesetzlichen Mindesturlaub verzichten können; eine Ausgleichsquittung, die dem entgegenstehend regelt, dass genommener (Mindest-)Urlaub mit der Vereinbarung erledigt ist, wäre rechtsunwirksam mit der Folge, dass die betroffenen Beschäftigten die Abgeltung auch nach Unterzeichnung der Quittung noch fordern könnten.

Weil es aber rechtlich durchaus zulässig ist, dass auf Urlaubsabgeltungsansprüche verzichtet wird, ist also in der Praxis große Vorsicht geboten.[143]

---

142 Details siehe Kommentierung dort.

143 LAG Schleswig – Holstein 9.6.2021 – 3 Sa 82/21.

Beschäftigte sollten sich **vor** der Unterzeichnung solcher Quittungen immer gut beraten lassen.

3. Ruhen des Anspruchs bei Arbeitsentgelt und Urlaubsabgeltung

108 Gem. § 157 Abs. 2 SGB III ruht der Anspruch auf Arbeitslosengeld, wenn die betroffenen Beschäftigten wegen Beendigung des Arbeitsverhältnisses eine Urlaubsabgeltung erhalten oder zu beanspruchen haben, für die Zeit des abgegoltenen Urlaubs. Dieser Ruhenszeitraum schließt sich dann unmittelbar an das Ende des die Urlaubsabgeltung begründenden Arbeitsverhältnisses an.
Diese Vorschrift ist den Beschäftigten oft nicht bekannt und überrascht die Betroffenen immer wieder.
Nur für den Fall, dass der ehemalige Arbeitgeber die zustehende Urlaubsabgeltung tatsächlich nicht auszahlt, springt die Bundesagentur für Arbeit ein und zahlt Arbeitslosengeld aus. Können die Beschäftigten später doch noch eine Zahlung durch den Arbeitgeber erreichen, wird das Arbeitslosengeld natürlich verrechnet.
Im Bereich der Seefahrt ist allerdings zu beachten, dass ausschließlich für Beschäftigte, die dem Seearbeitsgesetz unterfallen, gem. § 64 Abs. 1 unter bestimmten Umständen statt der Urlaubsabgeltung eine Verlängerung des Heuerverhältnisses um den noch nicht genommenen Urlaub erfolgt.

4. Freistellung unter Anrechnung auf den Urlaub

109 Mit der Kündigung erfolgt in der Praxis oft eine Freistellung der betreffenden Beschäftigten bis zum Ende des Arbeitsverhältnisses, die in der Regel dann in irgendeiner Form unter Anrechnung auf den noch vorhandenen Erholungsurlaub erfolgt.
Ob eine solche einseitige Erklärung des Arbeitgebers den Urlaubsanspruch der betroffenen Beschäftigten wirksam erfüllt oder nicht, hängt von einer Vielzahl von Faktoren ab.
Grundsätzlich **unwirksam** wäre eine solche **Anrechnung einer widerruflich gehaltenen Freistellung auf den Erholungsurlaub,**[144] weil eine solche Freistellung es den Beschäftigten nicht ermöglichen würde, den Urlaubszweck der Erholung durch uneingeschränkt selbstbestimmte Nutzung der zustehenden Freizeit zu erfüllen.
Grundsätzlich **wirksam** dagegen kann die **Anrechnung des Urlaubs** sein, wenn die **Freistellung unwiderruflich erteilt** wird.[145]

---

144 BAG 19.5.2009 – 9 AZR 433/08, Rn. 17.
145 BAG 14.3.2006 – 9 AZR 11/05, Rn. 17.

Hinzu kommt, dass **auch im Falle der unwiderruflichen Freistellung auf die Urlaubsgewährung die Regelungen des BUrlG vollumfänglich Anwendung** finden. 110
Das bedeutet, von der Anrechnung im Freistellungszeitraum erfasst werden kann nur Urlaub, der bereits für den gegenständlichen Zeitraum genehmigt worden war oder noch unverplant vorhanden ist. Ein für einen späteren Zeitraum genehmigter Urlaub kann auch dann nicht einseitig durch den Arbeitgeber widerrufen werden, wenn dieser auf Grund der Kündigung nun nach dem Ende des Arbeitsverhältnisses liegt.

Und auch über den unverplanten Urlaub kann der Arbeitgeber nicht uneingeschränkt verfügen. Äußern die betroffenen Beschäftigten andere Urlaubswünsche und stehen diesen keine dringenden betrieblichen Belange entgegen (die Urlaubswünsche anderer Kolleg:innen können naturgemäß kein Hindernis sein, wenn es um den Zeitraum geht, der ohnehin von der Freistellung erfasst ist oder nach dem Ende des Arbeitsverhältnisses liegt), dann sind diese Wünsche auch zu berücksichtigen. 111
Richtig spannend kann das werden, wenn z. B. eine Beschäftigte ursprünglich für den August Urlaub beantragt hatte, dieser aber abgelehnt worden war, weil er mit den Urlaubswünschen anderer Kolleg:innen, die unter sozialen Gesichtspunkten den Vorrang verdienen, kollidierte. Nun wird die Beschäftigte gekündigt und für ihre Kündigungsfrist, sagen wir den gesamten Monat Juli, unter Anrechnung ihrer Urlaubsansprüche freigestellt. Die Beschäftigte verwehrt sich gegen diese Urlaubsgenehmigung und bringt als Begründung wieder ihren nach wie vor bestehenden Urlaubswunsch für den Monat August ein. An dieser Stelle wäre es dem Arbeitgeber nun nach Ansicht der Autorinnen verwehrt, den für August beantragten Urlaub mit der Begründung abzulehnen, es gäbe entgegenstehende Urlaubswünsche vorrangiger Kolleg:innen. Dies deshalb, weil dieses Argument nur zum Tragen kommt, wenn aus dringenden betrieblichen Gründen nicht auf die Arbeitsleistung aller, die diesen Wunsch haben, zeitgleich verzichtet werden kann. Durch die Kündigung hat der Arbeitgeber aber ohnehin bereits auf die Arbeitsleistung der Betroffenen verzichtet, so dass dieses Argument nun ins Leere geht. Im Ergebnis hätte unsere Beschäftigte also einen Urlaubsabgeltungsanspruch und könnte mit diesem Geld im August den begehrten Urlaub antreten.
In Zeiten, in denen in vielen Branchen händeringend nach Personal gesucht wird, bringt diese Überlegung eventuell auch die eine oder andere entscheidungsbefugte Person dazu, Urlaubswünsche von Beschäftigten, die schon/noch beim Arbeitgeber arbeiten, nicht zu kleinlich zu entscheiden.

Entsprechendes würde gelten, wenn der/die betroffene Beschäftigte die Urlaubsgewährung zwar akzeptiert, aber mit/kurz nach Zugang der Kündigung arbeitsunfähig erkrankt und dann bis zum Ende des Arbeitsverhältnisses oder darüber hinaus durchgehend nachgewiesen arbeitsunfähig bleibt. In 112 diesem Fall wären die entsprechenden Urlaubstage gem. § 9 BUrlG dem Urlaubskonto wieder gut zu schreiben; im konkreten Fall dann also doch abzugelten.

VIII. Tarifliches Urlaubsrecht

1. Vorbemerkungen

113 Der Tarifvertrag ist auch für Urlaubsregelungen das klassische Durchsetzungsinstrument für die Forderungen der Arbeitenden. Lange vor der gesetzlichen Absicherung im Jahr 1963 gab es bereits 1903 die ersten tariflichen Regelungen zum bezahlten Urlaub.[146]

114 Praktisch alle Mantel- oder Rahmentarifverträge enthalten Regelungen über den Erholungsurlaub. Schon der Begriff »Tarifurlaub« ist in der betrieblichen Alltagssprache gleichbedeutend mit »Erholungsurlaub«, »Jahresurlaub« oder »Urlaub« schlechthin. In der Alltagssprache und -wahrnehmung wird auch nicht zwischen den eigentlich tarifgebundenen Gewerkschaftsmitgliedern und den nicht tarifgebundenen Kolleg:innen ohne Gewerkschaftsmitgliedschaft unterschieden.

Da andernfalls wohl deutlich mehr Beschäftigte den notwendigen Schritt des Eintritts in die Gewerkschaft tun, die Mitgliederbasis dieser Gewerkschaften stärken und somit deren Durchsetzungskraft deutlich erhöhen würden, lassen die Arbeitgeber in der Regel auch diejenigen Beschäftigten in den Genuss der tariflich erkämpften Mehrleistungen kommen, die dazu nichts beigetragen haben.

Einzelarbeitsverträge in tarifgebundenen Betrieben verweisen in aller Regel für alle Beschäftigten auf die Geltung tariflicher Regeln, dies dann oft durch vollständige Inbezugnahme der anwendbaren Tarifverträge, jedenfalls regelmäßig zumindest als Bezugnahme auf bestimmte tarifliche Regelungskomplexe. Ist dies der Fall, gehört der Regelungskomplex »Urlaub«, wozu auch ein zusätzliches tarifliches Urlaubsgeld[147] gehören kann, fast immer dazu.

115 Zusätzlich zum eigentlichen Jahresurlaub ergeben sich aus Tarifverträgen in der Regel meist noch Sonder- oder Zusatzurlaube (oft in Konkretisierung der Ansprüche aus § 616 BGB), zusätzliche Eltern- oder Bildungsurlaube oder auch Ansprüche auf unbezahlten Urlaub für bestimmte Fälle und Zeiten.

116 In den letzten Jahren hat die Problematik der ausreichenden Erholungszeit in diversen Branchen eine neue Dynamik bekommen.

146 Siehe: *https://www.verdi.de/++co++0b790800-c84e-11e2-9c0c-52540059119e.*
147 Vgl. BAG 17.1.2006 – 9 AZR 41/05.

Vorreiter in der Umsetzung war, soweit erkennbar, an dieser Stelle unter den DGB-Gewerkschaften die EVG. Diese hat bereits 2016 bei der Deutschen Bahn ein Wahlmodell durchgesetzt, das entweder eine Lohnerhöhung um 2,6 %, eine Verkürzung der Wochenarbeitszeit um eine Stunde oder sechs Tage mehr Urlaub vorsieht. Im April 2018 vereinbarte dann z. B. ver.di mit der Deutschen Post, dass sich die Beschäftigten ab 2019 entweder für eine dreiprozentige Lohnerhöhung oder für acht zusätzliche freie Tage entscheiden können.[148]

Mit ihren Forderungen nach diesen Wahlmodellen tragen die Gewerkschaften einem gestiegenen Bedürfnis ihrer Mitglieder Rechnung, je nach individueller Lebenssituation die Wahl haben zu wollen zwischen der Notwendigkeit, mehr Geld verdienen zu müssen, und der Notwendigkeit, durch ausreichend Erholungsphasen die eigene Arbeitskraft möglichst bis ins Rentenalter (bzw. die eigene Gesundheit sehr gern auch weit darüber hinaus) zu erhalten.

In diesem Zusammenhang muss aber auch darauf hingewiesen werden, dass **117**
die Tarifvertragsparteien in den letzten Jahrzehnten deutlich an Bedeutung verloren haben.

Dies betrifft die Seite der Beschäftigten mit schmerzlichen und deutlichen Verlusten bei den Mitgliederzahlen und damit der Durchsetzungsfähigkeit der Gewerkschaften ebenso wie auf der anderen Seite die Arbeitgeberverbände.

In der alten Bundesrepublik waren nach Zahlen des DGB im Jahre 1950 ca. 5,5 Mio. Beschäftigte Mitglied einer DGB-Gewerkschaft. Diese Zahl wuchs kontinuierlich bis 1989 auf knappe 8 Mio. Mitglieder. Mit der Vereinigung der beiden deutschen Staaten stiegen diese Zahlen nochmals deutlich auf knapp 12 Mio. Mitglieder 1991. Im Jahr 2000 lagen die Mitgliederzahlen des DGB dann wieder – nun bezogen auf die gesamte Bundesrepublik Deutschland – bei knapp 8 Mio.; am Ende des vorletzten Jahrzehnts dann nur noch bei um die 6 Mio. Mit einer stetigen Tendenz nach unten bewegen sich die Gesamtmitgliederzahlen der DGB-Gewerkschaften seither bei ca. 6 Mio.[149]

Die Arbeitgeberverbände gehen mit den entsprechenden Zahlen nicht ganz so transparent um wie der DGB. Dennoch lässt sich leicht feststellen, dass auch hier die Bedeutung. insbesondere der Tarifbindung, stetig schrumpft.

---

148 *https://www.boeckler.de/de/boeckler-impuls-zeit-ist-das-neue-geld-4427.htm.*

149 DGB: *https://www.dgb.de/uber-uns/dgb-heute/mitgliederzahlen.*

So sank der Anteil der Beschäftigten mit Tarifbindung im Bereich West von 76 % 1998 auf 57 % im Jahr 2017; im Bereich Ost in dieser Zeit von 63 % auf 44 %.[150]

Befördert wurde diese Entwicklung sicher auch durch die von den Arbeitgeberverbänden eröffnete Möglichkeit, ohne Tarifbindung (OT) Mitglied der Arbeitgebervereinigung zu bleiben. Das BAG hat gegen diese Praktiken keine grundsätzlichen rechtlichen Bedenken geäußert, aber festgehalten, dass OT-Mitglieder keine Mitglieder des jeweiligen Arbeitgeberverbandes im Sinne des § 3 Abs. 1 TVG darstellen.[151] Die OT-Mitgliedschaft ist jedoch nur dann zulässig, wenn in den Satzungen der Verbände eine strikte Trennung der Rechte und Pflichten von Vollmitgliedern und solcher ohne Tarifbindung vorgenommen wird.[152] Unter dieser Voraussetzung hat die Konstruktion dann auch das Bundesverfassungsgericht unbeschadet passiert.[153]

2. Übertragbarkeit von Entscheidungen zur EU-Richtlinie und dem BUrlG auf Tarifnormen

118 Soweit der anwendbare Tarifvertrag, was wohl bei nahezu allen Tarifverträgen der Fall ist, den Themenkomplex »Urlaub« ganz oder in Teilen regelt, stellt sich in der Tarifauslegung dann die Frage der Übertragbarkeit von Entscheidungen des BAG oder auch des EuGH, die zum BUrlG bzw. den europarechtlichen Mindeststandards im Urlaubsrecht ergangen sind, auf die jeweilige Tarifnorm.

Mit Blick auf die grundsätzliche Möglichkeit, Urlaub tarifrechtlich eigenständig zu gestalten und dabei im Rahmen des § 13 BUrlG[154] auch Regelungen zu treffen, die die Rechtsstellung der Beschäftigten gegenüber dem gesetzlichen Standard verschlechtern, ist die vereinfachte Formel im Grunde leicht zu merken:

Die **Freiheit der Tarifvertragsparteien**, was die **Ausgestaltung urlaubsrechtlicher Fragen** angeht, ist **groß, endet** aber immer dann, **wenn** der **europarechtliche Mindestschutzstandard unterschritten** wird.

Dies bedeutet zum Beispiel, dass eine tarifvertragliche Regelung, die den Anspruch auf Erholungsurlaub, der wegen Krankheit nicht genommen werden konnte, mit dem Schluss des Urlaubsjahres oder auch dem 31. 3. des

150 Bundeszentrale für politische Bildung: *https://www.bpb.de/geschichte/deutsche-einheit/lange-wege-der-deutschen-einheit/309846/unternehmerverbaende-und-gewerkschaften.*

151 BAG 18.7.2006 – 1 ABR 36/05.

152 BAG 22.4.2009 – 4 AZR 111/08.

153 BVerfG 1.12.2010 – 1 BvR 2593/09.

154 Siehe dort.

Folgejahres verfallen lässt, trotz EuGH »Schultz-Hoff«[155] und den daran anschließenden Entscheidungen des BAG zulässig und damit wirksam ist, soweit von diesem Verfall nur Urlaubsansprüche betroffen sind, die über den europarechtlich geschützten Mindesturlaub von 4 Wochen pro Kalenderjahr hinausgehen.

Aufgrund der Vorgaben des Art. 7 der Richtlinie 2003/88/EG des Europäischen Parlaments und des Rates vom 4.11.2003 über bestimmte Aspekte der Arbeitszeitgestaltung[156] ist § 7 Abs. 3 BUrlG unionsrechtskonform dahin gehend auszulegen, dass der gesetzliche Mindesturlaub nicht vor Ablauf von 15 Monaten nach dem Ende des Urlaubsjahres erlischt, wenn der Arbeitnehmer bis zum Ende des Urlaubsjahres und/oder des Übertragungszeitraums krank und deshalb arbeitsunfähig ist.[157]

3. Ein eigenes Fristenregime ist möglich

Den Tarifvertragsparteien steht es aber frei, Urlaubs- und Urlaubsabgeltungsansprüche, die den von Art. 7 Abs. 1 der Arbeitszeitrichtlinie gewähr- **119**
leisteten und von §§ 1, 3 Abs. 1 BUrlG begründeten Anspruch auf Mindestjahresurlaub von vier Wochen übersteigen, frei zu regeln.[158] Diese Befugnis schließt die eigenständige Befristung des tariflichen Mehrurlaubs ein.[159]

Voraussetzung dafür ist, dass die **Tarifvertragsparteien** den **tariflichen Mehrurlaub** einem **eigenständigen, vom BUrlG abweichenden Fristenregime unterstellen**.[160]

Das bedeutet, die Tarifvertragsparteien müssen deutlich machen, dass sie zwischen den Ansprüchen auf den gesetzlichen Mindesturlaub und denen, die auf der Grundlage des Tarifvertrages entstehen, differenzieren wollen. Nur der tarifliche Mehrurlaub ist in der Entstehung, der Behandlung und dem Untergang dem freien Willen der Tarifvertragsparteien unterworfen.

Es muss aus dem Tarifvertrag also deutlich werden, dass die getroffenen Regelungen nur für den tariflichen Mehrurlaub gelten sollen, während der gesetzliche Mindesturlaub auch den gesetzlichen Mindestschutzstandards unterworfen bleibt.

Lassen sich dem Tarifvertrag keine solchen deutlichen Anhaltspunkte entnehmen, dass differenziert werden sollte, ist davon auszugehen, dass der tarifliche Urlaub das Schicksal des gesetzlichen teilen soll. Eine Regelung, die in einem solchen Fall den Verfall des Urlaubs bei Krankheit innerhalb eines

155 EuGH 20.1.2009 – C-350/06 und C-520/06.
156 Arbeitszeitrichtlinie, ABl. EU L 299 v. 18.11.2003, S. 9.
157 BAG 7.8.2012 – 9 AZR 353/10, Rn. 28/Rn. 32.
158 Vgl. EuGH 3.5.2012 – C-337/10.
159 Ausdrücklich: BAG 15.12.2015 – 9 AZR 747/14, Rn. 13.
160 Vgl. BAG 17.11.2015 – 9 AZR 275/14.

Zeitraums von 15 Monaten nach Ende des Entstehungsjahres des Urlaubs vorsieht, wäre also insgesamt unwirksam.[161]

Ein eigenes Fristenregime angenommen und damit einen Gleichlauf verworfen, hat das BAG in den Fällen, in denen die Tarifvertragsparteien entweder bei der Befristung und Übertragung bzw. beim Verfall des Urlaubs zwischen gesetzlichem Mindesturlaub und tariflichem Mehrurlaub unterschieden oder sich vom gesetzlichen Fristenregime gelöst und eigenständige, vom BUrlG abweichende Regelungen zur Befristung und Übertragung[162] bzw. zum Verfall[163] des Urlaubsanspruchs getroffen haben.

Diese **Überlegungen** sind natürlich **auf andere urlaubsrechtliche Fragen übertragbar** und **nicht auf den Verfall bei Krankheit beschränkt**.

120 Wichtig ist hierbei zu beachten, dass sich der eigenständige, dem Gleichlauf der Urlaubsansprüche entgegenstehende Regelungswille, jeweils auf den konkret in Rede stehenden Regelungsgegenstand beziehen muss. Es genügt also nicht, wenn in einem Tarifvertrag von Regelungen des Bundesurlaubsgesetzes abgewichen wird, die mit den im Streit stehenden Regelungen nicht in einem inneren Zusammenhang stehen.[164]

Es ist demnach je nach Fragestellung zu prüfen, ob die Tarifvertragsparteien ein eigenes Fristenregime aufgestellt haben und/oder ob sie z. B. hinsichtlich des Urlaubsbegriffs, des Erlöschens der Urlaubsansprüche oder des Verlusts des Anspruchs auf Urlaubsabgeltung, wenn die betroffene Person im laufenden Arbeitsverhältnis verstirbt, eigenständige Regelungen getroffen haben.

Dabei ist jeder der Regelungskomplexe für sich zu betrachten; die Abweichung vom Fristenregime bzw. der Übertragbarkeit des Urlaubs ins nächste Kalenderjahr hat nicht zwangsläufig auch eine Auflösung des Gleichlaufs von gesetzlichem und tariflichem Urlaub, z. B. bei der Frage des Verfalls von Urlaubsabgeltungsansprüchen bei Ende des Arbeitsverhältnisses, zur Folge.[165]

IX. Betriebliche Mitbestimmung zum Thema Urlaub

1. Vorbemerkung

121 Da sich in der arbeitsteiligen Organisation von Produktion und Dienstleistung die Abwesenheit, also auch die urlaubsbedingte Abwesenheit, einzel-

161 Vgl. BAG 12.4.2011 – 9 AZR 80/10, Rn. 23 ff.

162 BAG 22.5.2012 – 9 AZR 575/10.

163 BAG 5.12.2015 – 9 AZR 747/14.

164 BAG 29.9.2020 – 9 AZR 369/19.

165 BAG 22.1.2019 – 9 AZR 149/17, Rn. 28 zu §§ 26, 27 TVöD und der Frage des Verfalls der Abgeltungsansprüche bei Tod des Arbeitnehmers.

ner oder mehrerer Beschäftigter, auf das jeweilige Kollektiv auswirkt, sind die daraus entstehenden Folgen auch Gegenstand der Mitbestimmung der jeweiligen Interessenvertretungen, seien es Betriebsräte, Personalräte oder Mitarbeitervertretungen. Die gesetzlichen Grundlagen für die Arbeit der Interessenvertretungen enthalten daher auch Aussagen zur Einbeziehung der jeweiligen Interessenvertretungen in die Regelung der Urlaubsfragen.
Im Mittelpunkt dieser Darstellung steht dabei § 87 Abs. 1 Nr. 5 Betriebsverfassungsgesetz (BetrVG).

2. Hinweise für Personalräte und Mitarbeitervertretungen

Es würde den Rahmen dieses Kommentars sprengen, jeweils auch die 17 **122**
Personalvertretungsgesetze (16 Ländergesetze und das Bundespersonalvertretungsgesetz) und die unterschiedlichen Regelungen für die Mitarbeitervertretungen nach den Rechten der beiden in der BRD relevanten großen christlichen Kirchen darzustellen.
Es kann daher den Mitgliedern der Interessenvertretungen, deren Rechtsgrundlagen hier nicht näher betrachtet werden können, nur geraten werden, ihre jeweils für den Themenkomplex Urlaub anwendbaren Regelungen mit denen des BetrVG zu vergleichen.
Im Falle von praktischer Wortgleichheit – z. B. § 80 Abs. 1 Nr. 6 BPersVG – können die nachstehenden Äußerungen nahezu vollständig auch auf die eigene Praxis angewandt werden. Sind die Regelungen nur teilweise identisch – z. B. § 75 Abs. 1 Nr. 12, Abs. 4 Nr. 3 BayPVG – muss entsprechend geprüft werden, welche Anregungen direkt übernommen werden können und welche nicht zur eigenen Rechtsgrundlage passen.
Dieses kritische Lesen und Hinterfragen ist natürlich in allen Fällen auch hinsichtlich der konkreten kollektiven Durchsetzungsmöglichkeiten insbesondere hinsichtlich der Details des Einigungsstellenverfahrens angebracht.

3. Zur Interessenlage

Den auf Seiten der Arbeitgeber handelnden Personen wäre es wohl oft am **123**
liebsten, sie könnten einseitig den Urlaub der Belegschaft bestimmen, sei es individuell, sei es kollektiv. Mit diesem Instrument des Arbeitseinsatzes wäre leicht auf konjunkturelle Schwankungen, witterungsbedingte Störungen, auf notwendige Bauvorhaben im Betrieb oder auf andere Anpassungsdrücke zu reagieren. Mit der »Verordnung« von Betriebs- oder Einzelurlaub oder der

Verhängung einer **Urlaubssperre** hätte man oft eine ideale Problemlösung zur Hand.[166]

124 Bei näherer Betrachtung herrscht im Einzelnen jedoch auch auf Arbeitgeberseite oft eine unterschiedliche Interessenlage: Während die Personalabteilung und Buchhaltung aus planerischen und abrechnungstechnischen Gründen[167] eine möglichst frühzeitige und verbindliche Urlaubsregelung im Betrieb anstreben, liegt den Abteilungen und Untergliederungen oft eher an einer lockeren, bis zuletzt änderbaren Gestaltung, um auf alle unvorhersehbaren betrieblichen und ggf. auch persönlichen Bedürfnisse flexibel reagieren zu können.

Auch auf Seiten der Beschäftigten sind die Interessenlagen beim Thema Urlaub nicht nur hoch emotional besetzt, sondern auch sehr vielfältig. Da beeinflussen selbst bei den im Namen des Arbeitgebers handelnden Personen einerseits eben die oben bereits dargestellten Rollen der arbeitsvertraglichen Aufgaben die Sichtweisen, andererseits aber auch die individuellen Bedürfnisse als »Auch«-Beschäftigte.

Zudem haben die Beschäftigten sowohl als Kolleg:innen als auch in Bezug auf ihre jeweilige Rolle als Führungs- oder geführte Kraft in den Betrieben oft auch untereinander widerstreitende und/oder konkurrierende Interessen.

Die Krisen der letzten Jahre haben zudem gezeigt, wie schnell das Interesse an einer festen Urlaubsplanung auch auf Seiten der Beschäftigten dem an einer hoch flexiblen weichen kann, wenn die lokale oder die Weltlage die bisherigen Urlaubspläne stört.

125 **Für den Betriebsrat geht es** daher beim Thema Urlaub **viel um Streitvermeidung und -beilegung.**

Dies sollte vor allem vorbeugend mit der Aufstellung klarer und akzeptabler Verfahrensgrundsätze in einer Betriebsvereinbarung geschehen.

Gerade auch beim hochemotionalen Thema Urlaub sollten sich die betrieblichen Interessenvertretungen immer wieder bewusst machen, dass ihre Aufgabe in Konfliktsituationen nicht darin besteht, die Wünsche der jeweils gerade individuell Betroffenen »auf Teufel komm raus« durchzusetzen.

Aufgabe ist es vielmehr, darauf zu achten, das eine gerechte Abwägung der Bedürfnisse und Wünsche der Betroffenen in Bezug auf die betrieblichen/dienstlichen Belange und die Belange anderer Beschäftigter gewährleistet ist.

Ist aber Letzteres der Fall, **kann und muss sich der Betriebsrat im Rahmen seines Mitbestimmungsrechtes konsequent** für die individuellen Urlaubswünsche **einsetzen.**

---

166 Vom ArbG Bielefeld 21.6.2006 – 6 Ga 16/06, Rn. 27 ausdrücklich ausgeschlossen.

167 Vgl. BAG 19.2.2019 – 9 AZR 541/15.

Hinweise auf das mögliche Einschalten der Einigungsstelle können da bei Vermittlungsversuchen zwischen Arbeitgeber und Beschäftigten durchaus förderlich wirken[168] und reichen oft schon aus. Notfalls muss die Einigungsstelle aber auch tatsächlich ans Werk.

4. Auswirkungen der Mitgliedschaft in der Interessenvertretung auf den Urlaub

Im Zusammenhang mit der Tätigkeit im Betriebsrat stellen sich für die Beschäftigten, die **Mitglied der Interessenvertretungen** sind, zudem ggf. eine ganze Reihe von neuen Fragen. 126

Hinsichtlich der diesbezüglich durchaus wichtigen Fragen nach dem Ob und dem Wie der Teilnahme an Betriebsratssetzungen etc. während des Urlaubs sei an dieser Stelle auf die einschlägige Kommentarliteratur zu § 37 BetrVG verwiesen.

Im Zusammenhang mit diesem Kommentar interessant ist die Berücksichtigung verschiedener **Zusatzurlaube** aus der Zeit **vor der Freistellung** nach derselben. Im Allgemeinen gilt hierfür das **Benachteiligungsverbot**, sie sind also in der Regel weiter zu gewähren.[169]

Des Weiteren gelten auch für die vollfreigestellten Betriebsratsmitglieder grundsätzlich weiterhin die Urlaubsregelungen, die anzuwenden wären, wenn sie nicht freigestellt wären. Dies gilt ggf. dann auch für die sich aus diesen Arbeitszeitmodellen ergebende Berechnung der Urlaubstage.[170]

5. Inhalt des Mitbestimmungsrechts

Individualrechtlich – siehe Kommentierung zu § 7 BUrlG – legt der Arbeitgeber die Lage des Urlaubs der Beschäftigten unter Berücksichtigung von deren Urlaubswünschen fest. Dabei sind die Wünsche der Betroffenen 1:1 umzusetzen, es sei denn, dass diesen »dringende betriebliche Belange« oder die Urlaubswünsche anderer Beschäftigter, die unter sozialen Gesichtspunkten Vorrang verdienen, entgegenstehen. 127

Die betriebsverfassungsrechtliche Mitbestimmung ändert an diesem Grundsatz selbstverständlich nichts.

---

168 Vgl. die von Bösche und Grimberg mitgeteilten Praxiserfahrungen, AiB 1991, S. 218 f.

169 Wahlers, Zusatzurlaub für freigestellte Personal-(Betriebs-)ratsmitglieder, PersV 2009, S. 204–211.

170 Vgl. BAG 20.8.2002 – 9 AZR 261/01: hier Berechnung der Urlaubstage nach TV in einem rollierenden Arbeitszeitsystem mit unterschiedlicher Verteilung der Anzahl der Arbeitstage auf die verschiedenen Wochen.

Jedoch ist es u.a. Aufgabe und Recht der Betriebsparteien, Grundsätze aufzustellen, nach denen beurteilt werden kann, ob es denn tatsächlich dringende betriebliche Belange gibt, die eventuellen Urlaubswünschen der Beschäftigten entgegenstehen bzw. festzulegen, welche sozialen Belange von Beschäftigten im Betrieb welches Gewicht haben sollen.
Das dem Arbeitgeber zustehende Gestaltungsrecht bei der Festsetzung der Lage des Urlaubs wird also einerseits individualrechtlich durch die Wünsche der Beschäftigten und andererseits auch durch das Mitbestimmungsrecht des Betriebsrats gem. § 87 Abs. 1 Nr. 5 BetrVG eingeschränkt.
Dabei stehen folgende Zwecke des Mitbestimmungsrechts im Vordergrund:
Zunächst sollen die Urlaubswünsche einzelner Beschäftigter mit den betrieblichen Interessen an einem reibungslosen und kontinuierlichen Betriebsablauf sinnvoll abgestimmt und ausgeglichen werden.[171]
In einem zweiten Schritt, nämlich immer nur dann, wenn es überhaupt dringende betriebliche Gründe gibt, nicht alle Urlaubswünsche gleichzeitig erfüllen zu können, müssen die möglicherweise voneinander abweichenden Interessen der Einzelnen an der Gestaltung ihrer Urlaubsinteressen zum Ausgleich gebracht werden.[172]
Dabei geht das Mitbestimmungsrecht des Betriebsrates in diesem Fall so weit, dass sogar die **Festsetzung der zeitlichen Lage des Urlaubs für einzelne Beschäftigte**, wenn zwischen dem Arbeitgeber und den Betroffenen kein Einverständnis erzielt wird, **vom Mitbestimmungsrecht umfasst** ist.
Als Unterfall besteht das Mitbestimmungsrecht demnach auch dann, wenn der Arbeitgeber sich lediglich weigert, allen Betroffenen, die dies wünschen, zu einem bestimmten Zeitpunkt Urlaub zu gewähren und den Streit darüber, wer in Urlaub gehen darf und wer nicht, den Betroffenen überlässt.[173]

128 Ferner hat der Betriebsrat über die Einhaltung des zwingenden gesetzlichen Urlaubsrechts sowie der einschlägigen Tarifvertragsvorschriften zu wachen. Diese Pflicht folgt aus § 80 Abs. 1 Nr. 1 BetrVG.

6. Regelungssperren

129 Betriebsvereinbarungen zum Thema Urlaub sind grundsätzlich zulässig[174] und in der Praxis auch absolut üblich und empfehlenswert.
Zu beachten sind im konkreten betrieblichen Kontext natürlich immer zwei Regelungssperren:

---

171 Vgl. LAG Hamm 12.12.2011 – 10 TaBV 87/11.
172 Vgl. BAG 28.5.2002 – 1 ABR 37/01, Rn. 53.
173 ArbG Frankfurt 28.4.1988 – 5 BV 7/88 (inhaltlich zu Bildungsurlaub).
174 § 87 Abs. 1 Nr. 5 BetrVG.

§ 87 Abs. 1 Satz 1 BetrVG: Der Betriebsrat hat (nur) mitzubestimmen, »soweit eine gesetzliche oder tarifliche Regelung nicht besteht« und § 77 Abs. 3 Satz 1 BetrVG: »Arbeitsentgelte und sonstige Arbeitsbedingungen, die durch Tarifvertrag geregelt sind oder üblicherweise geregelt werden, können nicht Gegenstand einer Betriebsvereinbarung sein.«
Urlaubsangelegenheiten, seien sie auf Freizeit oder Entgelt bezogen, gehören eindeutig zu den »Arbeitsbedingungen« im Sinne dieser Vorschrift. Dieses, das grundsätzliche Verhältnis von Tarifvertrag und Betriebsvereinbarung klärende Verbot, gilt auch für Vereinbarungen, die eine Verbesserung der Beschäftigtenrechte enthalten. Das Günstigkeitsprinzip hat nach überwiegender und zutreffender Auffassung in der gegebenen Konkurrenzsituation keinen Raum.[175]

Soweit anwendbare Tarifverträge Öffnungsklauseln enthalten, wären Abweichungen in Betriebsvereinbarungen je nach Gestaltung dieser Öffnungsklausel grundsätzlich in beide Richtungen möglich, sowohl aus Sicht der Beschäftigten verbessernd oder verschlechternd. Soweit ersichtlich sind Urlaubsnormen in Tarifverträgen aber selten mit Öffnungsklauseln verbunden. 130
Selbst wenn das der Fall wäre: Dass sich Betriebsräte nicht dazu hergeben, arbeitsrechtliche Möglichkeiten der Beschäftigten ohne vollständige Kompensation zu beschneiden, sollte eigentlich selbstverständlich sein.
Mit der genannten Situation ist für die meisten Branchen aber auch eine Erhöhung der Anzahl der Erholungsurlaubstage durch Betriebsvereinbarung ausgeschlossen.[176]

7. Spielraum für Betriebsvereinbarungen

Doch auch bei fehlender Öffnungsklausel kann es sein, dass den Betriebsparteien über die Vereinbarung der Grundsätze für die Urlaubsgewährung und die Abstimmung des jährlichen Urlaubsplanes hinaus noch Regelungsspielraum verbleibt. 131
Betreffen vereinbarte zusätzliche Urlaubstage Tatbestände, die tariflich nicht geregelt sind und auch üblicherweise nicht geregelt werden, verstoßen sie nicht gegen die Sperrklausel aus § 77 Abs. 3 BetrVG.
Am ehesten liegt ein solcher Sachverhalt vor, wenn an rein betriebliche Umstände, Voraussetzungen oder Belange angeknüpft wird. So ist entschieden worden, dass ein durch eine Betriebsvereinbarung gewährter Zusatzurlaub, der sich an den Jahren der Betriebszugehörigkeit orientiert, zulässig ist.[177]

175 BVerfG 24.4.1996, BB 1996, S. 1835; BAG 24.1.1996, BB 1996, S. 1717, und BAG 5.3.1997, ArbuR 1997, S. 336. Vgl. auch DKW-Berg, § 77 Rn. 36 ff. m.w.N.
176 Vgl. DKW-Klebe, § 87 Rn. 151.
177 LAG Hamm 8.8.1979 – 12 TaBV 44/79.

Die vom Gericht vorgenommene Abgrenzung des betrieblichen und des tariflichen Regelungstatbestandes verdeutlicht, was mit der geforderten Eigenständigkeit gemeint ist:
Der einschlägige Tarifvertrag stufte damals die Urlaubshöhe nach dem Lebensalter der Tarifgebundenen ab.[178] Obwohl längere Betriebszugehörigkeit und Lebensalter sich nicht ganz voneinander trennen lassen, wirkte dies in der damaligen Entscheidung nicht als Sperre für die Betriebsvereinbarung mit der ausdrücklichen Orientierung an der Betriebszugehörigkeit.[179]

132 Nach dieser Vorgabe könnten also die Betriebsparteien Vereinbarungen auch zu zusätzlichen Urlaubstagen treffen, soweit deren Voraussetzungen einen klaren Betriebsbezug aufweisen.
So erscheint es z. B. grundsätzlich empfehlenswert, dass die Betriebsparteien vereinbaren, z. B. freie Tage, die sich aus Vereinbarungen zu Arbeitszeitkonten ergeben, in Anwendung des Günstigkeitsprinzips analog Urlaubstagen zu behandeln und somit den Regelungen der Betriebsvereinbarung Urlaub zu unterwerfen. Eine entsprechende Regelung könnte dann z. B. zur Folge haben, dass auch im Falle von Arbeitsunfähigkeit im Freizeitausgleich eine Gutschrift analog § 9 BUrlG geschuldet wäre.

133 Urlaubsbezogene Ansprüche können in dem für Betriebsvereinbarungen zulässigen Rahmen und Umfang natürlich auch durch **betriebliche Übung** entstehen. Wird z. B. ein **zusätzliches Urlaubs- oder Weihnachtsgeld mindestens** drei Jahre vorbehaltlos ausgezahlt, so wird darin in der Regel eine betriebliche Übung liegen, von der sich der Arbeitgeber nicht mehr durch einseitigen Widerruf lösen kann.[180]

134 Dem Mitbestimmungsrecht des Betriebsrats nach § 87 Abs. 1 Nr. 5 BetrVG unterfällt zudem nicht nur der eigentliche Erholungsurlaub. Unstreitig unterfällt der Nr. 5 auch der Zusatzurlaub gem. § 208 SGB IX.
Darüber hinaus bezieht sich das Mitbestimmungsrecht aber auf jede Form der Freistellung von der Arbeitsleistung, bei der gegensätzliche individuelle oder betriebliche Interessen auszugleichen sind.[181]
Soweit Gesetz oder anwendbarer Tarifvertrag entsprechende Ansprüche auf Arbeitsbefreiung nicht abschließend regeln, insbesondere also wenn im Betrieb auf freiwilliger Basis solche Arbeitsbefreiungen gewährt werden, besteht das Mitbestimmungsrecht des Betriebsrates auch bezogen z. B. auf

---

178 Was nach heutigem Stand der Erkenntnis und Rechtsprechung wegen der Gefahr der Altersdiskriminierung grundsätzlich problematisch erscheint, vgl. z. B. BAG 15. 11. 2016 – 9 AZR 534/15, BAG 11. 12. 2018 – 9 AZR 161/18.

179 Im Ergebnis ebenso Neumann/Fenski, BUrlG, § 4 Rn. 14.

180 LAG Hamm 3. 5. 2012 – 15 Sa 1826/11, mit Nachweisen der jüngeren BAG-Rspr. zu den Voraussetzungen einer bindenden betrieblichen Übung.

181 Vgl. BAG 10. 12. 2002 – 1 ABR 27/01, m. V. a. u. a. BAG 28. 5. 2002 – 1 ABR 37/01.

Bildungsurlaub, Sonderurlaub, Sabbaticals oder über die gesetzlichen Ansprüche hinausgehende Familienpausen.
Ebenso betrifft dieses Mitbestimmungsrecht auch die einseitige Freistellung von Beschäftigten von der Arbeitspflicht. Denkbar wären sogar Regelungen im Rahmen einer Betriebsvereinbarung, die den Arbeitgeber auch hinsichtlich des Abschlusses solcher Freistellungen auf einvernehmlicher Basis binden, soweit jeweils ein kollektiver Bezug gegeben ist. Letzteres dürfte aber in der Regel der Fall sein, schon weil meist der Ausfall der Arbeitskapazität der Freigestellten durch andere Beschäftigte aufgefangen werden muss.

8. Allgemeine Urlaubsgrundsätze

Urlaubsgrundsätze sind allgemeine Richtlinien, nach denen einzelnen Be- **135**
schäftigten Urlaub gewährt werden soll.
Als Sonderfälle zu betrachten sind in diesem Zusammenhang auch die Anordnung von Betriebsurlaub oder einer Urlaubssperre.

a. Betriebsurlaub/-ferien

Unter Betriebsurlaub bzw. Betriebsferien (auch als Werksferien oder Werks- **136**
urlaub bezeichnet) versteht man Zeiten, in denen im gesamten Betrieb oder jedenfalls in wesentlichen Teilen davon nicht gearbeitet wird und daher alle betroffenen Beschäftigten gleichzeitig Urlaub machen (müssen).[182]
Die Vereinbarung kann für mehrere Urlaubsjahre hintereinander getroffen werden.[183]
In Betrieben mit Betriebsrat ist allerdings das Mitbestimmungsrecht des Gremiums gem. § 87 Abs. 5 BetrVG zu beachten; Betriebsurlaub kann daher rechtswirksam nur mit Zustimmung des Gremiums (bzw. im Konfliktfall ggf. auch durch Spruch der Einigungsstelle) angeordnet werden.
Dabei wiederum ist aber zu beachten, dass der Betriebsurlaub nicht ausschließlich in Zeiten liegen darf, in der keine Schulferien sind und dass Beschäftigte, die keinen ausreichenden Urlaubsanspruch (mehr) haben und wegen der Betriebsferien nicht beschäftigt werden können, ggf. unter vollem Lohnausgleich von der Arbeitsleistung freizustellen sind.[184]
Der spontane Wunsch auf Arbeitgeberseite, Betriebsurlaub anzuordnen, wird wohl in der Praxis kaum rechtswirksam umsetzbar sein. Einerseits könnte ein solcher Wunsch den Widerruf bereits genehmigter Urlaubsplanungen nicht mehr rechtfertigen. Andererseits ist zu beachten, dass ein

182 Vgl. zur grds. Zulässigkeit einer solchen Regelung BAG 31.5.1988 – 1 AZR 192/87.
183 Vgl. dazu BAG 28.7.1981 – 1 ABR 79/79, Rn. 43.
184 Vgl. BAG 2.10.1974 – 5 AZR 507/73.

Betriebsurlaub zur individualrechtlichen Wirksamkeit einer ausreichenden Ankündigungsfrist bedarf; diskutiert werden hier Fristen von mindestens 6 bis 12 Monaten, soweit erkennbar musste diese Frage durch die Rechtsprechung bisher nicht entschieden werden.
Schließlich kann auch durch mitbestimmten Betriebsurlaub nicht der gesamte Urlaubsanspruch der Beschäftigten unabhängig von deren Wünschen festgelegt werden. Dies lässt sich im Umkehrschluss aus der Entscheidung des BAG vom 28.7.1981[185] entnehmen, in der jedenfalls die Festlegung von Betriebsferien, die 3/5 des den Beschäftigten zustehenden Erholungsurlaubs verplanen, nicht beanstandet wurde, weil 2/5 zur freien Verfügung blieben.

137 Problematisch ist, dass das BAG davon ausgeht, dass aus § 7 Abs. 1 BUrlG nicht folgt, dass die Einführung von Betriebsferien nur dann zulässig ist, wenn dringende betriebliche Belange im Sinne dieser Vorschrift dafür sprechen. Vielmehr, so das BAG, begründet die rechtswirksame Einführung von Betriebsferien solche betrieblichen Belange, die der Berücksichtigung der individuellen Urlaubswünsche der Arbeitnehmer entgegenstehen können.[186]
Nach unserer Auffassung erscheint das fraglich.[187] Das BAG stellt selbst fest, dass dringende betriebliche Belange im Sinne des § 7 Abs. 1 BUrlG solche Umstände sind, die in der betrieblichen Organisation, im technischen Arbeitsablauf, der Auftragslage und ähnlichen Umständen ihren Grund haben.[188]
In ständiger Rechtsprechung zu § 15 Abs. 7 Nr. 4 BEEG stellt das BAG immer wieder darauf ab, dass die dort genannten »dringenden betrieblichen Gründe« die ein Recht des Arbeitgebers auf Ablehnung eines Teilzeitbegehrens in der Elternzeit begründen, von erheblichem Gewicht sein müssen.[189] Sie müssen gleichsam als zwingende Hindernisse wirken.[190]
Es erscheint unschlüssig anzunehmen, der Gesetzgeber, der in § 7 Abs. 1 BUrlG verlangt, dass der Arbeitgeber die Wünsche der Beschäftigten zur zeitlichen Lage ihres Urlaubs zu befolgen hat, soweit nicht dringende betriebliche Belange diesen entgegenstehen, habe den Betriebsparteien mit § 87 Abs. 1 Nr. 5 BetrVG ein Instrument zur einfachen Umgehung dieser Schutzvorschrift an die Hand geben wollen.

---

185 BAG 28.7.1981 – 1 ABR 79/79.
186 BAG 28.7.1981 – 1 ABR 79/79, Rn. 58, so auch LAG Düsseldorf 20.4.2004 – 8 Sa 435/04, Rn. 51.
187 So ebenso: Holthaus in: Däubler/Hjort/Schubert/Wolmerath, Arbeitsrecht, § 7 BUrlG Rn. 30 ff.; Bayreuther, NZA 2020, 1057.
188 BAG 28.7.1981 – 1 ABR 79/79.
189 Vgl. BAG 5.6.2007 – 9 AZR 82/07, Rn. 48.
190 BAG 18.3.2003 – 9 AZR 126/02, Rn. 42, mit Verweis auf BAG 23.2.1982 – 3 AZR 86/81; BAG 18.5.2004 – 9 AZR 319/03, Rn. 126.

Eine Betriebsvereinbarung, die Betriebsferien anordnet, ohne dass es dafür dringende betriebliche Belange gibt, stellt daher nach der hier vertretenen Ansicht einen Verstoß gegen § 13 Abs. 1 Satz 3 BUrlG dar, wäre unwirksam und im Streitfall unbeachtlich.

Jedenfalls sollten sich Betriebsräte nur dann bereitfinden, eine solche Betriebsvereinbarung abzuschließen, wenn sie vom Vorliegen gewichtiger, gleichsam zwingender Gründe für eine Betriebsschließung auf Kosten der Urlaubszeitkonten der Beschäftigten überzeugt sind.

Sollten Beschäftigte noch keinen Urlaubsanspruch während der Zeit der Be- **138**
triebsferien erworben haben, so behalten sie selbst dann, wenn sie während der Ferien nicht im Betrieb beschäftigt werden können, ihren vollen Lohnanspruch.[191]

Zulässig wäre es jedoch, Betroffenen auch schon vor Entstehung des vollen Urlaubsanspruchs zu Zwecken der Nutzung der Betriebsferien Urlaub zu gewähren.[192] Ein solcher »auf Vorschuss« gewährter und bezahlter Urlaub kann allerdings nicht zurückgefordert werden, wenn die Betroffenen aus dem Betrieb ausscheiden, bevor sie den vollen Urlaubsanspruch erlangt haben.[193]

Ebenso zulässig sollen vertragliche Vereinbarungen sein, mit denen zwischen Arbeitgeber und Beschäftigten, deren Urlaubskonto für den Betriebsurlaub nicht ausreichend gefüllt ist, unbezahlte Freistellungen in der Zeit der Betriebsferien vereinbaren.[194] Die Voraussetzungen, unter denen solche Vereinbarungen als rechtmäßig anzusehen wären, werden aber auch von der Rechtsprechung sehr kritisch betrachtet; ein Betriebsrat sollte daher die Freigabe solcher Vereinbarungen im Rahmen einer Betriebsvereinbarung zum Betriebsurlaub sehr, sehr genau bedenken.

Vorrang auch vor Betriebsferien behält in jedem Fall der Anspruch von Be- **139**
schäftigten auf Anschlussurlaub nach einer Maßnahme der medizinischen Vorsorge oder Rehabilitation.[195]

Wird ein solcher geltend gemacht, ist er arbeitgeberseitig zu gewähren. In den Betriebsferien ist der/die Betroffene dann soweit möglich vertragsgemäß zu beschäftigen oder unter Fortzahlung des Arbeitsentgeltes von der Arbeitsleistung freizustellen.[196]

Betriebsferienregelungen können sich auch auf einen bestimmten Tag oder **140**
einige bestimmte Tage beziehen (sog. Brückentage). Wenn für Betriebs-

---

191 BAG 30.6.1976 – 5 AZR 246/75, BAG 2.10.1974 – 5 AZR 507/73.

192 Vgl. Neumann/Fenski/Kühn, § 7 BUrlG Rn. 33 m.w.N.

193 LAG Niedersachsen, 20.8.1980 – 5 Sa 38/80.

194 LAG Rheinland-Pfalz 27.4.2017 – 5 Sa 497/16.

195 Vgl. dazu BT-Drs. 12/5263, S. 15f.; vgl. auch Neumann/Fenski/Kühn, § 7 BUrlG Rn. 17a.

196 Vgl. BAG 30.6.1976 – 5 AZR 246/75.

schließungen an Brückentagen eine Anrechnung auf den Urlaub erfolgen soll, sind die Maßnahmen mitbestimmungspflichtig.

141 Erzielen Arbeitgeber und Betriebsrat keine Einigung über eine Betriebsferienregelung, kann sich der Arbeitgeber nach der Theorie der Wirksamkeitsvoraussetzung den Beschäftigten gegenüber nicht auf eine einseitig getroffene Ferienregelung berufen.[197] Ohne Einigung mit dem Betriebsrat/Spruch der Einigungsstelle ist eine Betriebsferienregelung also unwirksam.

142 Erkrankt ein Arbeitnehmer während der Betriebsferien, hat er Anspruch auf Entgeltfortzahlung, ohne dass diese Tage auf den Urlaub anzurechnen wären. Voraussetzung ist, wie bei individuell geplantem Urlaub auch, der Nachweis der krankheitsbedingten Arbeitsunfähigkeit (siehe § 9 BUrlG und die dortige Kommentierung).

b. Urlaubssperre

143 Spiegelbildlich zu den Betriebsferien, in denen der gesamte Betrieb ruht, kann es Zeiten geben, in denen für den ganzen Betrieb die Gewährung von Urlaub grundsätzlich nicht in Betracht kommt.

Auch diese Urlaubssperren unterfallen jedoch in Betrieben mit Betriebsrat der Mitbestimmung gem. § 87 Abs. 1 Nr. 5 BetrVG, sind also ebenfalls nur mit Zustimmung des Gremiums bzw. durch Spruch der Einigungsstelle wirksam. Selbstverständlich rechtfertigen auch wirksam mitbestimmte Regelungen zur Urlaubssperre keinen Widerruf von Urlaub, der bereits vor Erlass der Urlaubssperre geplant und genehmigt worden war.

9. Urlaubsplan

144 Unter der Aufstellung des eigentlichen Urlaubsplans versteht man die genaue Festlegung des Urlaubs der einzelnen Beschäftigten im Urlaubsjahr. Dazu zählt ggf. auch die Regelung der Urlaubsvertretung. Dem geht normalerweise ein vorläufiges Anmelde- oder Urlaubsprozedere voraus, das vom Arbeitgeber durch die Festsetzung der Urlaubszeiten für die einzelnen Beschäftigten konkretisiert wird.[198]

145 Eine Vorstufe zum Urlaubsplan kann die **Urlaubsliste (im Folgenden auch »Wunschportal« genannt)** sein, in die sich die Beschäftigten mit ihren Urlaubswünschen normalerweise vor Beginn der Planungen für das kommende Urlaubsjahr eintragen.

Ohne Widerspruch in angemessener Zeit (das LAG Düsseldorf ging im entschiedenen Fall zu Recht von einem Monat aus) wird aus der Urlaubsliste

---

197 So ausdrücklich ArbG Bielefeld 21.6.2006 – 6 Ga 16/06, Rn. 27.

198 Vgl. DKW-Klebe, § 87 Rn. 147 m.w.N.

/den Eintragungen in das Wunschportal der spätere Urlaubsplan,[199] von dem Änderungen nur wiederum mit Zustimmung des Betriebsrats zulässig sind.[200]

146 Dabei ist zu beachten, dass sich die Zulässigkeit eines Widerrufs schon genehmigter bzw. festgesetzter einzelner Urlaubsmaßnahmen nach Individualrecht richtet, in der Regel also einseitig weder durch den Arbeitgeber noch durch die betroffenen Beschäftigten möglich ist.

Andererseits bedürfen auch einvernehmlich zwischen Arbeitgeber und Beschäftigten vereinbarte Abweichungen vom mitbestimmten Urlaubsplan der Zustimmung des Betriebsrates, soweit durch diese Abweichungen auch die Interessen anderer Beschäftigter tangiert sind, was wohl die Regel sein wird.

147 Machen Beschäftigte dagegen Rechte auf die Änderung des Urlaubsplanes geltend, bei denen der Arbeitgeber keine rechtliche Handhabe zur Ablehnung hat, also auch keinen Entscheidungsspielraum, ist selbstverständlich auch kein Raum für eine Betriebsratsmitbestimmung. Dies gilt z.B. dann, wenn Beschäftigte den Anspruch auf Urlaub im Anschluss an eine Reha-Maßnahme gem. § 7 Abs. 1 Satz 2 BUrlG geltend machen.[201]

10. Initiativrecht

148 Wie grundsätzlich im Bereich des § 87 Abs. 1 BetrVG, steht dem Betriebsrat natürlich auch hinsichtlich der Aufstellung allgemeiner Urlaubsgrundsätze oder des Urlaubsplans ein Initiativrecht zu.

Das bedeutet, der Betriebsrat ist nicht gehalten zu warten, dass die Arbeitgeberseite einen Regelungsbedarf hinsichtlich der Urlaubsplanung bzw. der Erstellung transparenter Kriterien für Entscheidungen über die Urlaubsgewährung erkennt. Das Gremium, das entsprechenden Bedarf im Betrieb sieht, kann jederzeit selbst aktiv werden, sich schlau machen,[202] Forderungen und Vorstellungen formulieren, sich Unterstützung dazu holen[203] und mit dem Arbeitgeber in Verhandlungen treten.

Der Vollständigkeit halber sei angemerkt, dass dem Betriebsrat auch hinsichtlich der Einführung von Betriebsferien oder Urlaubssperren, seien sie für Abteilungen oder den Betrieb insgesamt oder von kurzer oder langer Dauer, ein **Initiativrecht** zustehen würde,[204] soweit der unwahrscheinliche

199 Vgl. LAG Düsseldorf 8.5.1970 – 3 Sa 89/70, Rn. 33.
200 So die allgemeine Meinung, vgl. DKW-Klebe, § 87 Rn. 148 m.w.N.
201 Vgl. dazu BAG 26.11.1964 – 5 AZR 124/64.
202 § 37 Abs. 6 BetrVG.
203 § 80 Abs. 3 BetrVG.
204 BAG 28.7.1981, AP Nr. 2 zu § 87 BetrVG 1972 Urlaub; vgl. auch DKW-Klebe, BetrVG, § 87 Rn. 145 m.w.N.

Fall eintritt, das eine solche Maßnahme aus Sicht der Beschäftigten wünschenswert erscheint.

11. Festlegung des Urlaubs für einzelne Beschäftigte

149 Eine kleine Besonderheit im Bereich des § 87 BetrVG bietet Nr. 5 mit der Regelung, dass in Streitfällen zwischen Arbeitgeber und einzelnen Beschäftigten hinsichtlich der endgültigen zeitlichen Fixierung ihres Urlaubs, dem Betriebsrat zur Lösung des individuellen Konflikts ein Mitbestimmungsrecht (notfalls bis Spruch der Einigungsstelle) zusteht, obwohl im Hintergrund des Konfliktes grundsätzlich ein Rechtsanspruch der jeweiligen Betroffenen auf die Urlaubsgewährung steht.

Zwar wird es in der Praxis häufig darum gehen, dass zeitgleich mehrere Beschäftigte Urlaub nehmen wollen und der Arbeitgeber betriebliche Gründe, die dem entgegenstehen, geltend macht, aber so ein weitergehender kollektiver Bezug ist für dieses konkrete Mitbestimmungsrecht im individuellen Fall gerade nicht erforderlich.

Ein weiterer Anwendungsfall kann auch dann eintreten, wenn ein Urlaubsplan besteht und Änderungen bzw. Ergänzungen gewünscht sind. Für die Abwägung der betrieblichen und der Einzelinteressen müssen Betriebsrat und Arbeitgeber unter Beachtung der Grundsätze aus § 7 Abs. 1 BUrlG zusammenarbeiten.

Betriebliche und soziale Gründe der miteinander konkurrierenden Urlaubs- bzw. Arbeitsinteressen müssen nach billigem Ermessen abgewogen werden.[205] Im Falle der Nichteinigung der Betriebsparteien kann die Einigungsstelle angerufen werden.

Diese bindet jedoch nur den Arbeitgeber, insoweit, als er bei entsprechendem Spruch oder Einigung der Betriebsparteien gezwungen ist, dem Urlaubswunsch der Betroffenen stattzugeben.

Betroffene Beschäftigte hingegen sind an einen für sie negativen Spruch nicht gebunden. Theoretisch verbleibt die Möglichkeit, mit Hilfe einer arbeitsgerichtlichen Klage bzw. einstweiligen Verfügung die weiter bestehenden Wünsche zur Lage des Urlaubs durchzusetzen.

Gute Erfolgsaussichten hat ein solcher Versuch aber wohl nur, wenn dem Spruch der Einigungsstelle ein falscher oder unvollständiger Sachverhalt zu Grunde lag bzw. die Entscheidung offensichtlich ermessensfehlerhaft ist.

Etwas anders stehen die Wahrscheinlichkeiten unter Umständen, wenn die Einigung zwischen Betriebsrat und Arbeitgeber zwar im Einigungsstellenverfahren, aber nicht durch Spruch, sondern dort noch durch Vereinbarung erfolgt ist.

---

205 BAG 4.12.1970 – 5 AZR 242/70.

Zu betonen ist an dieser Stelle nochmals besonders, dass das Mitbestimmungsrecht des Betriebsrates im Bereich des § 87 BetrVG zwar normalerweise einen kollektiven Bezug der Arbeitgebermaßnahmen voraussetzt und bei echten Individualfragen daher nicht greift, dass dies aber im Falle von Streitigkeiten zur Lage des Urlaubs ausdrücklich nach Gesetzeswortlaut anders ist. **150**

Der Betriebsrat bestimmt hier in jedem streitigen Einzelfall mit und zwar auch dann, wenn – was allerdings selten vorkommen dürfte – tatsächlich vom Ausgang der Entscheidung keine anderen Beschäftigten betroffen sind, weil die vertragliche Arbeitsleistung im Urlaub des Betroffenen gar nicht anfällt.

12. Mitbestimmung auch bei jeder Änderung

Mitbestimmungspflichtig ist selbstverständlich nicht nur die erstmalige Festlegung von Grundsätzen für die Urlaubsgewährung oder die Aufstellung des Urlaubsplanes. Selbstverständlich ist der Betriebsrat auch bei jeder Änderung oder der Aufhebung solcher betrieblichen Regelungen im Boot. **151**

13. Eckpunkte für Betriebsvereinbarungen

Betriebsvereinbarungen zum Thema Urlaub gehören – neben denen zur Arbeitszeit – wohl zu den für die Beschäftigten emotional wichtigsten. **152**

Jedes Gremium ist daher gut beraten, sich genau dessen, also guter Beratung, zu bedienen: § 80 Abs. 3 BetrVG gibt die Möglichkeit, sich bei der Erstellung, Überprüfung und Weiterentwicklung von Betriebsvereinbarungen von qualifizierter sachverständiger Beratung unterstützen zu lassen.

Zudem statuiert § 37 Abs. 6 BetrVG das Recht, dass sich einzelne Mitglieder oder das gesamte Gremium zunächst in der Materie ausreichend schulen lassen. Letzteres in Form einer eigens auf den konkreten Betriebsrat und seine aktuellen Bedürfnisse zugeschnittenen Schulung bietet sich, gerade, wenn eine Betriebsvereinbarung neu erstellt werden oder komplett überarbeitet werden soll, besonders an.

An dieser Stelle soll daher – ohne jeglichen Anspruch die oben erwähnte sachverständige Unterstützung oder Schulung ersetzen zu wollen – nur auf ein paar ganz wesentliche Essentials bzw. Eckpunkte einer solchen Betriebsvereinbarung hingewiesen werden.

Ganz bewusst verzichtet wird auf den Abdruck einer »Muster-Betriebsvereinbarung«. Derartige »Muster« verführen allzu sehr zur unkritischen Übernahme, bedürfen daher ausreichender Erläuterungen, wenn sie anders als eine Checkliste, was nicht vergessen werden darf, verstanden werden wollen. Die notwendigen Erläuterungen zu geben wäre aber Aufgabe eines Seminars oder jedenfalls eines ausführlichen Ratgebers zum Thema, in dieser Einführung zum Basiskommentar ist dafür kein Raum.

a. Geltungsbereich

153 Wie bei jeder betrieblichen Regelung ist natürlich zu überlegen, für wen sie gelten soll.
Neben Regelungen, die räumlich den gesamten Betrieb und inhaltlich alle Beschäftigten, für die der Betriebsrat gem. § 5 BetrVG zuständig ist, umfassen, sind auch Regelungen zulässig, die nur kleinere Einheiten (z. B. Verwaltung, Produktionsbereich, Vertrieb) betreffen oder die Materie getrennt nach Beschäftigtengruppen (z. B. andere Regelungen für Auszubildende) regeln.
Des Weiteren ist zu überlegen, ob die aufgestellten Regelungen für die Urlaubsplanung nur den Erholungsurlaub nach BUrlG (meist wohl sinnvoll auch den entsprechenden tarifvertraglichen Urlaub) umfassen sollen oder, was in der Regel ebenfalls sinnvoll sein wird, auch direkt auf Zusatzurlaub, insb. gem. § 208 SGB IX, bezogen werden.
Soweit der einschlägige Tarifvertrag den Beschäftigten ein Wahlrecht zwischen Entgelterhöhungen und zusätzlichen freien Tagen einräumt, sollte immer auch geprüft werden, ob die zugehörigen Regelungen abschließend sind und eigenständige Regelungen zu Beantragung/Genehmigung der Freizeit etc. enthalten oder ob hier noch ein Regelungsspielraum und -bedarf verbleibt. Ist Letzteres der Fall wäre weiter zu überlegen, ob eine Aufnahme dieser Tage in den Geltungsbereich der Betriebsvereinbarung Urlaub sinnvoll erscheint.
Ebenso sinnvoll kann es in der betrieblichen Praxis aber auch sein, weitere Freistellungsansprüche, bei denen ähnliche Regelungsfragen auftauchen können, wie bei Urlaub, in den Geltungsbereich der Betriebsvereinbarung einzubeziehen.

b. Keine Rückholung/keine Erreichbarkeit im Urlaub

154 Zumindest im Grundsatz sollte klar sein und in der BV klargestellt werden: Beschäftigte werden keinesfalls aus dem Urlaub zurückgeholt und haben das Recht auf Nichterreichbarkeit im Urlaub.
Dieses **Recht auf Nichterreichbarkeit** sollte **abgesichert** werden, indem in der Vereinbarung Kolleg:innen und Führungskräfte verpflichtet werden, keinen beruflich motivierten Kontakt zu den Urlauber:innen aufzunehmen, die Führungskräfte auch dazu, diese »Funkstille« durch entsprechendes Verhalten /entsprechende Anweisungen sicherzustellen.

Für die extremen Ausnahmefälle, in denen es im konkreten betrieblichen Alltag unabdingbar erscheinen mag, von den oben statuierten Prinzipen abzuweichen, sollte ggf. ein Prozedere vereinbart werden.
Dabei ist im Minimum dafür zu sorgen, dass der Betriebsrat als »Kontrollinstanz« von der Notwendigkeit der Urlaubsunterbrechung genauso überzeugt wird, wie die initiierende Stelle (Kolleg:innen oder Führungskräfte). Für Eilfälle kann überlegt werden, nicht den ganzen Betriebsrat, sondern nur den Vorsitz oder einen kleinen Ausschuss zu befragen.
Sodann muss es Regelungen geben, die nicht nur großzügig und unbürokratisch Ersatz aller aus der Urlaubsunterbrechung entstehenden Kosten (auch für Mitreisende und unabhängig davon, ob der/die betroffene Beschäftigte die Kosten getragen hat oder eine dritte Person) sicherstellen, sondern zudem auf Arbeitgeberseite motivieren, von der Möglichkeit auch wirklich nur im seltensten Notfall Gebrauch zu machen.
Dies könnte z. B. erreicht werden, in dem nicht nur jede, noch so kurze, Störung zur Gutschrift des gestörten Urlaubstages führt,[206] sondern Störungen oder gar Rückrufe, die die urlaubenden Beschäftigten für einen mehr als unwesentlichen Teil eines Urlaubstages an der Erholung hindern (z. B. ab Beanspruchung von insg. mehr als 2 Stunden am Tag) zu zusätzlichen Kompensationstagen führen, die dann dem Urlaubskonto gutgeschrieben werden.

c. Regelungen für Änderungsbedarf nach Urlaubsplanung

Des Weiteren muss sichergestellt werden: Bereits genehmigter Urlaub ist grundsätzlich fix. Dies bedeutet, genehmigter Urlaub kann von Arbeitgeberseite grundsätzlich nicht widerrufen werden, aber auch die Beschäftigten können grundsätzlich nicht einseitig die Planungen wieder verändern. 155
Hinsichtlich unterjähriger Änderungswünsche von Arbeitsgeberseite sollte die BV an dieser Stelle auch nicht viel Spielraum lassen – das Machtungleichgewicht zwischen Beschäftigten und Führungskräften erklärt dies von selbst. Für den Fall unabweisbaren Änderungsbedarfs von Arbeitgeberseite sollte ein ähnliches Prozedere vereinbart werden wie zu Störungen im Urlaub.
Für Beschäftigte, die **Änderungen an bereits genehmigtem Urlaub** vornehmen wollen, **sollte** dies jedoch zumindest in den Fällen, in denen dadurch **keine Probleme mit den ebenfalls schon feststehenden Urlaubswünschen anderer und auch keine dringenden betrieblichen Probleme** entstehen, **unproblematisch möglich sein.** Die Beurteilung, ob die Änderungen

206 Da Urlaub nach deutschem Recht in Tagen bemessen wird und nur in gesetzlich geregelten Ausnahmen in Bruchteilen von Tagen, ist die individualrechtliche Folge jeglicher Urlaubsunterbrechung durch den Arbeitgeber ohnehin ein entsprechendes Wiederaufleben des Urlaubsanspruchs für diesen Tag.

möglich sind oder nicht, sollte keineswegs allein auf Arbeitgeberseite vorgenommen werden – hier muss der Betriebsrat wieder verantwortlich mit ins Boot.

d. Regelungen zu zusammenhängendem Urlaub

156 Erholung braucht Zeit, das BUrlG gibt deshalb aus gutem Grund das Recht, wenigstens 2 Wochen am Stück in Urlaub zu gehen.
Aus vielfältigen Gründen kann es aber für die Beschäftigten sinnvoll sein, deutlich länger Urlaub zu machen. Die Betriebsvereinbarung sollte den Beschäftigten daher Möglichkeiten aufmachen, diesen Bedürfnissen auch zu folgen und, wenn gewünscht, auch den gesamten Jahresurlaub am Stück zu nehmen bzw. auch in Teilen für noch längere Auszeiten anzusparen (siehe auch unten).

e. Ansparen von Urlaub/Urlaubsübertragung

157 Es kann für Beschäftigte, z. B. wenn längere Reisen geplant werden, sei es wegen reiner Reisefreude, sei es für Familienbesuche o. ä. auf anderen Kontinenten, attraktiv sein, den Urlaubsanspruch mehrerer Jahre zusammenzulegen.[207]
Die Betriebsvereinbarung sollte im Rahmen der gesetzlichen Vorgaben diesbezüglich keine unnötigen Hürden aufbauen, im Gegenteil. Allerdings sollte ein »unbegrenztes« Ansparen von Urlaubsansprüchen, nur weil sich die Betroffenen selbst für unentbehrlich halten oder von Arbeitgeberseite durch schlechte Planung und personelle Ausstattung unentbehrlich gemacht werden, ebenso klar verhindert werden.
Das Ansparen von mehr als 4 Wochen Urlaub über den konkret für ein Kalenderjahr zustehenden Urlaub hinaus sollte deshalb (außer in den Fällen, in denen sich das Ansparen aus dem Gesetz selbst ergibt, wie z. B. wegen langdauernder Arbeitsunfähigkeit) immer mit einer vertraglichen Vereinbarung zum Abbau des Guthabens verbunden werden.
Ebenso ist aus Gründen des Gesundheitsschutzes darauf zu achten, dass Beschäftigte, auch wenn sie sich in der Ansparphase für eine längere Auszeit befinden, dennoch im laufenden Kalenderjahr auch zur Erholung kommen. In den Betrieben, in denen die Beschäftigten, in der Regel auf tarifvertraglicher Basis, jährliche Urlaubsansprüche deutlich oberhalb der gesetzlichen Mindestzeit von 4 Wochen haben, wird es daher meist sinnvoll sein, die Ansparmöglichkeit nur auf den Teil des Urlaubsanspruches zu beziehen, der über 3, besser wohl 4 Wochen hinausgeht.

---

207 Inwieweit ein solches Ansparen mit dem BUrlG vereinbar ist, siehe Kommentarteil zu § 7.

Das Urlaubsjahr ist das Kalenderjahr. Das BUrlG, welches dies regelt, macht aber zugleich wieder Ausnahmen von dieser Regel. Abweichungen sind zudem auf vertraglicher Basis möglich und, soweit nicht ein Tarifvertrag diesen Punkt sperrt, auch betrieblichen Regelungen voll zugänglich. 158
Eine unproblematische und unbürokratische Übertragung von Urlaubsansprüchen in das erste Quartal des Folgejahres kommt vielen Beschäftigten entgegen und sollte durch eine Betriebsvereinbarung mit klaren Regelungen auch dem »Nasenprinzip« entzogen werden.
Leicht zu erreichen wäre dies z. B. durch eine Formulierung, wie »Auf Antrag der Beschäftigten wird ein Teil des Jahresurlaubs, der zusammenhängend gerechnet maximal 3 Wochen ergeben darf, in das nächste Kalenderjahr übertragen. Der übertragene Urlaub muss im ersten Quartal des Kalenderjahres genommen, der Urlaub zumindest noch in diesem ersten Quartal angetreten werden. Eine weitere Urlaubsübertragung ist nur analog der gesetzlichen Grundlage, insbesondere, wenn Arbeitsunfähigkeit oder dringende betriebliche Gründe die Urlaubsnahme hindern, möglich.«

f. Verfahren zur Beantragung

Essenzieller Bestandteil einer Betriebsvereinbarung Urlaub sind die Grundsätze und Verfahrensregelungen zur Beantragung, Entscheidung und Genehmigung des Urlaubs der Beschäftigten. 159
In der Praxis haben sich in vielen Fällen Verfahrensweisen bewährt, die ein mehrstufiges Verfahren vorsehen. Zu einem gewissen Zeitpunkt wird mit den Planungen für das kommende Urlaubsjahr begonnen. Die Beschäftigten haben die Möglichkeit, sich – z. B. bis Ende Oktober – in geeigneter Weise in Übersichten, also Urlaubslisten (»Wunschportal«) einzutragen und so ihre Wünsche für den wesentlichen Teil des Urlaubsanspruches für das kommende Urlaubsjahr zu äußern.[208]
Dabei sollte es möglich sein, einen gewissen Teil des Urlaubs (insgesamt mindestens 1 Woche) nicht zu verplanen, sondern für spontane Bedürfnisse freizuhalten.
Nach Eintragungsschluss wird geprüft. Soweit die Wünsche der Beschäftigten nicht nach Ansicht der verantwortlichen Stelle wegen entgegenstehender dringender betrieblicher Belange problematisch sind, wird entsprechend dieser Wünsche genehmigt.

208 Die Betriebsvereinbarung sollte sicherstellen, dass die verantwortliche Stelle auch die nicht im Betrieb befindlichen Beschäftigten (z. B. Langzeitkranke, Beschäftigte in ruhenden Arbeitsverhältnissen etc.) in diese Planungen einbezieht, soweit nicht durch entsprechende vertragliche Regelungen feststeht, dass im Planungsjahr kein Urlaub genommen werden wird.

Ergeben sich Konflikte, weil mehrere Beschäftigte überschneidende Wünsche äußern und die verantwortliche Stelle dringende betriebliche Gründe sieht, diese Wünschen nicht parallel genehmigen zu können, bedarf es eines Konfliktlösungsprozederes bzw. -mechanismus; eine Anregung dazu folgt in einem eigenen Abschnitt.

g. Genehmigung und Fiktion

160 Gerade in Bezug auf Urlaubsregelungen ist es wichtig, dass die Beschäftigten möglichst zügig und verbindlich wissen, ab wann ihre Urlaubswünsche als genehmigt gelten und damit gegen ihren Willen (siehe oben) nicht mehr geändert werden können.
Deshalb bietet es sich an, in der Betriebsvereinbarung Fristen zu setzen, innerhalb derer entweder von der verantwortlichen Stelle Einwendungen gegen die Wünsche der Betroffenen geäußert werden müssen oder die Genehmigung zu erteilen ist.
Zu überlegen ist zudem, ob nicht in der Betriebsvereinbarung ausdrücklich vereinbart wird, dass nach Ablauf einer solchen Frist die in die Urlaubsliste (also das »Wunschportal) eingetragenen Urlaubswünsche der Beschäftigten als genehmigt gelten, wenn diesen innerhalb der Frist keine Einwendungen zugegangen sind.
Werden von verantwortlicher Stelle Einwendungen gegen die Urlaubswünsche geäußert, sollte dann wieder der Konfliktlösungsmechanismus anlaufen. Zudem sollte vereinbart werden, dass diese Einwendungen nur dann Relevanz haben, wenn sie nicht nur der betroffenen Person, sondern auch dem Betriebsrat rechtzeitig zugegangen sind.
Bedeutsam können an dieser Stelle auch Regelungen über Urlaubsvertretungen bzw. einzuhaltende Mindestbesetzungen sein, die die dringenden betrieblichen Ablehnungsgründe für Urlaubswünsche transparent definieren.

h. Vorrangregelungen

161 Für den Fall, dass es überschneidende Urlaubswünsche mehrerer Beschäftigter gibt und aus dringenden betrieblichen Gründen nicht alle diese Urlaubswünsche parallel erfüllt werden können, sollte eine Urlaubsbetriebsvereinbarung transparente Regelungen zu den sozialen Auswahlkriterien bei Konflikten zwischen den urlaubswilligen Beschäftigten enthalten.

162 Dabei ist zu beachten, dass die in Urlaubsbetriebsvereinbarungen und Ratgebern gern zitierten »schulpflichtigen Kinder« per se oder gar deren Anzahl in der Familie wohl kaum ein geeignetes Entscheidungskriterium darstellen.

Abzustellen ist daher **weniger auf die Schulpflicht der Kinder, sondern** darauf, ob es **Betreuungsnotwendigkeiten in der Familie** gibt, **auf die Rücksicht zu nehmen** ist bzw. natürlich auch darauf, ob diese Kinder (noch) mit den Eltern gemeinsam verreisen, womit auch auf deren schulische oder auch beruflichen Belange Rücksicht zu nehmen wäre. Dabei kann dann ggf. wieder danach gewichtet werden, wie alt die Kinder tatsächlich im Urlaubsjahr sind; Eltern mit Kindern, deren Betreuung noch sichergestellt werden muss, sollten dann grundsätzlich Vorrang vor jenen haben, die noch gern mit ihren Kindern verreisen, aber bei denen das Urlaubserlebnis und nicht mehr die Betreuung im Vordergrund steht. Das gilt ganz besonders, wenn die Kinder schon (fast) erwachsen sind.

Die Betreuungsnotwendigkeit kann sich dabei ebenso für noch nicht schulpflichtige Kinder ergeben.

Ebenso kann sich diese Notwendigkeit auch auf ggf. deutlich ältere auf Betreuung und/oder Pflege angewiesene Familienangehörige beziehen, auch für solche Fälle sollte die BV die Möglichkeit der Berücksichtigung der sozialen Situation bieten.

Gerade **bei schon lange bestehenden Betriebsvereinbarungen** gibt es **in der Praxis** diesbezüglich **sehr viel Aktualisierungsbedarf.**

Dies gilt auch für folgende Überlegung: Idealerweise wird bei den für die soziale Entscheidung zu berücksichtigenden Personen und Konstellationen auf moderne Lebensentwürfe Rücksicht genommen und weniger auf (enge) Verwandtschaft/Schwägerschaft als auf tatsächliche emotionale Bindungen bzw. auch außerhalb des Urlaubs gelebte praktische Unterstützung Bezug genommen.

So sollten z.B. die betreuungsbedürftigen Kinder von Partner:innen/Lebensgefährt:innen auch dann in der Entscheidungsfindung Berücksichtigung finden, wenn keine rechtliche Bindung zu diesen besteht, aber das Leben und damit auch der Urlaub in gemeinsamer Entscheidung und gegenseitiger Verantwortung gestaltet werden oder auch die Familien- oder Freundesbesuche insbesondere von Menschen mit Migrationshintergrund Berücksichtigung finden können.

Ergänzend zu den oben genannten Überlegungen sollte geregelt werden, **163** dass ggf. Beschäftigte mit betreuungsbedürftigen Kindern, die während der Sommer- (oder anderweitiger beantragter) Ferien aus betrieblichen Gründen keinen Urlaub nehmen konnten, im folgenden Entscheidungsvorgang jedenfalls Vorrang vor ansonsten vergleichbaren Beschäftigten haben, so dass nicht immer die gleichen Betroffenen zurückstecken müssen.

Weitere Kriterien könnten der Gedanke eines gerechten Wechsels zwischen **164** günstigeren und weniger gefragten Monaten oder Rücksichtnahme auf die Urlaubszeiten ebenfalls berufstätiger Partnerinnen und Partner sein.

Ebenso berücksichtigungswürdig wären nach Ansicht der Autorinnen auch nachgewiesene gesundheitliche Gründe, die für die Urlaubsnahme in be-

stimmten Zeiten sprechen (z. B. Pollenallergie, die durch längere Abwesenheit in der Hauptbelastungszeit gemildert werden kann).
Ebenfalls gesundheitliche Gründe sprechen dafür, Beschäftigten, die sich zu längerem Fasten (unabhängig von der Frage, ob dem religiöse oder gesundheitliche Überzeugungen zu Grunde liegen) entschließen, ebenfalls vorrangig Urlaub zu gewähren, bevor durch Überanstrengung Arbeitsunfähigkeit eintritt.
Aber auch andere, natürlich auch weitere religiöse oder weltanschauliche, Gründe können ggf. in der Betriebsvereinbarung Berücksichtigung finden.[209]
In der Praxis finden sich zudem auch Vorrangregelungen für Urlaubswünsche, die in der Ausübung von Ehrenämtern[210] begründet sind, für Heimaturlaube von Menschen, die dafür weite Reisen unternehmen müssen, oder auch bezogen auf das Alter[211] oder die Dauer der Betriebszugehörigkeit. Es lohnt sich sicher, bei der Er/-Überarbeitung der eigenen Betriebsvereinbarung mal nachzusehen, was sich in anderen Betrieben und Branchen schon als gute gelebte Praxis etabliert hat.
Obwohl z. T. bereits gesetzlich geregelt, schadet es auch nicht, in der Urlaubsbetriebsvereinbarung nochmals ausdrücklich darauf hinzuweisen, dass z. B. Urlaub in Anschluss an Reha-Maßnahmen oder für Auszubildende in den Berufsschulferien ohne »Wenn und Aber« zu genehmigen ist.

i. Verfahren bei Arbeitsunfähigkeit

165 Gem. § 9 BUrlG sind Tage nachgewiesener Arbeitsunfähigkeit während des Urlaubs dem Urlaubskonto wieder gut zu schreiben. In der betrieblichen Praxis führte die Frage, wann dieser Nachweis zu führen ist, immer wieder zu Ärger.
Auch wenn es nun durch die elektronische Arbeitsunfähigkeitsbescheinigung leichter geworden ist; nicht alle Beschäftigten unterfallen den Regelungen zur elektronischen AU. Nach wie vor kann daher Ärger vermieden werden, wenn die Betriebsvereinbarung die Frage regelt; empfehlenswerter Weise dahingehend, dass der Nachweis der Arbeitsunfähigkeit während des Urlaubs unverzüglich nach Urlaubsende bei der zuständigen Stelle zu führen ist bzw. zu diesem Zeitpunkt die Mitteilung der Beschäftigten an den Ar-

209 Soweit dies der Fall ist, sollte jedoch streng darauf geachtet werden, nicht ggf. auch unbeabsichtigt, vergleichbare religiöse oder weltanschauliche Beweggründe unterschiedlich zu gewichten.

210 Z. B. für Freistellungswünsche nach dem Gesetz zur Freistellung von Arbeitnehmern für Zwecke der Jugendarbeit (Jugendarbeitfreistellungsgesetz – JArbFG Bayern).

211 Bei all diesen Überlegungen ist auch große Sensibilität zur Vermeidung von Diskriminierungen erforderlich.

beitgeber zu erfolgen hat, die diesen dann zum Abruf der elektronischen Arbeitsunfähigkeitsbescheinigung veranlassen, wenn das System etabliert ist und die übrigen Voraussetzungen dafür vorliegen.[212]

j. Konfliktlösungsmechanismus/Mediationsvereinbarung

Für alle Fälle, in denen es zwischen den Betroffenen und den über die Gewährung von Urlaubswünschen Verantwortlichen zu Meinungsverschiedenheiten und Konflikten kommt, sollte die Betriebsvereinbarung Mechanismen der Konfliktlösung beinhalten. 166

Als erste Ebene dieser Konfliktlösung hat es sich bewährt, die Problematik dem Betriebsrat (je nach Größe ggf. auch einem Ausschuss) vorzulegen. Soweit das Gremium von der Begründetheit und damit Richtigkeit der Vorgesetztenentscheidung überzeugt ist, wäre betrieblich dann nichts weiter veranlasst.[213] Überzeugt die Entscheidung bzw. deren Begründung das Gremium nicht, muss es eine weitere Stufe geben. Diese kann – klassisch – eine Einigungsstellenentscheidung sein oder auch die Vorschaltung eines Mediationsangebotes beinhalten.

Während die Einigungsstelle den Konflikt auf der Ebene Betriebsrat/Arbeitgeber behandelt und die eigentlich in der Umsetzung Betroffenen (der/die Beschäftigte und die verantwortliche Führungskraft) in der Regel bestenfalls im Rahmen einer Anhörung vor der Einigungsstelle in die Konfliktlösung einbezogen sind, hat die vorgeschaltete Mediation den Vorteil, in der betroffenen Abteilung direkt ansetzen zu können.

Bei Einschaltung entsprechend qualifizierter Mediator:innen bestehen in diesem Fall sehr gute Chancen, kreative Lösungen für die dem Konflikt zu Grunde liegenden Problemlagen zu finden, mit denen schlussendlich alle Beteiligten ohne Groll leben können.

Sollte eine solche Mediation, die immer nur auf Basis der freiwilligen Beteiligung aller stattfinden kann, abgelehnt werden oder wider Erwarten nicht funktionieren, bleibt ggf. immer noch die Einigungsstelle und notfalls deren Spruch als betriebliche Lösungsmöglichkeit bestehen. Ebenso bleibt (siehe oben) den Betroffenen der Rechtsweg offen.

Gerade für die Fälle, in denen die Konflikte kurzfristige Urlaubsanträge betreffen und daher schnelle Lösungen erforderlich sind, könnte die Urlaubsbetriebsvereinbarung auch Regelungen zu einer ständigen Einigungsstelle

---

212 So greift die elektronische AU-Bescheinigung weder für privat versicherte Beschäftigte noch bei Feststellung der AU im Ausland, wobei hierfür auch besondere gesetzliche Regelungen gelten – siehe § 5 Abs. 2 EFZG.

213 Wie bereits an anderer Stelle dargestellt, bleibt es den Betroffenen unbenommen, ggf. dennoch individualrechtlich vor den Arbeitsgerichten eine Überprüfung der Arbeitgeberentscheidung herbeizuführen.

oder zumindest zur Anzahl der jeweiligen Beisitzenden und einer Liste mit potentiellen Vorsitzenden, auf die sich die Betriebsparteien schon verständigt haben, beinhalten.

Kommentierung

Mindesturlaubsgesetz für Arbeitnehmer (Bundesurlaubsgesetz)

vom 8. Januar 1963 (BGBl. I S. 2) in der Fassung des Gesetzes vom 27. Juli 1969 (BGBl. I S. 946), zuletzt geändert durch Gesetz vom 20. April 2013 (BGBl. I S. 868)

§ 1 Urlaubsanspruch

Jeder Arbeitnehmer hat in jedem Kalenderjahr Anspruch auf bezahlten Erholungsurlaub.

Inhaltsübersicht Rn.

1. Allgemeines

1 **§ 1 BUrlG**[1] ist die **gesetzliche Grundlage** für die regelmäßige Gewährung von bezahltem Erholungsurlaub. Der Rechtsanspruch auf bezahlten Jahresurlaub ergibt sich auch aus supra- und internationalem Recht.[2] Praktisch relevant ist das supranationale Recht – vor allem das **Recht der EU** und die **Rechtsprechung des EuGH** – u.a. für die Frage der Verfallbarkeit des Urlaubsanspruchs. Hierzu hat der EuGH im Jahr 2009 entschieden, dass der gesetzliche Mindesturlaub nicht verfällt, wenn der Arbeitnehmer im abgelaufenen Bezugszeitraum krankheitsbedingt überhaupt nicht arbeiten konnte.[3] Eine Korrektur erfolgte fast drei Jahre später: Nach frühestens 15 Monaten darf eine Rechtsquelle den Verfall anordnen.[4]

2 Von grundsätzlicher Bedeutung ist ferner eine Entscheidung des EuGH vom 24.1.2012,[5] wonach der Jahresurlaub grundsätzlich nicht von einer effektiven Mindestarbeitszeit oder einer bestimmten Bruttolohnsumme abhängig gemacht werden darf. Die Mitgliedstaaten dürfen den Erholungsurlaub nicht an einschränkende Voraussetzungen binden. Wo eine europarechtskonforme Auslegung des nationalen Rechts nicht in Frage kommt, ist **Art. 31 Abs. 2 Grundrechtecharta der EU** als unmittelbare Rechtsquelle anzuwenden. Der Urlaubsanspruch ist grundsätzlich anhand der tatsächlich geleisteten Arbeitszeiträume zu berechnen, außer in bestimmten besonderen Fällen (wie bei Krankheit oder rechtswidriger Kündigung).[6]

2a Den Charakter eines absoluten Schutzrechts des Urlaubsanspruchs unterstreicht auch das BAG mit einer Entscheidung zu § 2 Abs. 1 Satz 2 Nr. 8 des Nachweisgesetzes, wonach der Arbeitgeber dem Arbeitnehmer schriftlich die Dauer des jährlichen Erholungsurlaubs zu bestätigen hat, um nicht wegen verfallenen Urlaubs schadensersatzpflichtig zu werden.[7] Schon hier zeigt sich die eigene Rechtsverantwortung des Arbeitgebers, für die Verwirklichung des Urlaubsanspruchs seiner Beschäftigten aktiv Sorge zu tragen, die als **Mitwirkungsobliegenheit** bezeichnet wird.[8]

2b **Urlaubnahme ohne Vergütung** ist kein Erholungsurlaub im Sinne des BUrlG. Gewährt der Arbeitgeber lediglich unbezahlten Urlaub, wird der

---

1 Im Folgenden sind alle §§ ohne Angaben solche des BUrlG.

2 Art. 7 der Arbeitszeit-Richtlinie (2003/88/EG), Art. 31 Abs. 2 Grundrechtecharta der EU sowie Art. 3 des IAO-Übereinkommens Nr. 132.

3 EuGH 20.1.2009 (Schultz-Hoff) – C-350/06 und C-520/06.

4 EuGH 22.11.2011 – C-214/10 (Schulte).

5 EuGH 24.1.2012 – C-281/10 (Maribel Dominguez).

6 Dies gilt auch für die Abgeltung noch nicht genommenen Jahresurlaubs nach rechtswidriger Kündigung: EuGH (Erste Kammer) 25.6.2020 – C-762/18, C-37/19, Rn. 58ff.

7 BAG 24.5.2017 – 5 AZR 251/16.

8 Zu den Mitwirkungsobliegenheiten des Arbeitgebers vgl. Rn. 11.

normale Urlaub so lange übertragen, bis der Arbeitnehmer Gelegenheit erhält, bezahlten Urlaub zu nehmen. Bei Beendigung des Arbeitsverhältnisses steht ihm für den während des gesamten Arbeitsverhältnisses nicht genommenen Urlaub Urlaubsabgeltung zu.[9]

Das BUrlG gilt im Grundsatz nur für **Arbeitnehmer.** § 2 bestimmt hierzu Näheres.[10] Der Arbeitnehmer kann den vollen Urlaubsanspruch erstmals nach Ablauf der sechsmonatigen Wartezeit gem. § 4 geltend machen. In den nachfolgenden **Kalenderjahren** entsteht der volle Urlaubsanspruch bereits am 1. Januar. Urlaubsjahr und Kalenderjahr stimmen somit regelmäßig überein und können auch durch Tarifvertrag nicht geändert werden, sog. Unabdingbarkeit.[11] Eine Ausnahme sehen lediglich der § 56 Abs. 1 SeeArbG vor, wonach das Urlaubsjahr dem Beschäftigungsjahr beim Reeder entspricht, sowie der § 13 Abs. 3 für den Bereich der Deutschen Bahn AG, der Deutschen Post AG, Telekom AG und Postbank AG. Erhält ein Arbeitnehmer am 1. Januar den vollen Urlaubsanspruch, scheidet er dann aber in der ersten Jahreshälfte (bis einschließlich 30. Juni) aus, so handelt es sich gem. § 5 Abs. 1 Buchst. c um einen Teilurlaub. Es findet dann insofern eine Zwölftelung des Jahresurlaubs statt: Für jeden Monat, in dem das Arbeitsverhältnis bestand, hat der Arbeitnehmer einen Anspruch auf ein Zwölftel des Jahresurlaubs. Das gilt aber nur, wenn – wie die Vorschrift ausdrücklich regelt – das Arbeitsverhältnis in der ersten Jahreshälfte endet. Hiervon kann auch tarifvertraglich nicht abgewichen werden.[12] 3

Der Anspruch auf Erholungsurlaub – ggf. auch der schwerbehindertenrechtliche Zusatzurlaub nach § 208 Abs. 1 Satz 2 SGB IX – entsteht, so die Rechtsprechung seit *Schulz-Hoff*,[13] auch dann, wenn die Arbeitsleistung wegen einer Erkrankung nicht erfolgen kann. Ob die betroffenen Beschäftigten nach der krankheitsbedingten Suspendierung ihrer Arbeitspflicht Entgeltfortzahlung erhalten (§ 3 EFZG), Krankengeld einer gesetzlichen oder privaten Versicherung oder (nach Auslaufen des gesetzlichen Krankengeldanspruchs von längstens 78 Wochen gem. § 48 SGB V) Arbeitslosengeld (§ 145 SGB III) spielt hierbei keine Rolle. 4

Ebenso ändert sich nichts, wenn die Betroffenen eine Rente wegen Minderung der Erwerbsfähigkeit beziehen, solange das Arbeitsverhältnis unbeendet fortbesteht.

Das BAG hat in seiner Entscheidung vom 7.8.2012 festgestellt, dass die Annahme, dass Urlaubsansprüche im **ruhenden Arbeitsverhältnis** auch 5

---

9 EuGH 29.11.2017 – C-214/16 (King); vgl. auch Schlussantrag von Generalanwalt (GA) beim EuGH Tanchev 8.6.2017 – C-214/16, AuR 2017, S. 364 f.

10 Vgl. die Kommentierung dort.

11 Zum Begriff der Unabdingbarkeit s. § 13 Rn. 1.

12 Vgl. ausführlich bei § 5.

13 EuGH 20.1.2009 (Schultz-Hoff) – C-350/06 und C-520/06.

dann nicht entstehen, wenn das Ruhen des Arbeitsverhältnisses auf eine Arbeitsunfähigkeit des Arbeitnehmers zurückzuführen ist, nicht mit der in § 13 Abs. 1 Satz 1 BUrlG angeordneten Unabdingbarkeit des gesetzlichen Mindesturlaubsanspruchs zu vereinbaren wäre.[14] Es hat dies in seiner Entscheidung vom 19. 3. 2019 bekräftigt, mit der Begründung, Arbeitnehmer, die aus gesundheitlichen Gründen im Bezugszeitraum nicht gearbeitet haben, seien Arbeitnehmern gleichgestellt, die während dieses Zeitraums tatsächlich gearbeitet haben.[15]

Es kommt also für das Entstehen der Urlaubsansprüche im weiterbestehenden Arbeitsverhältnis nur darauf an, dass eine Erkrankung kausal für das Ruhen des Arbeitsverhältnisses war.[16]

Soweit die Arbeitspflicht jedoch nicht innerhalb des – erweiterten – Übertragungszeitraumes von 15 Monaten[17] wieder auflebt bzw. das Arbeitsverhältnis beendet wird, verfallen die erworbenen Urlaubsansprüche bei langandauernder Krankheit wieder.[18]

Dieser Rechtsprechung ist beizupflichten, auch im Hinblick auf die geänderte Rechtsprechung des BAG zum Sonderurlaub.

6 Ruht das Arbeitsverhältnis infolge eines **unbezahlten Sonderurlaubs**, besteht kein Urlaubsanspruch. Da keine Arbeitsleistung geschuldet ist, beträgt der Anspruch null Tage, wie das Bundesarbeitsgericht 2019 unter Abkehr seiner bisherigen Rechtsprechung entschieden hat[19] (hierzu mehr unter § 3 Rn. 34). In den entschiedenen Fällen ging es um Sonderurlaub aus wichtigem Grund nach tarifvertraglichen Vorschriften, der auf Wunsch des Arbeitnehmers für einen längeren Zeitraum gewährt wurde. Diese Rechtsprechung ist übertragbar auf jegliche Art von Sonderurlaub, wie Sabbaticals oder familienbedingte Auszeiten.[20]

2. Erholungsurlaub

7 Der Erholungsurlaub dient der Regenerierung und Erhaltung der physischen und psychischen Kräfte von sowohl bereits geleisteter als auch noch zu leistender Arbeit. Aus diesem Grund gewährt das BUrlG jedem Arbeitnehmer einen unabdingbaren jährlichen Mindesturlaubsanspruch von 24 Werktagen, vgl. § 3 Abs. 1 i. V. m. § 13 Abs. 1 Satz 1. Dieser Mindestanspruch soll verhindern, dass der Arbeitnehmer durch kollektiv- oder einzelvertragliche

---

14 BAG 7. 8. 2012 – 9 AZR 353/10, Rn. 15 – m. w. N. Rn. 18.

15 BAG 19. 3. 2019 – 9 AZR 315/17, Rn. 32, zur Erwerbsminderungsrente mit gleicher Begründung LAG Rheinland-Pfalz 3. 12. 2020 – 5 Sa 113/20.

16 BAG 7. 8. 2012 – 9 AZR 353/10, Rn. 12.

17 Siehe § 7 Rn. 55.

18 BAG 7. 8. 2012 – 9 AZR 353/10, Rn. 23 ff.

19 BAG 19. 3. 2019 – 9 AZR 406/17; BAG 19. 3. 2019 – 9 AZR 315/17.

20 Vgl. hierzu auch Einführung Rn. 7 ff.

Regelungen einen geringeren Anspruch auf Erholungsurlaub erlangt, als es der Gesetzgeber unter gesundheitlichen Gesichtspunkten für erforderlich erachtet.

Der Arbeitgeber hat den Arbeitnehmer von der vertraglich geschuldeten Arbeitsleistung unter Fortzahlung der Arbeitsvergütung freizustellen. Die Möglichkeit zur Erholung besteht jedoch nur, wenn der Beurlaubte über seine **Urlaubszeit frei verfügen** kann.[21] Der Arbeitgeber darf seinen Beschäftigten insoweit keine Vorschriften machen. Mit Ausnahme der Regelung zu einer dem Urlaubszweck widersprechenden Erwerbstätigkeit in § 8 sind Beschäftigte hinsichtlich ihrer Urlaubsgestaltung frei. Weder setzt der Urlaubsanspruch eine objektive Erholungsbedürftigkeit voraus, noch wird definiert, wodurch Erholung im Sinne des Urlaubsrechts erlangt wird.[22] 8

3. Die rechtsdogmatische Einordnung

Die rechtsdogmatische Einordnung des Anspruchs auf Erholungsurlaub ist umstritten. Während die **ältere Rechtsprechung des BAG** bis 1981 sowie Teile der Literatur von einem aus der Freizeitgewährung und der Entgeltfortzahlung untrennbar zusammengesetzten Einheitsanspruch ausgehen (sogenannte Einheitstheorie),[23] sah die **Rechtsprechung des BAG** bis 2015 als auch **weite Teile des Schrifttums** in dem Urlaubsanspruch eine vertragliche Pflicht des Arbeitgebers, den Arbeitnehmer für die Dauer des Urlaubs bei Fortzahlung der Vergütung von der Arbeitspflicht freizustellen. Freistellung und Vergütung stellen zwei voneinander verschiedene Ansprüche dar (sogenannte Freistellungstheorie).[24] In einer Entscheidung von 2015 hat das BAG – ausdrücklich offenlassend, ob es damit zur Einheitstheorie zurückkehrt – festgelegt, dass der Arbeitgeber die Urlaubsvergütung vor Urlaubsantritt zahlen oder vorbehaltlos zusagen muss.[25] In einer Entscheidung von 2019 heißt es, der Urlaubsanspruch sei »im bestehenden Arbeitsverhältnis fest mit dem Freistellungsanspruch verbunden«.[26] Dabei beruft sich das BAG wiederum auf die Entscheidung von 2015, lässt somit weiterhin offen, 9

21 BAG 19.3.2019 – 9 AZR 315/17.

22 So auch Veeck, AuR 2019, S. 246, kritische Anm. zu BAG 19.3.2019 – 9 AZR 315/17.

23 BAG 22.6.1956 – 1 AZR 41/55; Neumann/Neumann, BUrlG, § 1 Rn. 63 m.w.N. So ist jetzt möglicherweise auch der EuGH zu verstehen, EuGH 12.6.2014 – C-118/13 (Bollacke).

24 BAG 1.12.1983 – 6 AZR 299/80; BAG 8.3.1984 – 6 AZR 600/82; Neumann/Neumann, BUrlG, § 1 Rn. 68ff. m.w.N.

25 BAG 10.2.2015 – 9 AZR 455/13, Rn. 22.

26 BAG 22.1.2019 – 9 AZR 45/15.

welcher Theorie es folgt.[27] In einem Beschluss von 2021 im Zusammenhang mit der Rangzuordnung von Urlaubsansprüchen in der Insolvenz erklärt das BAG, die »strikte« Trennung von der Befreiung von der Arbeitspflicht und der Fortzahlung der vertraglichen Vergütung »aufgegeben« zu haben und bezieht sich auf die beiden vorgenannten Entscheidungen. Damit ist klar, dass die Freistellungstheorie ausgedient hat. Eine Rückkehr zur »Einheitstheorie« scheint damit aber nicht verbunden zu sein. Damit sollen vielleicht die mit dieser Theorie verbundenen Sonderprobleme vermieden werden.

10 Im Ergebnis unterscheiden sich die beiden Theorien im Wesentlichen darin, ob als Anspruchsgrundlage für das während des Urlaubs zu zahlende Entgelt der einheitliche Urlaubsanspruch oder der Anspruch auf Arbeitsentgelt nach dem Arbeitsvertrag anzusehen ist. Dies hat unter anderem Folgen für die Fragen, wann wirksam Urlaub gewährt wird oder ob der Anspruch auf Urlaubsentgelt pfändbar ist.[28] Wie oben schon kurz dargestellt, ist die Urlaubsgewährung nur wirksam, wenn die Urlaubsvergütung vor Antritt des Urlaubs gezahlt oder vorbehaltlos zugesagt wird. Damit wird bezweckt, dass der Arbeitnehmer im Urlaub in Bezug auf das Entgelt mit Zeiten der Arbeitsleistung gleichgestellt ist und ermöglicht, sich zu erholen, weil er sich hierüber keine Sorgen machen muss.[29]

4. Zur Frage der Geltendmachung

11 Im Zuge der jüngeren EuGH-Rechtsprechung zu Problemen des Urlaubsrechts wurden **Mitwirkungsobliegenheiten** des Arbeitgebers diskutiert. Kernfrage ist, ob der Arbeitnehmer seinen Urlaubsanspruch ausdrücklich geltend machen, also z. B. beantragen muss oder ob der Arbeitgeber – auch ohne vorherigen Antrag – dafür sorgen muss, dass der Urlaub zeitgerecht realisiert wird. Der EuGH hat auf zwei Vorlagen deutscher Gerichte am 6.11.2018[30] entschieden: Arbeitnehmer verlieren ihre Urlaubsansprüche nicht allein dadurch, dass sie keinen Urlaub geltend gemacht haben. Die Rollenverteilung stellt sich hiernach wie folgt dar: Der Arbeitgeber hat rechtzeitig aktiv dafür zu sorgen, dass der Arbeitnehmer seinen Urlaub nimmt, muss ihn aber nicht gegen seinen Willen beurlauben. Der Arbeitnehmer hingegen müsste in Kenntnis seiner Ansprüche und der Konsequenzen aus freiem Willen auf seinen Urlaub verzichten. Das BAG ist dem gefolgt.

---

27 ErfK/Gallner zieht daraus den Schluss, dass der 9. Senat des BAG wieder vom Einheitsanspruch ausgeht, BUrlG, § 1 Rn. 7.

28 Zu weiteren unterschiedlichen Folgen dieser Theorien vgl. ErfK/Gallner, BUrlG, § 1 Rn. 8

29 EuGH 22.5.2014 – C-539/12 (Lock), zitiert vom BAG 10.2.2015 – 9 AZR 455/13.

30 EuGH 6.11.2018 – C-684/16 (Shimizu – auf Vorlage des BAG) und C-619/16 (Kreuziger – auf Vorlage des OVG Berlin-Brandenburg).

Dem Gesundheitsschutz diene es, dass der Urlaub regelmäßig genommen werde, dies werde gefördert, wenn der Arbeitgeber den Arbeitnehmer über den Umfang des noch bestehenden Urlaubs informiert, ihn auf die maßgeblichen Fristen hinweist und ihn auffordert, den Urlaub tatsächlich in Anspruch zu nehmen.[31] Diese neue Rechtslage, die auch dazu führen wird, dass für zurückliegende Kalenderjahre nicht genommener Urlaub eingefordert werden kann, wird überwiegend begrüßt.[32] Offen sind allerdings u.a. zwei praktisch wichtige Fragen: Wie muss der Arbeitgeber seiner (Fürsorge-) Pflicht, auf die Urlaubsnahme hinzuwirken, genau nachkommen? Und was bedeutet »rechtzeitig«?

> **Praxistipp:**
> Sinnvoll erscheint zur ersten Frage, in nachweisbarer Form jeden der Arbeitnehmer konkret über die Anzahl der offenen Urlaubstage (ggf. einschließlich Resturlaub vom Vorjahr) und den Zeitpunkt des Verfalls (in der Regel 31.12.) zu informieren und zur Einbringung im laufenden Jahr aufzufordern. Eine allgemeine Anzeige im Intranet oder am Schwarzen Brett reicht nicht aus, ein Hinweis auf der Lohnabrechnung – wie es derzeit häufig praktiziert wird – wohl nur, wenn er deutlich hervorgehoben ist, also gut erkennbar. Rechtzeitig ist die Information jedenfalls, wenn sie in der ersten Woche des Jahres (siehe hierzu auch das nachfolgende Beispiel), spätestens aber zur Jahresmitte, jeweils vor den Sommerferien, erfolgt ist, so dass der Urlaub noch genommen werden kann. Wird ein Urlaubsantrag abgelehnt oder ist noch ein erheblicher Anteil an Urlaub offen, sollte der Hinweis wiederholt werden.

Hierzu sind weitere Entscheidungen ergangen[33] und zu erwarten. Das BAG **12**
hat dem EuGH am 7.7.2020 in zwei Verfahren die Frage vorgelegt, ob bei einem Zusammentreffen von fehlender Mitwirkung und ununterbrochener **Langzeiterkrankung**, ein Verfall des Urlaubs nach 15 Monaten gegen EU-Recht verstößt.[34] Der EuGH hat hierzu mit seinen Urteilen vom 22.9.2022 entschieden, dass – jedenfalls soweit der Arbeitnehmer teilweise in dem fraglichen Zeitraum gearbeitet hat – ein Verfall nicht eintreten darf, es sei denn der Arbeitgeber weist nach, dass er die Mitwirkungsobliegenheiten erfüllt hat. Das BAG hat am 20.12.2022 dementsprechend den Klägern Recht gegeben, da in beiden Fällen die Arbeitnehmer jeweils noch gearbeitet hatten und der Arbeitgeber seine Mitwirkungsobliegenheiten nicht erfüllt

---

31 BAG 19.2.2019 – 9 AZR 278/16 und 9 AZR 541/15.
32 So etwa Baumgarten, EuGH rettet den Resturlaub, Gute Arbeit 3/2019, S. 26ff.; mit Einschränkungen auch Powietzka, Verfall und Vererblichkeit von Urlaubsansprüchen – Neuregelung des Urlaubsrechts durch den EuGH, BB 2019, S. 52ff.
33 Vgl. nur LAG Berlin-Brandenburg 4.5.2022 – 23 SA 1135/21 sowie Thüringer LAG 6.9.2022 – 1 Sa 427/20.
34 9 AZR 401/19 (A) und 9 AZR 245/19 (A).

hatte.[35] In zwei weiteren Entscheidungen vom 31. 1. 2023[36] hat das BAG differenziert, ganz der Linie des EuGH folgend: »*War der Arbeitnehmer seit Beginn des Urlaubsjahres durchgehend bis zum 31. März des zweiten auf das Urlaubsjahr folgenden Kalenderjahres arbeitsunfähig, verfällt der Urlaubsanspruch 15 Monate nach Beendigung des Urlaubsjahres unabhängig davon, ob der Arbeitgeber seinen Mitwirkungsobliegenheiten nachgekommen ist.*«

> **Beispiel:**
> Der Arbeitnehmer war ab dem 18. 1. 2016 bis zum Ende des Arbeitsverhältnisses erkrankt (hier 28. 2. 2017) und machte nach Beendigung Urlaubsabgeltung von 25 Tagen geltend. Ein Anspruch besteht, wenn der Arbeitgeber ihn vor der Erkrankung nicht rechtzeitig auf seine Ansprüche hinweist. Diese Mitwirkungsobliegenheit muss unverzüglich erfüllt werden, das BAG hält hierfür den Zeitraum bis zum Ende der ersten Arbeitswoche des Jahres (hier: 8. 1. 2016) für angemessen. Der Anspruch ist beschränkt auf den Umfang der Arbeitstage, die der Arbeitnehmer vom (Montag) 4. 1. 2016 bis zum 15. 1. 2016 (Freitag) hätte einbringen können, das waren hier 10 Arbeitstage. Damit waren von den 25 geltend gemachten Urlaubstagen 15 verfallen, dem Arbeitnehmer stehen nur 10 Urlaubstage zu, die abzugelten sind, weil er sie aufgrund der Erkrankung nicht einbringen konnte.[37]

Weiter hat das BAG entschieden, dass die Mitwirkungsobliegenheiten auch für den **Zusatzurlaub für Menschen mit Schwerbehinderung** gelten. Dies gilt aber nicht, wenn der Arbeitgeber keine Kenntnis von der Schwerbehinderung hat und diese auch nicht offensichtlich ist. Er kann dann erwarten, dass ihm die Schwerbehinderung vom Arbeitnehmer mitgeteilt wird. Erfolgt das nicht, verfällt der Zusatzurlaub.[38]
Schließlich stellt sich auch die Frage der **Verjährung** der Urlaubsansprüche vor allem bei Langzeiterkrankungen. Auch dies ist im Hinblick auf die Vereinbarkeit mit EU-Recht zu klären, das BAG hat entsprechend dem EuGH im Jahr 2020 vorgelegt.[39] Der EuGH hat die Frage verneint. Ein Verfall darf nur eintreten, wenn vorher überprüft wurde, dass der Arbeitnehmer die Möglichkeit hatte, den Anspruch wahrzunehmen. Das BAG hat hierauf nun am 20. 12. 2022 entschieden, dass die Ansprüche nicht verjährt sind, da der Arbeitgeber seinen Mitwirkungsobliegenheiten nicht nachgekommen ist.[40]

---

35 EuGH 22. 9. 2022 – C-518/20 und C-727/20; BAG 20. 12. 2022 – 9 AZR 245/19 und 9 AZR 401/19.
36 BAG 31. 1. 2023 – 9 AZR 107/20 und 9 AZR 85/22.
37 BAG 31. 1. 2023 – 9 AZR 107/20, Rn. 25 ff.
38 BAG 30. 11. 21 – 9 AZR 143/21 und 26. 4. 2022 – 9 AZR 367/21.
39 BAG 29. 9. 2020 – 9 AZR 266/20 (A).
40 EuGH 22. 9. 2022 – C-120/21; BAG 20. 12. 2022 – 9 AZR 266/20.

5. Rechtsnatur des Urlaubsanspruchs

Ebenso wie die Arbeitspflicht vom Arbeitnehmer gem. § 613 BGB in Person zu erbringen ist, kann auch der Urlaubsanspruch in Form des Freistellungsanspruchs nur in Person erbracht werden.[41] Eine andere Einordnung ist im Hinblick auf den Erholungszweck nicht denkbar. Hieraus lassen sich die nachstehenden Schlussfolgerungen ziehen: 13

a. Zur Frage der Vererblichkeit

Mit dem Tod des Arbeitnehmers wird das Arbeitsverhältnis beendet. Aus der Natur des Urlaubsanspruchs ergab sich nach früher herrschender Ansicht, dass der Anspruch auf **Urlaub** – auch wenn er anerkannt oder rechtshängig geworden ist – grundsätzlich nicht vererblich ist und folglich mit dem Tod des Arbeitnehmers untergeht. Nach langjähriger Rechtsprechung des **BAG** gingen neben dem Urlaubsanspruch auch der Anspruch auf **Urlaubsentgelt** und der **Abgeltungsanspruch** unter, weil der Arbeitnehmer nach seinem Tod nicht mehr von der Arbeit freigestellt werden könne.[42] Hergeleitet hat das BAG seine Ansicht folgendermaßen: Das Bundesurlaubsgesetz sieht vor, dass der Urlaub grundsätzlich im Kalenderjahr zu nehmen ist. Zwar ist eine Übertragung des nicht genommenen Urlaubs auf das Folgejahr ausnahmsweise möglich (§ 7 Abs. 3 BUrlG), der Urlaub ist aber auch im Fall einer solchen Übertragung bis zum 31. März des Folgejahres zu nehmen; ansonsten verfällt er. Demzufolge hat das BAG in seiner früheren Rechtsprechung entschieden, dass langjährig erkrankte Arbeitnehmer ihren krankheitsbedingt nicht genommenen Vorjahresurlaub jeweils zum 31. März des Folgejahres verlieren. Diese Rechtsprechung hat das BAG jedoch aufgegeben, nachdem der **EuGH**[43] entschieden hatte, dass ein Arbeitnehmer seinen Anspruch auf bezahlten Jahresurlaub nicht verliert, wenn er ihn wegen Arbeitsunfähigkeit nicht nehmen konnte. Der EuGH und – in der Folgezeit – auch das BAG stellten insofern klar, dass der nicht genommene Urlaub finanziell abzugelten ist. Ebenfalls in früherer Rechtsprechung hatte das **BAG**[44] die Ansicht vertreten, dass der **Urlaubsabgeltungsanspruch** beim Tod eines Arbeitnehmers nicht auf dessen Erben übergeht. Das BAG vertrat die Auffassung, dass der arbeitnehmerseitige Anspruch auf Urlaub einen höchstpersönlichen Anspruch darstellt, der nicht vererbt werden kann und demzufolge mit dem 14

41 Neumann/Neumann, BUrlG, § 1 Rn. 71 spricht von der höchstpersönlichen Natur des Anspruchs.

42 Vgl. BAG 23.6.1992 – 9 AZR 111/91; vgl. auch Neumann/Neumann, BUrlG § 1 Rn. 85 m.w.N.; bestätigt in BAG 20.9.2011 – 9 AZR 416/10; kritisch dazu mit beachtlichen rechtspolitischen Argumenten Bieder, AuR 2012, S. 239ff.

43 EuGH 20.1.2009 – C-350/06 (Schultz-Hoff).

44 BAG 20.9.2011 – 9 AZR 416/10.

Tod des Arbeitnehmers erlischt, sodass ein Urlaubsabgeltungsanspruch nach § 7 Abs. 4 BUrlG nicht in Betracht kommt. Der EuGH entschied 2018, dass das Europarecht dieser bisherigen deutschen Rechtsprechung entgegensteht. Der EuGH stützt sich dabei in seinen Gründen auf Art. 7 der Richtlinie 2003/88/EG. Ein finanzieller Ausgleich sei danach unerlässlich, um die praktische Wirksamkeit des Anspruchs auf bezahlten Jahresurlaub sicherzustellen, wenn das Arbeitsverhältnis durch den Tod des Arbeitnehmers endet. Im Ergebnis sieht der EuGH keinen Unterschied zu dem Fall, dass das Arbeitsverhältnis durch Kündigung endet, bevor der Urlaub genommen werden kann. In diesem Fall steht dem Arbeitnehmer unstreitig ein Anspruch auf Abgeltung seines nicht genommenen Urlaubs zu. Daher gilt nach EuGH, dass weder der Urlaubsanspruch noch der Anspruch auf **Urlaubsabgeltung** im Todesfall untergehen.[45] Das BAG hat sich dieser Rechtsprechung zwischenzeitlich angeschlossen.[46] Die Ansprüche bleiben den Erben als Geldansprüche erhalten. Die Hauptbegründung liegt darin, dass nur dadurch der Bedeutung des Urlaubsanspruchs Rechnung getragen werden kann. Ein entstandener und fälliger Urlaubs- oder Abgeltungsanspruch geht mit dem Tod des Arbeitnehmers nicht unter, sondern wird Teil der Erbmasse. Für Erben kann es sich also lohnen beim Arbeitgeber des Verstorbenen nach nicht genommenen Urlaubstagen zu fragen.[47] Ein Auskunftsanspruch der Erben gegenüber dem Arbeitgeber des Verstorbenen ist unseres Erachtens zu bejahen, falls die Erben keine andere Möglichkeit haben zu erfahren, ob und in welcher Höhe noch Urlaubsansprüche bestanden.

b. Zur Übertragbarkeit

15 Der Anspruch auf Urlaub in Form des Freistellungsanspruchs zum Zwecke der Erholung ist nicht abtretbar, da die Leistung an einen anderen als den ursprünglichen Gläubiger nicht ohne wesentliche Veränderung ihres Inhalts erfolgen kann, § 399 BGB. Das gilt nicht für das Urlaubsentgelt. Hierbei handelt es sich um einen Geldanspruch, dessen Erfüllbarkeit nicht von der Arbeitsfähigkeit des Arbeitnehmers abhängt und auch nicht den Fristen des BUrlG unterliegt.[48] Für die Vertreter der Einheitstheorie ist aber nicht nur der Urlaubsanspruch selbst unübertragbar, sondern ebenfalls der Anspruch auf das Urlaubsentgelt. Nur für den Urlaubsabgeltungsanspruch als reinen

45 EuGH 6.11.2018 – Verb. Rs C-569/16, C-570/16.

46 BAG 22.1.2019 – 9 AZR 45/16.

47 Vgl. dazu auch Baumgarten, EuGH rettet den Resturlaub, Gute Arbeit 3/2019, S. 26ff.

48 So das BAG unter Aufgabe seiner bis dahin vertretenen Surrogatstheorie, wonach der Abgeltungsanspruch Surrogat des Urlausanspruchs und somit nicht übertragbar sei (BAG 19.6.2012 – 9 AZR 652/10).

Geldanspruch schließt sich diese Auffassung der Rechtsprechung und weiten Teilen der Literatur an.[49]

Nicht übertragbar ist das Urlaubsgeld, weil dieses gem. § 850a Nr. 2 ZPO unpfändbar ist und § 400 BGB die Abtretung von unpfändbaren Forderungen ausschließt. 16

c. Zur Pfändbarkeit

Der Urlaubsanspruch ist pfändbar. 17

Es ist nicht ersichtlich, warum der Arbeitnehmer im Urlaub anders gestellt 18 werden sollte, als während der Zeit seiner Arbeitstätigkeit, d. h., warum es ihm nicht möglich sein soll, den pfändbaren Teil seiner Arbeitsvergütung auch während seines Urlaubs abzuführen. Das Argument, dem Arbeitnehmer müsse aus Erholungszwecken und im Interesse der allgemeinen Volksgesundheit das volle Urlaubsentgelt zur freien Verfügung stehen,[50] vermag nicht zu überzeugen. Zwar ist bei einer angespannten finanziellen Lage auch Erholung nicht leicht zu erlangen, aber das Wissen, dass sich die Schulden im Urlaub weiter erhöhen, befördert die Erholung genauso wenig.

Das (zusätzliche) Urlaubsgeld unterliegt gem. der Zwangsvollstreckungsvor- 19 schrift des § 850a Nr. 2 ZPO einem Pfändungsverbot.

d. Zur Aufrechenbarkeit

Aufgrund des Mangels der Gleichartigkeit i. S. v. § 387 BGB ist eine Aufrech- 20 nung mit oder gegen den Anspruch auf Urlaub nicht möglich. Soweit es sich allerdings um eine Aufrechnung mit Urlaubsentgelt oder Urlaubsabgeltung im Rahmen der Pfändbarkeit handelt, ist eine Aufrechnung zulässig, vgl. § 394 Satz 1 BGB.[51] Weiterhin ist eine Aufrechnung mit Abgeltungsansprüchen in den Grenzen von § 850d ZPO erlaubt, sofern die Aufrechnung gegen einen Anspruch aus vorsätzlicher unerlaubter Handlung erfolgt. Die Berufung auf § 394 Satz 1 BGB ist in diesen Fällen regelmäßig unzulässig.[52]

6. Urlaub bei Insolvenz

Der auf Freistellung von der Arbeit gerichtete Urlaubsanspruch des Arbeit- 21 nehmers wird vom Insolvenzverfahren nicht berührt.

49 Neumann/Neumann, BUrlG, § 1 Rn. 73; Hohmeister/Hohmeister, BUrlG, § 1 Rn. 17.

50 Neumann/Neumann, BUrlG, § 1 Rn. 77.

51 A. A. Hohmeister/Hohmeister, BUrlG, § 1 Rn. 16.

52 BAG 18.3.1997 – 3 AZR 756/95.

22 Setzt der Insolvenzverwalter das Arbeitsverhältnis nach der Insolvenzeröffnung fort, so ist der Urlaubsanspruch des Arbeitnehmers **Masseverbindlichkeit** gem. § 55 Abs. 1 Nr. 2 InsO.[53] Für finanzielle urlaubsbezogene Ansprüche muss wie folgt unterschieden werden: Urlaubsentgelt für Urlaubszeiten **vor der Insolvenzeröffnung** muss als Insolvenzforderung geltend gemacht werden, genauso wie Urlaubsabgeltungsansprüche, wenn das Arbeitsverhältnis vor Insolvenzeröffnung geendet hat. Urlaubsentgeltforderungen für Urlaub **nach Eröffnung des Insolvenzverfahrens** sind Masseverbindlichkeiten, wie auch Urlaubsabgeltungsansprüche für den Fall, dass das Arbeitsverhältnis nach Insolvenzeröffnung endet. Eine Leistungsklage ist nur bei Vorliegen von Masseverbindlichkeiten zulässig. Hat der Insolvenzverwalter Masseunzulänglichkeit angezeigt (§ 208 InsO), gilt abweichend, dass lediglich Neumasseverbindlichkeiten eingeklagt werden können. Diese liegen vor, wenn der Insolvenzverwalter nach Erklärung der Masseunzulänglichkeit Arbeitsleistung weiter in Anspruch nimmt und danach Entgeltansprüche für Urlaub entstehen (§ 209 Abs. 2 Nr. 3 InsO).[54] Bei einem Betriebsübergang in der Insolvenz sind nicht erfüllte Urlaubsansprüche gem. § 613a Abs. 1 Satz 1 BGB gegen den Erwerber zu richten. Für Geldansprüche aus Urlaub haftet er nur für Masseverbindlichkeiten, nicht für Insolvenzforderungen.[55]

7. Abgrenzung zu sonstigen Arbeitsbefreiungen

23 Das BUrlG bezieht sich ausschließlich auf den Erholungsurlaub, der mit der Bezeichnung »Urlaub«, wie er im allgemeinen Sprachgebrauch angewandt wird, übereinstimmt. Daneben gibt es aber noch weitere Arbeitsbefreiungen, die keinen Urlaub im Sinne des BUrlG darstellen. Diese haben alle eines gemeinsam: nicht dem Erholungszweck zu dienen.

24 Dazu gehören die §§ 37, 38, 65 BetrVG, §§ 46, 62 BPersVG, § 179 Abs. 4 SGB IX, wonach Betriebs- und Personalräte, Aufsichtsräte und Vertrauensleute der schwerbehinderten Menschen Anspruch auf Freistellung von der Arbeit haben, um den ihnen auferlegten Aufgaben gerecht werden zu können. Diese sollen im Rahmen dieses Kommentars nicht behandelt werden[56].

Als weitere Fälle gesetzlicher Arbeitsbefreiungen sind zu nennen: Die Freistellung nach § 3 MuSchG vor und nach der Entbindung sowie die weiteren

53 BAG 16.2.2021 – 9 AS 1/21 (näher hierzu unter II Durchsetzung des Urlaubsanspruchs, Nr. 1).

54 BAG 16.2.2021 – 9 AS 1/21. Zum Ganzen auch ausführlich und überzeugend Düwell/Pulz, Urlaubsansprüche in der Insolvenz, NZA 2008, S. 786–789.

55 Vgl. Düwell/Pulz, ebd., S. 788f.

56 Hierzu verweisen wir gerne auf andere Kommentare dieser Reihe.

Schutzmaßnahmen zum Gesundheitsschutz, u.a. § 7 MuSchG für Untersuchungen und zum Stillen bis hin zum Beschäftigungsverbot nach § 13 MuSchG, das zu weiteren Urlaubsansprüchen führen kann, § 24 MuSchG;[57] Elternzeit nach den §§ 15ff. BEEG; für Jugendliche gem. §§ 9, 43 JArbSchG: Die Freistellung für Berufsschule und Untersuchungen; sowie die Vorschriften zum ArbPlSchG und nach § 629 BGB die Freizeit zur Stellungssuche. Berührungspunkte zum Urlaubsrecht haben und teilweise schwierige Abgrenzungsfragen ergeben sich u.A. beim Bildungsurlaub, bei persönlicher Verhinderung nach § 616 BGB, Erkrankung des Kindes nach § 45 SGB V, bei den Freistellungsansprüchen aus dem Pflegezeit- und Familienpflegezeitgesetz und beim Anspruch auf Fernbleiben von der Arbeit aus Gründen des Leistungsverweigerungsrechts nach § 275 BGB. Ausführungen hierzu finden sich in der Einführung.[58]

8. Nachgewährung von Urlaub

Normalerweise besteht kein Anspruch eines Arbeitnehmers auf Nachgewährung von Urlaub, etwa weil er sich nicht erholen konnte. Dies gilt nicht, wenn er während der Zeit des gewährten Urlaubs krank wird (§ 9). Eine weitere Ausnahme besteht dann, wenn während des Erholungsurlaubs gesetzliche Verpflichtungen entstehen, die den Erholungszweck vereiteln, wie z.B. die Einsatzverpflichtung als THW-Helfer.[59] 25

§ 2 Geltungsbereich

Arbeitnehmer im Sinne des Gesetzes sind Arbeiter und Angestellte sowie die zu ihrer Berufsausbildung Beschäftigten. Als Arbeitnehmer gelten auch Personen, die wegen ihrer wirtschaftlichen Unselbständigkeit als arbeitnehmerähnliche Personen anzusehen sind; für den Bereich der Heimarbeit gilt § 12.

Inhaltsübersicht Rn.

---

57 Zum Umfang der Urlaubsansprüche und ihren Verfall bei Mutterschutz und Elternzeit siehe die aktuelle Entwicklung der Rechtsprechung bei § 7 Rn. 80a.

58 Einführung Kapitel VI.

59 Vgl. BAG 10.5.2005 – 9 AZR 507/04.

1. Vorbemerkung

1 Die Vorschrift des § 2 legt fest, für welche Arbeitnehmer das Gesetz gilt, regelt also den **persönlichen Geltungsbereich** des BUrlG. Davon abzugrenzen ist der **räumliche Geltungsbereich** des Urlaubsrechts.

2. Räumlicher Geltungsbereich

2 Das BUrlG gilt im Grundsatz für Arbeitsverhältnisse in der Bundesrepublik Deutschland. Für Arbeitsverhältnisse mit internationalen Anknüpfungspunkten (z. B. Firma mit Sitz im Drittland, Tätigkeit außerhalb Deutschlands) können die Vertragspartner nach den Regeln des internationalen Privatrechts (Rom I VO) festlegen, welches Recht zur Anwendung kommen soll. So könnte eine französische Firma festlegen, dass für ihre Arbeitnehmer, die in Deutschland tätig sind, französisches Recht gilt. Für einen indischen Arbeitnehmer in Deutschland könnte indisches Urlaubsrecht festgelegt werden. Das geht aber nur, wenn jeweils der Mindesturlaub (§ 3 BUrlG) eingehalten wird, wovon man im EU-weiten Kontext ausgehen kann. Genauso könnte eine deutsche Firma, deren Arbeitnehmer im Ausland eingesetzt werden, die Geltung des BUrlG vereinbaren. Treffen die Vertragsparteien keine Regelung, unterliegen Arbeitsverhältnisse dem Recht desjenigen Staates, (1) in dem der Arbeitnehmer in Erfüllung des Vertrages gewöhnlich seine Arbeit verrichtet, selbst wenn er vorübergehend in einem anderen Staat tätig ist, oder (2) bei Erbringung der Arbeitsleistung in verschiedenen Staaten, in dem sich die Niederlassung befindet, mit der der Arbeitsvertrag geschlossen wurde.[1]

3. Persönlicher Geltungsbereich

3 § 1 besagt, dass jeder Arbeitnehmer in jedem Kalenderjahr Anspruch auf bezahlten Erholungsurlaub hat. § 2 legt fest, wer als Arbeitnehmer im Sinne des Gesetzes anzusehen ist: Arbeiter und Angestellte,[2] die zu ihrer Berufsausbildung Beschäftigten und diejenigen, die aufgrund ihrer wirtschaftlichen Unselbständigkeit als arbeitnehmerähnliche Personen anzusehen sind. Für den Bereich der Heimarbeit gilt die Sondervorschrift des § 12.[3]

---

1 Art. 8 Abs. 2 Rom I VO, weitere Beispiele und Rechtsprechung siehe Neumann/Neumann, BUrlG, § 2 Rn. 3 ff.

2 Die Differenzierung zwischen Arbeitern und Angestellten ist seit der Gleichstellung bzgl. der Kündigungsfristen und der Entgeltfortzahlung im Krankheitsfall rechtlich bedeutungslos und damit nicht mehr erforderlich, vgl. auch Neumann/Neumann, BUrlG, § 2 Rn. 51; Hohmeister/Hohmeister, BUrlG, § 2 Rn. 5.

3 Siehe die Kommentierung dort.

a. Arbeitnehmer

Der Begriff des Arbeitnehmers wird in § 2 des BUrlG nicht näher bestimmt. 4
Es ist daher auf die Definition in § 611a Abs. 1 BGB zurückzugreifen.[4] Diese nun erstmals vorliegende Definition, die 2017 in das BGB eingefügt wurde, übernimmt im Wesentlichen die Kriterien, die bislang schon in Rechtsprechung und Literatur zur Bestimmung des Arbeitnehmerbegriffs verwendet wurden.

Im Normalfall sind sich die Vertragsparteien einig, dass ein Arbeitsverhält- 5
nis vorliegt, so dass dies nicht weiter überprüft werden muss. In unserer zunehmend differenzierten Arbeitswelt gibt es aber eine Reihe von Konstruktionen, mit denen die Anwendbarkeit der Schutzvorschriften, wie auch des BUrlG, umgangen werden sollen. In diesen Fällen ist dann im Einzelnen zu überprüfen, ob die einzelnen Kriterien in der Gesamtbetrachtung eher dafür sprechen, dass ein Arbeitsverhältnis vorliegt, oder nicht. Das betrifft zum Beispiel die Fälle der sogenannten Scheinselbständigkeit. Diese kann vorliegen, wenn die »selbständig« erbrachten Tätigkeiten hinsichtlich Art und Weise der Erbringung, Zeit und Ort so genau vorgegeben sind, dass für eine freie Gestaltung kein Raum bleibt. Umgekehrt können Arbeitsverhältnisse sehr viel Spielraum für eine Tätigkeit vorsehen, beispielsweise in kreativen Berufen oder in leitenden Tätigkeiten, so dass die Abgrenzung im Einzelfall sehr schwierig sein kann und daher immer eine Gesamtbetrachtung aller Umstände erforderlich ist. Es gibt hierzu umfangreiche Literatur und Rechtsprechung.[5] Eine Besonderheit stellen **Geschäftsführer** dar. Diese sind im Sinne des deutschen Arbeitsrechts zwar keine Arbeitnehmer (und können daher grundsätzlich auch nicht vor den Arbeitsgerichten, sondern nur vor den Zivilgerichten klagen), im europarechtlichen Sinne aber schon, so dass auch sie Ansprüche aus dem BUrlG haben können.[6]

---

4 § 611a BGB Abs. 1 lautet: »Durch den Arbeitsvertrag wird der Arbeitnehmer im Dienste eines anderen zur Leistung weisungsgebundener, fremdbestimmter Arbeit in persönlicher Abhängigkeit verpflichtet. Das Weisungsrecht kann Inhalt, Durchführung, Zeit und Ort der Tätigkeit betreffen. Weisungsgebunden ist, wer nicht im Wesentlichen frei seine Tätigkeit gestalten und seine Arbeitszeit bestimmen kann. Der Grad der persönlichen Abhängigkeit hängt dabei auch von der Eigenart der jeweiligen Tätigkeit ab. Für die Feststellung, ob ein Arbeitsvertrag vorliegt, ist eine Gesamtbetrachtung aller Umstände vorzunehmen. Zeigt die tatsächliche Durchführung des Vertragsverhältnisses, dass es sich um ein Arbeitsverhältnis handelt, kommt es auf die Bezeichnung im Vertrag nicht an.«

5 Ausführliche Darstellung m. w.N z. B. ErfK/Preis, BGB, § 611a Rn 1–114.

6 Siehe hierzu nur BAG 25.7.2023 – 9 AZR 43/22.

b. Zu ihrer Berufsausbildung Beschäftigte

6 § 2 legt fest, dass auch zu ihrer Berufsausbildung Beschäftigte vom Geltungsbereich des BUrlG umfasst sein sollen, auch wenn sie nicht unter den oben definierten Begriff des Arbeitnehmers fallen. Damit gilt das BUrlG auch für **Auszubildende** i. S. d. §§ 3 ff. BBiG; **Auszubildende in Pflegeberufen z. B.** gem. der §§ 12–21 KrPflG; **Volontäre** gem. § 19 BBiG; **Umschüler** und solche, die an **beruflichen Weiterbildungsmaßnahmen** teilnehmen, ohne dass es sich dabei um ein reines Schulverhältnis handelt, und **Praktikanten**, die in einem Berufsausbildungs- oder Arbeitsverhältnis stehen.

c. Arbeitnehmerähnliche Personen

7 Als arbeitnehmerähnliche Personen gelten solche, die im Auftrag oder auf Rechnung eines anderen tätig werden, ohne zu dieser Person in einem Arbeitsverhältnis zu stehen. Aufgrund ihrer **wirtschaftlichen Abhängigkeit** (vgl. § 5 Abs. 1 Satz 2 2. Halbs. ArbGG) und ihrer **sozialen Schutzbedürftigkeit** werden diese den Arbeitnehmern im Hinblick auf den Erholungsurlaub zur Regeneration und Aufrechterhaltung ihrer Arbeitskraft gleichgestellt. Die Prüfung im Einzelfall, ob ein Vertragsverhältnis als arbeitnehmerähnlich qualifiziert werden kann, erfordert eine Berücksichtigung der gesamten Umstände und Feststellung, ob wirtschaftliche Abhängigkeit und soziale Schutzbedürftigkeit vorliegen. Ein Umstand kann zum Beispiel sein, dass die Tätigkeit im Wesentlichen für einen Auftraggeber erfolgt und die hieraus fließende Vergütung die entscheidende Existenzgrundlage darstellt.[7]

8 Zu den arbeitnehmerähnlichen Personengruppen gehören die Handelsvertreter, die in Heimarbeit Beschäftigten und die sonstigen arbeitnehmerähnlichen Personen.

9 Nach § 5 Abs. 3 ArbGG gelten **Handelsvertreter** nur dann als Arbeitnehmer im Sinne des ArbGG, wenn es sich dabei um sog. Einfirmenvertreter i. S. v. § 92a HGB handelt und das durchschnittliche Bruttoeinkommen der letzten sechs Monate 1000 Euro pro Monat einschließlich des Auslagenersatzes nicht überschreitet. Die Zuständigkeitsvorschrift des § 5 Abs. 3 ArbGG kann aber nicht einfach für die Abgrenzung von arbeitnehmerähnlichen Personen zu sonstigen Handelsvertretern übertragen werden. Auch wenn im Regelfall sog. Einfirmenvertreter arbeitnehmerähnlich sein werden, schließt das nicht aus, dass ein Handelsvertreter, der im geringfügigen Umfang für mehrere Firmen tätig ist, nicht als arbeitnehmerähnlich i. S. des BUrlG anzusehen ist.[8]

---

7 Vgl. nur BAG 8. 2. 2022 – 9 AZB 40/21.

8 Neumann/Neumann, BUrlG, § 2 Rn. 73 ff.

Die in **Heimarbeit Beschäftigten** gelten gem. § 2 Satz 2, 2. Halbs. als arbeitnehmerähnliche Personen im Sinne des BUrlG. Für sie findet jedoch die Sondervorschrift des § 12 Anwendung, auf die an dieser Stelle verwiesen werden kann. 10

Zu den **sonstigen arbeitnehmerähnlichen Personen** zählen insbesondere auf der Grundlage von Dienstverträgen Tätige wie beispielsweise Künstler, Musiker und Schriftsteller. Es gibt hier eine reichhaltige Kasuistik, die als Einzelfallentscheidungen nicht ohne Weiteres übertragen werden können, Beispiele hierzu listet u. a. Neumann auf.[9] 11

§ 3 Dauer des Urlaubs

(1) Der Urlaub beträgt jährlich mindestens 24 Werktage.

(2) Als Werktage gelten alle Kalendertage, die nicht Sonn- oder gesetzliche Feiertage sind.

Inhaltsübersicht Rn.

1. Mindesturlaubsdauer

Der gesetzliche Mindesturlaub für Arbeitnehmer beträgt 24 Werktage pro Jahr. Das entspricht einem Jahresurlaub von 4 Wochen, da das Gesetz von 6 Werktagen pro Woche ausgeht. Von diesem Mindesturlaubsanspruch kann weder kollektiv- noch einzelvertraglich zu Ungunsten der Beschäftigten abgewichen werden, es kann also nur mehr Urlaub gewährt werden.[1] 1

Für bestimmte Personengruppen finden spezialgesetzliche Urlaubsregelungen Anwendung.[2]

Zu diesen Gruppen zählen 2

- Jugendliche (höherer Urlaubsanspruch – § 19 Abs. 2 JArbSchG)
- schwerbehinderte Menschen (Zusatzurlaub – § 208 SGB IX)

---

9 Neumann/Neumann, BUrlG, § 2 Rn. 80ff.

1 Vgl. § 13 Abs. 1 Satz 1 BUrlG. Bei einer Betriebsvereinbarung ist § 77 Abs. 3 BetrVG zwingend zu beachten; vgl. hierzu auch § 13 Rn. 1.

2 Zur Höhe siehe auch Einführung Rn. 2.

- Wehrdienstleistende (betrifft aktuell nur freiwilligen Wehrdienst – Kürzungsmöglichkeit – § 4 ArbPlSchG)
- Seeleute (gänzlich eigene Rechtsgrundlage unabhängig vom BUrlG – §§ 5b ff. SeeArbG)
- Beschäftigte in der Elternzeit ohne Teilzeittätigkeit (Kürzungsmöglichkeit/Übertragung – § 17 BEEG).
- Beschäftigte in Pflegezeit – Vollfreistellung (Kürzungsmöglichkeit – § 4 Abs. 4 PflegeZG)

3 Werden zusätzliche Urlaubtage gewährt, so gelten für diesen **Mehrurlaub** die gleichen Grundsätze für Wartezeit, Zwölftelung, Kuraufenthalt, Krankheit, Sonn- und Feiertage etc. wie für den gesetzlichen Mindesturlaub. Anders ist dies nur, wenn ein eigenes tarifvertragliches Fristenregime anwendbar ist, oder die Parteien abweichende Vereinbarungen getroffen haben.[3]

4 **Ältere Arbeitnehmer** haben keinen gesetzlich begründeten Anspruch auf Mehrurlaub. Ein solcher kann ihnen aber tarifvertraglich oder individualvertraglich eingeräumt werden. Hierbei sind die Vorschriften des Diskriminierungsschutzes nach dem **Allgemeinen Gleichbehandlungsgesetz** (AGG) zu wahren. Gewährt ein Arbeitgeber älteren Arbeitnehmern jährlich mehr Urlaubstage als den jüngeren, kann diese unterschiedliche Behandlung wegen des Alters unter dem Gesichtspunkt des Schutzes älterer Arbeitnehmer nach § 10 Satz 3 Nr. 1 AGG zulässig sein. Bei der Prüfung, ob eine solche vom Arbeitgeber freiwillig begründete Urlaubsregelung dem Schutz älterer Beschäftigter dient, sowie geeignet, erforderlich und angemessen i. S. v. § 10 Satz 2 AGG ist, steht dem Arbeitgeber eine auf die konkrete Situation in seinem Unternehmen bezogene Einschätzungsprärogative zu. Im Streitfall ist vom Gericht zu überprüfen, ob sich die Regelung im Rahmen der Gesetze bewegt, oder eine **Diskriminierung** jüngerer Arbeitnehmer vorliegt. Entscheidend ist hierbei, ob auf das gestiegene Erholungsbedürfnis abgestellt wird und dieses auch konkret und tätigkeitsbezogen begründet ist. Das BAG hatte zu entscheiden, ob ein Arbeitgeber der Schuhindustrie über 58-jährigen Arbeitnehmern wegen körperlich schwerer und ermüdender Tätigkeit zwei Tage mehr Urlaub gewähren darf. Dies sah das BAG als zulässig an, da auch ein gültiger TV zwei Tage Mehrurlaub für über 58-Jährige vorsah.[4] Eine pauschale Erhöhung der Urlaubstage schon ab dem 30. Lebensjahr und weiter ab dem 40. Lebensjahr ist aber mit dem Gesundheitsschutz »älterer« Beschäftigter im Sinne des § 10 Satz 3 Nr. 2 AGG nicht zu vereinbaren.[5] Da **Tarifverträge** mit höherrangigem Recht vereinbar sein müssen, ist in so einem Fall auch die betroffene tarifvertragliche Regelung nicht anzuwenden,

---

3 BAG 19.2.2019 – 9 AZR 321/16, vgl. hierzu auch Rn. 35 sowie ausführlich Einführung Rn. 119f.

4 BAG 21.10.2014 – 9 AZR 956/12.

5 BAG 20. 3. 2 012 – 9 AZR 529/10 (zur damaligen Regelung im TVÖD).

soweit sie diskriminierend wirkt. Die Anknüpfung an die **Betriebszugehörigkeit** der Beschäftigten ändert an der diskriminierenden Wirkung nichts, da wer länger bei einem Arbeitgeber beschäftigt ist auch älter ist, so dass eine **mittelbare Diskriminierung** vorliegt, weil wiederum ältere Beschäftigte gegenüber jüngeren bevorteilt werden. Auch dies ist gegebenenfalls wegen eines erhöhten Erholungsbedürfnisses begründbar, hier gilt aber nichts anderes als oben bereits dargelegt.

Rechtsfolge einer vom Gericht festgestellten Diskriminierung ist, dass die Urlaubstage für alle Beschäftigten **nach oben anzupassen** sind. Solange die Regelung also nicht geändert wird, haben alle Beschäftigten den gleichen Urlaubsanspruch wie »ältere« Beschäftigte, so dass auch unter 30jährigen Beschäftigten – um in dem obigen Beispiel zu bleiben – genauso viele Tage Urlaub zu gewähren war wie über 40jährigen.[6] Eine Neuregelung kann dann aber – für alle Beschäftigten – auch einen geringeren Urlaubsanspruch vorsehen, soweit der Mindesturlaubsanspruch nach dem BUrlG eingehalten wird.[7]

Urlaubs- und Feiertage dürfen nicht zum Ausgleich übermäßig erbrachter Arbeitszeiten herangezogen werden. Dies geschieht nicht selten, um die Einhaltung höchstzulässiger Arbeitszeiten nach dem ArbZG herbeizuführen. Dies ergibt sich aus der Systematik von ArbZG und BUrlG, wonach Urlaubstage als Ausgleichstage nicht in Betracht kommen, weil der Arbeitnehmer schon wegen der Urlaubsgewährung von der Arbeitspflicht befreit ist.[8] 5

2. Berechnung der Mindesturlaubsdauer

Das Gesetz geht bei der Berechnung der Urlaubstage gem. § 3 von **Werktagen** und damit von der Sechs-Tage-Woche aus. Werktage sind alle Tage von Montag bis einschließlich Samstag, sofern es sich bei keinem dieser Tage um einen gesetzlichen Feiertag handelt, vgl. § 3 Abs. 2. Daraus ergeben sich zwei Schlussfolgerungen: 6

1. Der Urlaub ist in ganzen Tagen zu gewähren, eine **stundenweise** Urlaubsgewährung ist nur ausnahmsweise zulässig, wenn sich bei der Umrechnung von Urlaubsansprüchen Bruchteile ergeben.[9]

---

6 Vgl. nur BAG 11.12.2018 – 9 AZR 161/18.

7 Vgl. nur BAG 8.12.2011 – 6 AZR 319/09.

8 So BVerwG 9.5.2018 – 8 C 13.17, AuR 2018, S. 313 und S. 495, mit dem zutreffenden Hinweis, dass sich nur dieses Ergebnis mit der ArbeitszeitRL 2003/88/EG vereinbaren lasse. So auch Häfner-Beil/Nacke, Können Urlaubstage und Feiertage als Ausgleichstage für überdurchschnittlich lange Arbeitszeiten gelten?, Gute Arbeit 9/2018, S. 40.

9 Siehe § 5 Rn. 10. Selbst wenn eine stundenweise Gewährung über Jahre hinweg praktiziert wurde, entstehen daraus keine Ansprüche aus betrieblicher Übung, LAG Baden-Württemberg 28.9.2017 – 11 Sa 39/17.

2. Für Beschäftigte, die an weniger als 6 Tagen in der Woche verpflichtet sind zu arbeiten, wird der Anspruch umgerechnet.[10]

7 Die gesetzliche Urlaubsdauer von 24 Werktagen wird durch die sechs Werktage pro Woche dividiert und mit der Zahl der Arbeitstage einer Woche multipliziert. Daraus ergibt sich dann beispielsweise für die:
Vier-Tage-Woche: 24 ÷ 6 × 4 = 16 Werktage Urlaub
Fünf-Tage-Woche: 24 ÷ 6 × 5 = 20 Werktage Urlaub
Sieben-Tage-Woche: 24 ÷ 6 × 7 = 28 Tage Urlaub
Damit soll sichergestellt werden, dass allen Arbeitnehmern der gleiche Erholungszeitraum – nämlich 4 Wochen – zur Verfügung steht.[11] Urlaubstage können nämlich nur dann vorliegen, wenn der Arbeitnehmer ansonsten hätte arbeiten müssen.[12]

a. Feiertage

8 Nach § 3 Abs. 2 zählen gesetzlich anerkannte Feiertage nicht zu den Werktagen, es muss also kein Urlaub genommen werden, da bereits keine Arbeitspflicht besteht. Die Feiertage lassen sich in bundesgesetzlich und landesgesetzlich anerkannte Feiertage unterteilen, sodass es in den einzelnen Bundesländern zu einer unterschiedlichen Anzahl an Feiertagen kommt, wie auch die Tabelle auf der übernächsten Seite zeigt.

9 Aufgrund der unterschiedlichen Feiertagsregelungen in den einzelnen Bundesländern (die teilweise auch innerhalb der Bundesländer unterschiedlich sind) sowie im Ausland stellt sich die Frage, welche Regelungen gelten, wenn Betriebssitz und Beschäftigungsort auseinanderfallen. Müssen zum Beispiel Beschäftigte aus Thüringen, wenn sie am 31. 10. in Bayern arbeiten und einen freien Tag haben wollen, einen Urlaubstag nehmen, obwohl der Reformationstag in Thüringen ein Feiertag ist? Das kommt darauf an, ob sie zulässig nach arbeitszeitrechtlichen Regelungen (§ 11 ArbzG) zur Arbeit verpflichtet werden. In diesem Fall müssen sie einen Urlaubstag nehmen oder, wenn sie dies nicht tun, arbeiten und erhalten den Lohn einschließlich Feiertagszuschlag (soweit vereinbart). Außerdem ist gem. § 11 ArbzG ein Ersatzruhetag zu gewähren. Sind sie nicht zur Arbeit eingeteilt, müssen sie keinen Urlaubstag nehmen, da sie bereits aufgrund des Feiertags nicht zur Arbeit verpflichtet sind.[13] Wichtig ist diese Fragestellung auch für den

---

10 BAG 8.3.1984 – 6 AZR 442/83; BAG 14.1.1992 – 9 AZR 148/91; BAG 30.10.2001 – 9 AZR 315/00.

11 Vgl. grundlegend BAG 14.2.1991 – 8 AZR 97/90; BAG 5.9.2002 – 9 AZR 244/01.

12 ErfK/Gallner, BUrlG, § 3 Rn. 7.

13 So auch LAG Berlin-Brandenburg 15.7.2024 – 8 Sa 444/23, nicht rechtskräftig, anhängig beim BAG unter 9 AZR 216/24.

	Ba.-Wü.	Bay-ern	Ber-lin	Branden-burg	Bre-men	Ham-burg	Hes-sen	Meck-lenb.-Vorp.	Nds.	NRW	Rh.-Pf.	Saar-land	Sach-sen	Sach-sen-Anhalt	Sch.-Hol.	Thürin-gen
Neujahr, Karfreitag, Ostermontag, 1. Mai, Christi Himmelfahrt, Pfingstmontag, 3. Oktober, 1. und 2. Weihnachts-feiertag	•	•	•	•	•	•	•	•	•	•	•	•	•	•	•	•
Heilige Drei Könige	•	•												•		
Fronleichnam	•	•					•			•	•	•	x			+
Maria Himmelfahrt		+										•				
Reformationstag				•				•	•				•	•		•
Allerheiligen	•	•								•	•	•				
Buß- und Bettag													•			

• = gesetzlicher Feiertag
+ = gesetzlicher Feiertag nur in den Gebieten mit überwiegend katholischer Bevölkerung
x = gesetzlicher Feiertag nur in einigen Gemeinden der Landkreise Bautzen, Hoyerswerda und Kamenz In Bayern ist zusätzlich nur für den Stadtkreis Augsburg der 8. August (Friedenstag) ein gesetzlicher Feiertag. In Berlin ist zusätzlich der 8. März (Internationaler Frauentag) ein gesetzlicher Feiertag.

umgekehrten Fall, wenn also bayerische Beschäftigte am 31. 10. in Thüringen eingesetzt werden sollen. Sie müssen dann – soweit sie am Feiertag in Thüringen nicht arbeiten dürfen (also keine Ausnahmen nach dem ArbzG greifen) – für diesen Tag von der Arbeit bezahlt freigestellt werden.[14] Denn nach dem **interlokalen Kollisionsrecht** gilt die Regelung am Sitz des Arbeitsverhältnisses, d. h. grundsätzlich ist der **Betriebssitz** entscheidend. Bei **Reisenden** wird regelmäßig auf das Feiertagsrecht des **Wohnortes** abzustellen sein, wenn der Wohnort den Ausgangspunkt der Reisen darstellt.

b. Besonderer Anlass

10 Gibt der Arbeitgeber aus besonderem Anlass, wie Rosenmontag oder ein Firmenjubiläum, der **gesamten Belegschaft** frei, wirkt sich diese **Arbeitsbefreiung** nicht auf den Urlaub aus.[15] Das bedeutet, der Tag ist frei und man benötigt hierfür keinen Urlaubstag. Hat man für die gesamte Arbeitswoche Urlaub beantragt, braucht man nur 4 anstelle von 5 Urlaubstagen einbringen (bei einer 5-Tage-Woche).

11 Gleiches gilt für einen **Betriebsausflug**. Dieser kann ebenfalls nicht auf den Urlaub angerechnet werden, weil der Arbeitnehmer für die Teilnahme an dem Betriebsausflug vom Arbeitgeber freigestellt wird und damit verpflichtet ist, am Betriebsausflug teilzunehmen (oder Urlaub zu nehmen, wenn er dies nicht will oder – falls dies möglich und sinnvoll ist – zu arbeiten).[16]

12 Fallen in die Urlaubszeit Tage der **gesetzlichen**, **tariflichen** oder **persönlichen** Arbeitsbefreiung, wie z. B. Hochzeit oder Trauerfall, so dürfen diese Tage nicht auf den Urlaub angerechnet werden. Für diese Tage vorgesehene Vergütungspflichten bleiben insoweit bestehen.[17]

13 **Betriebsferien**, also die Anordnung von Urlaub gegenüber der gesamten Belegschaft, dienen der Erfüllung von Urlaubsansprüchen und sind damit auf die Urlaubsdauer anzurechnen. Das gilt nur dann nicht, wenn Beschäftigte in dieser Zeit dem Arbeitgeber auf Abruf zur Verfügung stehen müssen, denn dann handelt es sich um **Bereitschaftsdienst**, in dem eine Verfügung über die Freizeit nach eigenem Belieben nicht möglich ist, und nicht um Urlaub.[18]

14 Von einem Arzt attestierte **Arbeitsunfähigkeitstage** dürfen wegen § 9 nicht auf den Urlaub angerechnet werden.

---

14 Vgl. zum interlokalen Kollisionsrecht auch Neumann/Neumann, BUrlG, § 3 Rn. 25 f.

15 Neumann/Neumann, BUrlG, § 3 Rn. 37 m. w. N.

16 Hohmeister/Hohmeister, BUrlG, § 3 Rn. 69.

17 Hohmeister/Hohmeister, BUrlG, § 3 Rn. 54.

18 Hohmeister/Hohmeister, BUrlG, § 3 Rn. 65.

Auf die Besonderheiten, die sich durch die Einführung von **Kurzarbeit** Null ergeben, wird unter e) eingegangen. 15

Streiktage, unabhängig ob nach der Rechtsprechung als rechtmäßig oder unrechtmäßig anzusehen, können nicht auf den Erholungsurlaub angerechnet werden.[19] Die Abwicklung von Urlaubsansprüchen während eines Streiks ist nicht möglich, da die wechselseitigen Pflichten der Arbeitsvertragsparteien in dieser Zeit ruhen.[20] Ein bereits bewilligter Urlaub wird durch einen Streik nicht unterbrochen, sodass der Arbeitgeber zur Fortzahlung des Urlaubsentgelts verpflichtet ist.[21] 16

Feiertags- und Sonntagsarbeit, wie sie üblicherweise in bestimmten Berufen wie Gaststättengewerbe oder in der Krankenpflege vorkommen, sind urlaubsrechtlich als Werktage zu behandeln. Wenn Beschäftigte an einem Feiertag zur Arbeit verpflichtet sind, müssen sie, wenn sie an diesem Tag nicht arbeiten möchten, Urlaub beantragen.[22] 17

Tarifliche Ruhezeiten zwischen zwei Arbeitsperioden im Sinne von § 5 ArbZG können nach Ansicht des BAG mit Urlaub zusammenfallen, weil beide der Erholung dienen. Inwieweit dann die Ruhezeiten auf den Urlaub anzurechnen sind oder nicht, ist durch Auslegung der tarifvertraglichen Regelung zu bestimmen. Geprüft wurde dies anhand eines Tarifvertrags, der die besonderen Bedingungen in der Luftfahrt regelt.[23] Das BAG sah keine Anhaltspunkte im Tarifvertrag dafür, dass Ruhezeit und Erholungsurlaub einander ausschließen und sich nicht überlappen dürften. 17a

c. Urlaubsdauer bei Teilzeitbeschäftigung

Auch bei in Teilzeit Beschäftigten hängt die Anzahl der Urlaubstage von der Anzahl der Tage ab, an denen regelmäßig gearbeitet wird. Unterscheiden sich teilzeitbeschäftigte von vollzeitbeschäftigten Arbeitnehmern allein durch die Dauer ihrer Arbeitszeit (z.B.: Halbtags- zu Ganztagsarbeit), so haben beide den gleichen Anspruch auf Erholungsurlaub. Arbeitet ein Teilzeitbeschäftigter an weniger Tagen, ist wiederum die Umrechnung – wie in Rn. 7 beschrieben – vorzunehmen. 18

Eine etwas andere Berechnung ergibt sich für tarifliche Urlaubsansprüche, wenn diese nicht nach Werktagen, sondern nach Arbeitstagen bestimmt sind und keine eigene Regelung zur Umrechnung des Urlaubsanspruchs getroffen wurde.[24] In diesem Fall wird die Gesamtdauer des Urlaubs durch 19

19 BAG 29.9.1955 – 2 AZR 504/54.
20 BAG 15.6.1964 – 1 AZR 303/63 und 12.11.1996 – 1 AZR 364/96.
21 Neumann/Neumann, BUrlG, § 3 Rn. 46.
22 BAG 15.1.2013 – 9 AZR 430/11.
23 BAG 23.5.2018 – 5 AZR 303/17.
24 BAG 14.2.1991 – 8 AZR 97/90.

die Zahl der regelmäßigen wöchentlichen Arbeitstage eines vollzeitbeschäftigten Arbeitnehmers dividiert und mit der Zahl der wöchentlichen Arbeitstage des Teilzeitbeschäftigten multipliziert.

20 **Beispiel:**
Arbeitet ein Vollzeitbeschäftigter fünf Tage die Woche und hat einen Anspruch auf 30 Urlaubstage, so ergibt sich für einen Teilzeitbeschäftigten, der nur vier Tage die Woche arbeitet, ein Urlaubsanspruch von (30 ÷ 5 × 4) 24 Arbeitstagen.

21 Ändert sich die Arbeitszeit von Vollzeit in Teilzeit mit weniger Arbeitstagen pro Woche, ist der **künftige Urlaubsanspruch** entsprechend umzurechnen.[25] Der bereits im Verlauf eines Jahres erworbene Urlaub darf jedoch nicht gekürzt werden und ist nach der Rechtsprechung des EuGH auch auf der bisherigen Grundlage zu vergüten.[26]

22 Bei einem **Wechsel von Vollzeit- in Teilzeitbeschäftigung** würden anderenfalls sowohl erworbene Urlaubsansprüche als auch deren Vergütung verringert, was europarechtlich nicht zulässig ist. Das BAG hat sich dieser Rechtsprechung zwischenzeitlich auf der Grundlage von § 4 TzBfG angeschlossen, mit der Folge, dass eine tarifrechtliche Regelung, die eine Kürzung vorsieht, wegen eines Verstoßes gegen das Diskriminierungsrecht als unwirksam anzusehen ist.[27]

23 Bei einem Wechsel von Teilzeit- in Vollzeitbeschäftigung besteht nach der Rechtsprechung des EuGH keine entsprechende Pflicht, d.h. eine Umrechnung kann erfolgen, ist aber europarechtlich nicht erforderlich, da es ja in diesem Fall jedenfalls nicht zu einer Kürzung erworbener Ansprüche kommen kann.[28]

24 In Umsetzung dieser europarechtlichen Vorgabe muss der Mindesturlaubsanspruch für jeden Zeitraum eines Jahres, in dem sich die Arbeitszeit und die Vergütung ändert, getrennt berechnet werden. Die Urlaubsdauer im Kalenderjahr muss in einem solchen Fall – unter Umständen sogar mehrmals – gesondert berechnet werden.[29]

Bei einer unterjährigen Veränderung der Anzahl der Wochenarbeitstage ist eine Berechnung entsprechend der neueren Rechtsprechung zum Sonderurlaub oder auch der Urlaubsdauer bei unregelmäßiger Arbeitszeit vorzunehmen. Daher sollten die Tage, an denen Arbeitspflicht bestand, ins Verhältnis gesetzt werden zu den insgesamt bestehenden Arbeitstagen (entweder taggenau oder die vom BAG verwendeten 260 Arbeitstage für die

---

25 Hess. LAG 30.10.2012 – 13 Sa 590/12.
26 EuGH 22.10.010 – C-486/08.
27 BAG 10.2.2015 – 9 AZR 53/14 (F), die Entscheidung betraf § 26 Abs. 1 Satz 4 TVöD.
28 EuGH 11.11.2015 – C-219/14 (Greenfield).
29 BAG 19.3.2019 – 9 AZR 406/17.

5-Tage-Woche und 312 Arbeitstage für die 6-Tage-Woche, Rechenweg: 52 × 5 bzw. 52 × 6). Dies kann tarifvertraglich anders geregelt werden (vgl. BAG zum TVöD)[30]. Ob die tarifvertragliche Regelung europarechtskonform ist, beurteilt sich nach der oben dargestellten Rechtsprechung danach, ob bei einer Verkürzung der Arbeitszeit bereits erworbener Urlaub verloren geht. Dies war bei der oben genannten Entscheidung nicht der Fall, da von einer 4-Tage-Woche auf eine 5-Tage-Woche (bei gleichzeitiger Verringerung der Arbeitszeit) umgestellt wurde.

Haben die Arbeitsvertragsparteien für die Teilzeit statt bestimmter Ar- 25
beitstage eine **Jahresarbeitszeit** vereinbart, muss auf die im Kalenderjahr möglichen Arbeitstage mit der regelmäßigen Arbeitszeit abgestellt werden. Der Urlaubsanspruch verringert sich dann entsprechend im Verhältnis der Jahresarbeitstage eines Vollzeitbeschäftigten zur konkreten Zahl an Jahresarbeitstagen des Teilzeitarbeitnehmers.[31] Wenn die Arbeitszeit eines Teilzeitbeschäftigten in einem Zeitkonto erfasst wird, müssen die infolge Urlaubs ausfallenden Stunden als »Ist-Arbeitszeit« angesetzt werden. Hierbei sind Gutschriften für nicht berücksichtigte Urlaubsstunden ggf. mit zu viel berechneten freien Tagen zu verrechnen.[32]

d. Urlaubsdauer bei unregelmäßiger Arbeitszeit

Eine unregelmäßige Arbeitszeit liegt immer dann vor, wenn in einem be- 26
stimmten Zeitraum in aufeinander folgenden Wochen jeweils ungleichmäßig viele Arbeitstage anfallen. In einem solchen Fall muss die Berechnung der Urlaubsdauer auf einen längeren Zeitraum als eine Woche bezogen werden.[33] Häufig wird ein Zeitraum von einem Jahr als Berechnungsgrundlage für den Urlaubsanspruch gewählt. Dabei wird der gesetzliche und der tarifliche Jahresurlaubsanspruch durch die Jahresarbeitstage dividiert und mit der Anzahl der geschuldeten Arbeitstage multipliziert. Es empfiehlt sich aus Vereinfachungsgründen die bereits in Rn. 24 dargestellte Formel des BAG von 260 bzw. 312 Arbeitstagen zugrunde zu legen.

Nicht immer sind die tarifrechtlichen Bestimmungen zur Berechnung des 27
Urlaubsanspruchs eindeutig geregelt. Das BAG hatte zu entscheiden, ob eine **Nachtschicht**, die sich **über zwei Kalendertage** erstreckt, als ein oder als zwei Arbeitstage zu rechnen ist. Die Auslegung ergab, dass von 2 Kalendertagen auszugehen ist. Dies war bei der Berechnung der Urlaubstage zu berücksichtigen, weil bei dieser Auslegung mehr als 5 Tage in der Woche

---

30 BAG 14.3.2017 – 9 AZR 7/16.
31 BAG 5.9.2002 – 9 AZR 244/01.
32 BAG, ebd.
33 BAG 22.10.1991 – 9 AZR 621/90.

gearbeitet werden. Berechnet hat das BAG den Urlaubsanspruch nach folgender Formel:
Urlaubstage × Arbeitstage im Jahr bei abweichender Verteilung geteilt durch Arbeitstage im Jahr bei einer Fünftagewoche.[34]

28 Für die höchst variablen **Schichtsysteme** mit wechselndem – teils über das Jahr verteiltem – Einsatz gilt es, eine Berechnungsmethode zu finden, die die Gleichwertigkeit der Urlaubsdauer sicherstellt.[35] Enthalten anzuwendende Tarifregeln keine Umrechnungsbestimmungen für Schichtarbeit, so ist der Urlaubsanspruch nach allgemeinen Grundsätzen umzurechnen.[36] Ist die regelmäßige Arbeitszeit nicht auf eine Kalenderwoche verteilt, muss für die Umrechnung eines nach Arbeitstagen bemessenen Urlaubs auf den Zeitabschnitt abgestellt werden, in dem die regelmäßige wöchentliche Arbeitszeit im Durchschnitt erreicht wird.[37]

29 In **rollierenden Arbeitszeitsystemen** – wenn also beispielsweise regelmäßig in einer Woche an 4 und in der zweiten an 5 Tagen in der Woche gearbeitet wird – gilt nichts anderes.

30 Zur höchstrichterlich noch nicht entschiedenen Frage, ob übergesetzlich gewährter Urlaub eine Sondervergütung i. S. d. **§ 4a EFZG** darstellt und damit Vereinbarungen über die teilweise Kürzung bei krankheitsbedingten Fehltagen zugänglich ist, hat sich das LAG Rheinland-Pfalz[38] negativ geäußert. Zu Recht hat es darauf hingewiesen, dass Urlaubsansprüche keine Sondervergütungen darstellen.

31 **Mutterschutzrechtliche Beschäftigungsverbote** sind nach der Neufassung des Mutterschutzgesetzes gem. § 24 MuSchG als Beschäftigungszeiten zu werten und bei der Berechnung der zu gewährenden Urlaubstage einzubeziehen. Darauf hatte schon zuvor das BAG[39] mit dem zutreffenden Argument hingewiesen, dass für diese Art von Leistungsstörungen der Arbeitgeber das Risiko trägt.

e. Urlaubsdauer und Kurzarbeit/unbezahlter Sonderurlaub

32 Umfang und Rechtsfolgen von Urlaubsansprüchen müssen stets differenziert danach betrachtet werden, auf welcher Rechtsgrundlage sie gewährt werden. Erholungsurlaub kann demnach auf der Grundlage gesetzlicher, tarif- oder individualvertraglicher (im Einzelfall auch betrieblicher) Rege-

---

34 BAG 21.7.2015 – 9 AZR 145/14.
35 BAG 15.3.2011 – 9 AZR 799/09. Bestätigung für Urlaubsgutschriften auf das Arbeitszeitkonto im 24/24-Stunden-Schichtsystem vgl. BAG 19.6.2012 – 9 AZR 712/10.
36 LAG Rheinland-Pfalz 10.5.2017 – 4 Sa 406/16.
37 LAG Rheinland-Pfalz, ebd.
38 LAG Rheinland-Pfalz 1.3.2012 – 11 Sa 647/11.
39 BAG 9.8.2016 – 9 AZR 575/15.

lung entstehen. Bei der Beurteilung der Zulässigkeit solcher Regelungen ist zudem immer zu beachten, dass der Mindeststandard, den die EU-Richtlinie 2003/88 in Art. 7 festlegt, keinesfalls unterschritten werden darf.
Für diesen Mindeststandard gilt, dass eine Phase von **Kurzarbeit** im Bezugszeitraum nach der Rechtsprechung des EuGH nicht bei der Berechnung des Urlaubsanspruchs zu berücksichtigen ist. Dies betraf eine Form von Kurzarbeit, in der die Beschäftigten bereits zu Beginn wussten, dass sie (ein Jahr) nicht mehr beschäftigt würden. Der EuGH begründet dies damit, dass in solchen Zeiten, in denen der Arbeitnehmer tatsächlich nicht gearbeitet hat, keine EU-rechtlichen Mindestansprüche entstehen und anders als bei Arbeitsunfähigkeit die Möglichkeit bestehe, dass die Beschäftigten diese Zeit frei nutzen.[40] Eine andere Handhabung im Sinne einer Besserstellung in einem nationalen Gesetz, einem Tarifvertrag oder Sozialplan oder im Rahmen einer »pro rata temporis«-Berechnung ist jedoch europarechtlich zulässig.[41] Voraussetzung der anteiligen Kürzung ist zudem auch in Bezug auf den EU-rechtlichen Mindestanspruch, dass solche Zeiten der Nichtarbeit nicht zugleich krankheitsbedingte Fehlzeiten sind, denn für diese Fälle greift die Rechtsprechung zu »*Schultz-Hoff*«. Das BAG hat sich in seiner Rechtsprechung bisher immer darauf berufen, dass die Kürzung der Urlaubsansprüche wegen Nichtarbeit nicht gelten soll, wenn der Arbeitnehmer diese Nichtarbeit nicht vorhersehen bzw. selbst beeinflussen kann. Daher hätte aus unserer Sicht das BAG in konsequenter Fortsetzung seiner Rechtsprechung[42] in Bezug auf Kurzarbeit eine Urlaubskürzung ablehnen müssen, da der Arbeitnehmer die Anordnung von Kurzarbeit nicht vorhersehen und nicht selbst beeinflussen kann, ähnlich wie bei Krankheit und rechtswidriger Kündigung. Anders als beim Sonderurlaub und bei Altersteilzeit hat der Arbeitnehmer hierauf keinen Einfluss.[43] Unionsrechtlich wäre dies, wie oben gezeigt, zulässig gewesen. Das BAG hat nun aber entschieden, dass eine Kürzung zulässig ist, dies entspricht der Meinung der Literatur in großen Teilen und auch der vereinzelt ergangenen Rechtsprechung.[44] Diese Rechtsprechung gilt sowohl, wenn Kurzarbeit aufgrund einer Betriebsvereinbarung, als auch, wenn sie auf vertraglicher Basis eingeführt ist.

---

40 EuGH 13.12.2018 – C-385/17.

41 EuGH 8.11.2012 – C-229/11, EuGH 13.12.2018 – C-385/17.

42 Zuletzt zur Urlaubskürzung bei Sonderurlaub, in der die Kürzung ebenfalls damit begründet wird, dass der Sonderurlaub auf Wunsch des Beschäftigten vereinbart wurde, BAG 19.3.2019 – 9 AZR 315/17.

43 So auch Kohte/Hinrichs, jurisPR-ArbR 43/2021 Anm. 5 mit überzeugender Begründung.

44 BAG 30.11.2021 – 9 AZR 225/21 und 9 AZR 234/21, vgl. nur Klasen/Haag, BB 2020, 2228, Bayreuther, NZA 2020, 1061; ErfK/Gallner, BUrlG § 1 Rn. 6e, a.A. Kohte/Hinrichs, vgl. vorherige Fn., Köllmann, DB 2020, 2689, Engelmann, AiB 7–8/2021 und ArbG Osnabrück 8.6.2021 – 3 Ca 108/21.

> **Praxistipp:**
> Dem Betriebsrat ist zu empfehlen, seine Zustimmung zur Betriebsvereinbarung Kurzarbeit davon abhängig zu machen, dass keine Kürzung des Urlaubs erfolgt oder zumindest ausreichend Ankündigungszeiten für eine Wiederaufnahme der Tätigkeit vorgesehen werden.

33 Diese Rechtsprechung hat zur Folge, dass es zu erheblichen Reduzierungen des Urlaubsanspruchs kommen kann, wenn Kurzarbeit Null mehrfach in einem Jahr angeordnet wird, wie dies in Zeiten von Corona in einigen Branchen und Betrieben der Fall war. Sie kann daher unseres Erachtens nur gelten, wenn angemessene Ankündigungsfristen für eine Wiederaufnahme der Tätigkeit vereinbart sind, so dass die Beschäftigten jedenfalls über einen Zeitraum von beispielsweise 3 Tagen verfügen, in dem sie nicht mit einem Rückruf rechnen müssen und diese auch zur Erholung nutzen können. Auch muss die Kurzarbeit tageweise angeordnet werden, wie in den vom BAG entschiedenen Fällen. Reduziert sich durch Kurzarbeit lediglich der Umfang der täglichen Arbeitspflicht passt die Argumentation, dass an einzelnen Tagen keine Arbeitspflicht bestehe, nicht mehr. Für diesen Fall sieht § 11 vor, dass die Kurzarbeit keine Auswirkungen auf die Höhe des Urlaubsentgelts haben soll.[45] Auch daran zeigt sich unseres Erachtens, dass die Rechtsprechung des BAG mit der Wertung des Gesetzgebers nicht zusammenpasst. Nach der – vor den Entscheidungen von 2019 – geltenden Rechtslage hing die Frage des Urlaubsanspruchs allein davon ab, ob ein Arbeitsverhältnis besteht. Für den Gesetzgeber bestand daher kein Handlungsbedarf zu regeln, ob Urlaubsansprüche auch während der Kurzarbeit entstehen. Dies könnte der Gesetzgeber nunmehr nachholen, denn wie oben gezeigt, steht das EU-Recht einer nationalen Regelung nicht entgegen. Zur Frage, ob ein arbeitsunfähiger Arbeitnehmer während der Kurzarbeit Urlaubsansprüche erwirbt, wenn die Arbeitsunfähigkeit bereits vor dem Beginn der Kurzarbeit vorlag, kommt es nach der Rechtsprechung darauf an, ob vor der Arbeitsunfähigkeit die Kurzarbeit bereits festgelegt war. In diesem Fall ist die Krankheit für den Wegfall der Arbeitspflicht nicht kausal, so dass der gesamte Zeitraum der Kürzung gemäß der oben genannten Rechtsprechung unterliegt.[46]

34 Nach aktueller Rspr. des BAG[47] sind **Zeiten unbezahlten Urlaubs** auf Veranlassung des Arbeitnehmers bei der Berechnung der Urlaubsdauer nicht zu berücksichtigen. Infolge der Vereinbarung der Arbeitsvertragsparteien, ihre Hauptleistungsverpflichtungen vorübergehend auszusetzen, kann mangels Arbeitspflicht kein Anspruch auf Urlaub entstehen. Erstreckt sich der unbezahlte **Sonderurlaub** über ein ganzes Kalenderjahr, entsteht in diesem

---

45 Siehe Kommentierung dort, § 11 Rn. 23.
46 So BAG 5.12.2023 – 9 AZR 364/22.
47 BAG 19.3.2019 – 9 AZR 315/17.

kein Urlaubsanspruch. Damit hat das BAG auch in diesem Bereich seine Rechtsprechung der des EuGH angepasst, hält jedoch daran fest, dass der Urlaubsanspruch lediglich das Bestehen des Arbeitsverhältnisses voraussetzt und nicht an die Erbringung der Arbeitsleistung gebunden ist. Um im Sinne von § 1 von »Erholungsurlaub« sprechen zu können, müsse aber grundsätzlich[48] eine Leistung erbracht worden sein, von der man sich erholen müsse. Diese besteht nur, wenn der Arbeitnehmer zur Arbeitsleistung verpflichtet ist. Ein Anspruch auf Urlaub besteht daher nur in dem Umfang, in dem auch tatsächlich Arbeit geleistet wurde. Für Zeiten, in denen keine Arbeitspflicht besteht – weil sich der Arbeitnehmer im Sonderurlaub auf eigene Veranlassung befindet – besteht auch kein Anspruch auf Erholungsurlaub. Um dies im Einzelnen berechnen zu können, wird die Anzahl der Arbeitstage mit der Anzahl der Tage, an denen Arbeitspflicht besteht, ins Verhältnis gesetzt. Vereinbaren die Parteien Sonderurlaub für 1 Jahr – also beispielsweise vom 1. 1. bis 31. 12. – besteht in diesem Jahr keine Arbeitspflicht und der Urlaubsanspruch beträgt daher »null«. Bezieht sich der vereinbarte Sonderurlaub auf mehrere Kalenderjahre, also vom 1. 7. bis 30. 6. besteht in jedem dieser Jahre Anspruch auf den hälftigen Erholungsurlaub, der sonst bestehen würde. Im Übrigen kann für die Berechnung auf die Hinweise zum unterjährigen Wechsel (vgl. Rn. 24) verwiesen werden, wenn sich der Zeitraum nicht auf ganze Monate erstreckt und somit nicht anhand der 12tel Berechnung erfolgen kann.

Auch der fehlende einrichtungsbezogene Impfnachweis, der den Arbeitgebern im Rahmen der Gültigkeit der Vorschrift des § 20a IfSG a.F. die Befugnis gab, die Arbeitsleistung zurückzuweisen, führt zu einer fehlenden Arbeitspflicht und somit zu einer Kürzungsmöglichkeit für den Urlaubsanspruch gem. der in Rn. 34 dargestellten Berechnung.[49] **34a**

3. (Tarifvertraglicher) Mehrurlaub

Das BAG hat sich eingehend mit tariflichen Regelungen, die über den Mindesturlaub hinaus Urlaubsansprüche gewähren, so genannter **übergesetzlicher Urlaub** oder **Mehrurlaub**, befasst.[50] Diese sind genauso zu behandeln wie der Mindesturlaub, es sei denn, die Tarifvertragsparteien haben eigen- **35**

---

48 Dies gilt aber wohl nach Ansicht des BAG dann nicht, wenn die Nichterbringung der Arbeitsleistung krankheitsbedingt erfolgt (Schulz-Hoff-Doktrin), spezialgesetzlich begründet ist (z. B. Beschäftigungsverbote nach MuSchG) oder nicht nur ausschließlich im Interesse der betroffenen Beschäftigten erfolgt, BAG 19.3.2019 – 9 AZR 315/17.

49 BAG 19.6.2024 – 5 AZR 167/23.

50 Vgl. nur BAG 16.4.2024 – 9 AZR 127/23 (zum MTV Metall- und Elektroindustrie des Saarlandes).

ständige Regelungen getroffen.[51] Gleiches gilt auch für **arbeitsvertraglich vereinbarten Mehrurlaub**. Trifft der Arbeitgeber hierfür eigenständige Regelungen, wie zum Beispiel, dass der Mehrurlaub nur im laufenden Jahr gewährt wird und dass er nicht abzugelten ist, gelten diese für den Mehrurlaub, ansonsten bleibt es bei den Regelungen des BUrlG. Bleiben am Ende eines Kalenderjahres Urlaubstage übrig und liegt eine eigenständige Regelung vor, stellt sich die Frage – wenn der Arbeitgeber dies nicht geregelt oder festgelegt hat – ob zuerst der gesetzliche oder der Mehrurlaub eingebracht wird.

Beispiel:
Der Arbeitgeber gewährt 30 Urlaubstage und legt fest, dass der Mehrurlaub am Ende des Kalenderjahres verfällt. Wenn 20 Tage eingebracht werden, könnte der Arbeitnehmer – wenn der Arbeitgeber hierzu nichts festgelegt hat – behaupten, dass die 10 weiteren Tage Ansprüche aus dem gesetzlichen Urlaub sind und daher – wenn die Voraussetzungen vorliegen – auf das nächste Jahr zu übertragen sind.
Das BAG hat nunmehr seine Rechtsprechung geändert und festgelegt, dass in diesem Fall die gesetzliche Tilgungsbestimmung gem. § 366 BGB greift, und immer der gesetzliche Urlaub zuerst eingebracht wird.[52]

4. Angaben des Arbeitgebers in der Lohnabrechnung

36 Teilt der Arbeitgeber in einer **Lohnabrechnung** die **Anzahl der Urlaubstage** mit, kann hieraus zwar nicht abgeleitet werden, dass ein Urlaubsanspruch in dieser Höhe auch gewährt werden soll, wenn er nicht geschuldet ist. Es führt aber dazu, dass die **Verjährungsfrist** für die noch nicht verjährten Urlaubsansprüche am Tag nach der Erteilung einer jeden Entgeltabrechnung neu in Lauf gesetzt wird.[53] Gleiches gilt für die Angabe von Urlaubstagen auf Urlaubsanträgen[54] (und auf Urlaubslisten). Der Arbeitnehmer kann damit Urlaubsabgeltungsansprüche geltend machen, soweit es Urlaubsansprüche betrifft, die nach dieser Rechtsprechung noch nicht verjährt sind.

51 Vgl. hierzu ausführlich Einführung Rn. 119 f.
52 BAG 1.3.2022 – 9 AZR 353/21, bestätigt durch BAG 28.3.2023 – 9 AZR 488/21.
53 BAG 19.3.2019 – 9 AZR 881/16.
54 BAG 21.5.2019 – 9 AZR 579/16 (Urlaubsantrag); BAG 25.6.2019 – 9 AZR 546/17 (Urlaubsliste).

§4 Wartezeit

Der volle Urlaubsanspruch wird erstmalig nach sechsmonatigem Bestehen des Arbeitsverhältnisses erworben.

Inhaltsübersicht Rn.

1. Allgemeiner Grundgedanke der Wartezeit

Es gehört zur **Fürsorgepflicht** des Arbeitgebers seinen Beschäftigten Gelegenheit zur Regenerierung und Erhaltung ihrer Gesundheit und damit einhergehend ihrer Arbeitskraft zu geben. Der volle Anspruch des Arbeitnehmers auf Urlaub soll aber nicht vor Ablauf einer Betriebszugehörigkeit von sechs Monaten entstehen.[1] 1

Eine Ausnahme von dieser Vorschrift besteht lediglich für die in Heimarbeit Beschäftigten (§ 12), die ehemaligen Staatsbetriebe Deutsche Bahn und Deutsche Post (§ 13 Abs. 2) und nach den Regelungen im Seearbeitsgesetz. Darüber hinaus können sowohl kollektiv- als auch einzelvertragliche Regelungen eine **Verkürzung** der Wartezeit, die sich zugunsten des Arbeitnehmers auswirkt, vorsehen. Entsprechend § 13 Abs. 1 kann nur durch Tarifvertrag eine **Verlängerung** der Wartezeit bewirkt werden.[2] Der über den Mindesturlaub des § 3 Abs. 1 hinausgehende Urlaubsanspruch kann allerdings auch durch Einzelarbeitsvertrag oder Betriebsvereinbarung von weiteren Voraussetzungen, insbesondere einer längeren Wartezeit, abhängig gemacht werden.[3] Eine einzelvertragliche Vereinbarung, die einen Verzicht auf die Wartezeit beinhaltet (im Zweifel indirekt, in dem vereinbart wird, dass ein bereits geplanter Urlaub kurz nach der Neueinstellung angetreten werden kann), ist ebenfalls möglich. 2

Bei einer Betriebsvereinbarung ist es dabei aber zwingend erforderlich, die Sperrvorschrift des § 77 Abs. 3 BetrVG zu beachten, wonach üblicherweise im Tarifvertrag geregelte Bedingungen nicht Gegenstand einer Betriebsvereinbarung sein können, es sei denn, dass solche ergänzenden, auf einer 3

---

1 Vgl. insoweit auch § 1 Abs. 1 KSchG, wonach der Kündigungsschutz für den Arbeitnehmer ebenfalls erst nach sechs Monaten eintritt.

2 Die Wartezeit darf jedoch nicht so weit verlängert werden, dass dadurch der unabdingbare Anspruch auf Urlaub selbst tangiert wird, dies wäre bei einer Wartezeit von 12 Monaten der Fall (ErfK/Gallner, BUrlG, § 13 Rn. 10), weil dann 1 Jahr lang kein Vollurlaubsanspruch bestünde, Neumann/Neumann, § 4 Rn. 11, hält schon eine Verlängerung der Wartezeit bis auf neun Monate für unzulässig.

3 Hohmeister/Hohmeister, BUrlG, § 4 Rn. 11.

Betriebsvereinbarung basierenden Regelungen explizit im Tarifvertrag zugelassen werden (Öffnungsklausel).

4 Die Wartezeit ist Teil des Urlaubsjahres und entsprechend bei der Urlaubsberechnung zu berücksichtigen, selbst wenn der Ablauf erst in das nachfolgende Urlaubsjahr fällt.[4] Während dieser Zeit[5] steht dem Arbeitnehmer nach Maßgabe des § 5 Abs. 1 Nr. a) oder b) für jeden vollen Monat des Bestehens des Arbeitsverhältnisses ein Anspruch auf 1/12 des Jahresurlaubs zu.

5 Die Wartezeit ist pro Arbeitsverhältnis nur **einmal** und nicht etwa in jedem Urlaubsjahr erneut **zurückzulegen** und kann auch kalenderjahrübergreifend stattfinden. Der Arbeitnehmer erhält somit, nachdem er einmal zu Beginn seines Arbeitsverhältnisses die Wartezeit absolviert hat, für jedes Kalenderjahr den vollen Urlaubsanspruch bereits am 1. Januar. Der Anspruch entsteht nach Erfüllung der Wartezeit am 1. 1. eines Kalenderjahres selbst dann, wenn der Arbeitnehmer zu diesem Zeitpunkt arbeitsunfähig ist.[6] Scheidet der Arbeitnehmer jedoch vor dem 1. Juli aus dem Arbeitsverhältnis aus, so steht ihm gem. § 5 Abs. 1 Nr. c) lediglich ein Teilurlaubsanspruch zu.

6 Endet die Wartezeit innerhalb der zweiten Kalenderjahreshälfte, so erwirbt der Arbeitnehmer aufgrund des abschließend geregelten § 5 den vollen Jahresurlaub. Eine Anrechnung gem. § 6 auf den vollen Urlaubsanspruch ist nur möglich, wenn der Arbeitnehmer im gleichen Kalenderjahr bereits Urlaub von einem früheren Arbeitgeber erhalten hat, ohne dass es sich dabei um übertragenen Urlaub aus dem Vorjahr handelt.

2. Berechnung der Wartezeit

7 Der Arbeitnehmer erhält nach sechsmonatigem Bestehen des Arbeitsverhältnisses erstmalig den vollen gesetzlichen Urlaubsanspruch. Bei dieser Wartezeit handelt es sich um eine Frist i. S. d. §§ 186 ff. BGB. Ausschlaggebend für den **Fristbeginn** ist dabei der Tag, an dem der Arbeitnehmer vertragsgemäß seiner Arbeitstätigkeit in vollem Umfang nachkommt oder hätte nachkommen müssen. Der Beginn der Wartezeit richtet sich dabei stets nach § 187 Abs. 2 BGB, wonach der Tag der vollen Arbeitsaufnahme bei der Berechnung der Wartezeit mitzuberücksichtigen ist. **Fristablauf** ist in einem solchen Fall gem. § 188 Abs. 2 BGB derjenige Tag des letzten Monats, welcher dem Tag vorgeht, der durch seine Benennung oder Zahl dem Anfangstag der Frist entspricht. Ist beispielsweise am 15. April ein Arbeitsvertrag geschlossen worden, der die Tätigkeitsaufnahme des Arbeitnehmers

---

4 Hohmeister/Hohmeister, BUrlG, § 4 Rn. 3 m. w. N.

5 Neumann/Neumann, BUrlG, § 4 Rn. 9.

6 BAG 18.3.2003 – 9 AZR 190/02.

zum 15. Mai vorsieht, so beginnt die Fristberechnung gem. § 187 Abs. 2 BGB mit dem 15. Mai und endet gem. § 188 Abs. 2 BGB am 14. November.[7]

Nach und nicht mit Ablauf dieses Tages (des Fristendes) entsteht der volle Urlaubsanspruch,[8] im obigen Beispiel also am 15. November. 8

Beispiel:
Der Arbeitnehmer ist vom 1. Juli 2021 bis zum 2. Januar 2022 beschäftigt. Der volle Urlaubsanspruch entsteht **nach** sechs Monaten Betriebszugehörigkeit und nicht schon **mit** dem sechsmonatigen Bestehen. Der Ablauf der Wartezeit und das Entstehen des vollen Urlaubsanspruchs fallen nicht zusammen. Der Normzweck des § 3 BUrlG bestätigt das: Ein Arbeitnehmer kann nicht für ein Arbeitsverhältnis vom 1. 1. bis zum 30. 6. eines Jahres und ein weiteres Arbeitsverhältnis vom 1. 7. bis zum 31. 12. desselben Jahres bei einem anderen Arbeitgeber zweimal den vollen Jahresurlaub beanspruchen.
Ergebnis: Für 2021 erhält der Arbeitnehmer 6/12 des Jahresurlaubs, für 2022 keinen Urlaub.

Beginnt hingegen das Arbeitsverhältnis erst **im Laufe eines Tages**, so ist dieser Tag gem. § 187 Abs. 1 BGB für die Berechnung der Frist nicht zu berücksichtigen.[9] Fristende ist nach § 188 Abs. 2 BGB dementsprechend derjenige Tag des letzten Monats, welcher dem Tage gleichzusetzen ist, der durch seine Benennung oder Zahl dem Anfangstage der Frist entspricht. Fällt der Beginn des Arbeitsverhältnisses in den Lauf des 1. 4., beispielsweise wenn der Arbeitsvertrag an diesem Tage abgeschlossen wird und der Arbeitnehmer sodann seine Tätigkeit aufnimmt, dann endet die Frist folglich am 1. 10. 9

Für die Dauer der Wartezeit ist ausschließlich der rechtliche Bestand des Arbeitsverhältnisses maßgeblich, so dass es nicht darauf ankommt, ob der Arbeitnehmer während dieser Zeit auch tatsächlich gearbeitet hat. Krankheitszeiten oder sonstige Arbeitsverhinderungen, unabhängig ob verschuldet oder unverschuldet, wirken sich somit in keiner Weise auf die Wartezeit aus. 10

Fallen der Beginn und/oder das Ende auf einen **Sonn- oder Feiertag**, hat das keinen Einfluss auf den Lauf der Wartezeit. § 193 BGB findet keine Anwendung, weil hier weder eine Leistung zu bewirken noch eine Willenserklärung abzugeben ist. 11

Zeiten aus einem vorhergehenden Rechtsverhältnis (Arbeits- oder Dienstverhältnis) zu demselben Arbeitgeber, sind auf die Wartezeit anzurechnen. Ein Wechsel von einem Betrieb desselben Arbeitgebers in einen anderen Betrieb führt nicht dazu, dass die Wartezeit erneut anfällt. Das Gleiche gilt für den Wechsel des rechtlichen Status in einem Rechtsverhältnis, wenn also 12

---

7 Hohmeister/Hohmeister, BUrlG, § 4 Rn. 7 f.
8 BAG 17. 11. 2015 – 9 AZR 179/15.
9 ErfK/Gallner, BUrlG, § 4 Rn. 3.

zum Beispiel der Auszubildende ohne längere Unterbrechung in ein Arbeitsverhältnis übernommen wird.
Gleiches gilt für einen **befristeten Arbeitsvertrag**, an den sich unmittelbar ein weiterer Arbeitsvertrag bei demselben Arbeitgeber anschließt, sowie für befristete Probe- und Aushilfsarbeitsverhältnisse, die in ein unbefristetes Arbeitsverhältnis münden.

13 Nicht angerechnet werden müssen hingegen Zeiten eines **Werkvertrages** oder eines Auftragsverhältnisses, da sich aus diesen Verträgen kein Urlaubsanspruch ergeben kann, es sei denn, dass Arbeitnehmerähnlichkeit vorliegt und anschließend ein Arbeitsverhältnis eingegangen wird.[10] Bei **Vorbeschäftigungszeiten** ist zu differenzieren: Liegt zwischen dem ersten Arbeitsverhältnis und dem späteren eine lange Unterbrechung (hierzu gleich näher in Rn. 14), beginnt die Wartezeit erneut zu laufen, bei kurzer Unterbrechung sind beide Arbeitsverhältnisse urlaubsrechtlich als Einheit anzusehen. Um Unsicherheiten auszuschließen, empfiehlt es sich, diese Rechtsfrage im Arbeitsvertrag zu regeln und eine Anrechnung der Vorbeschäftigungszeiten zu vereinbaren. Dies kann zum Beispiel vorkommen, wenn Arbeitnehmer immer wieder kurzfristig befristet beschäftigt werden, beispielsweise als Krankheitsvertretung, also mit Sachgrund. Daneben gibt es noch Sonderfälle, in denen ein Arbeitnehmer innerhalb eines Konzerns wechselt oder aus anderen Gründen die bisherige Beschäftigungszeit – zum Beispiel auch für die Kündigungsfristen – angerechnet wird. In diesen Fällen wird in aller Regel aber auch keine erneute Wartezeit für den Urlaubsanspruch anfallen.

3. Unterbrechung der Wartezeit

14 Maßgeblich für eine Unterbrechung der Wartezeit ist regelmäßig eine rechtliche Unterbrechung des Arbeitsverhältnisses.

15 Nicht unterbrochen wird die Wartezeit dabei aufgrund folgender Umstände:[11]

- **Krankheit**: unabhängig davon, ob es sich um (häufige) Kurzerkrankungen oder eine lang andauernde Krankheit (länger als sechs Wochen) handelt.
- **Unerlaubtes Fernbleiben von der Arbeit**.
- **Streiks und Aussperrungen**: Hierzu zählen nach der Rechtsprechung sowohl rechtmäßige als auch als unrechtmäßig anzusehende Streiks.

---

10 Neumann/Neumann, BUrlG, § 4 Rn. 26; Hohmeister/Hohmeister, BUrlG, § 4 Rn. 10.

11 Neumann/Neumann, BUrlG, § 4 Rn. 32 ff. m. w. N.; Hohmeister/Hohmeister, BUrlG, § 4 Rn. 15 f.

- **Werksbeurlaubung und Betriebsstörungen**: Diese und ähnliche Ereignisse verlängern die Wartezeit ebenfalls nicht.
- **Ruhen des Arbeitsverhältnisses**: Das Arbeitsverhältnis selbst wird dadurch nicht unterbrochen, sodass **unbezahlter Sonderurlaub** und **Elternzeit auf die Wartezeit anzurechnen sind.**
- **Betriebsübergang**: Ein Betriebsübergang gem. § 613a BGB wirkt sich bzgl. der Wartezeit nicht zuungunsten des Arbeitnehmers aus.
- **Wechsel der Rechtsform**: Wandelt sich beispielsweise eine Personengesellschaft in eine Kapitalgesellschaft oder umgekehrt, so wirkt sich dies ebenfalls nicht auf die Wartezeit aus.
- **Insolvenz**: Das Arbeitsverhältnis besteht so lange fort, wie der Insolvenzverwalter nicht gem. § 113 InsO von seinem Kündigungsrecht Gebrauch macht.

Kurzfristige Unterbrechungen bleiben für die Erfüllung der Wartezeit ohne Bedeutung, weil durch die kurzfristige Unterbrechung der Sinn und Zweck der Wartezeit nicht beeinflusst wird. Dieser besteht darin, dem Arbeitnehmer nicht bereits nach kurzem Bestehen des Arbeitsverhältnisses einen vollen Urlaubsanspruch zukommen zu lassen und darüber hinaus dem Arbeitgeber während dieser Zeit die Gelegenheit zu geben, den Arbeitnehmer möglichst umfassend beurteilen zu können. Eine kurzfristige Unterbrechung für verhältnismäßig nicht erhebliche Zeit i. S. d. § 616 BGB steht dem nicht entgegen. Wann eine Unterbrechung als nur kurzfristig angesehen werden kann, ist einzelfallabhängig und unter Berücksichtigung aller wesentlichen Umstände zu entscheiden.[12] Wenn die Arbeitsvertragsparteien vor Beendigung ihres Arbeitsverhältnisses die Begründung eines neuen Arbeitsverhältnisses vereinbaren und lediglich 1 Tag Unterbrechung eintritt, sind beide Arbeitsverhältnisse urlaubsrechtlich als Einheit zu betrachten.[13]

So wie nach der Rechtsprechung sogar die Wartezeit bei § 1 KSchG (der von ununterbrochener Dauer des Arbeitsverhältnisses spricht) in Ausnahmesituationen zusammenzurechnen ist, muss das auch bei § 1 BUrlG gelten. Es kann dabei maßgeblich nur auf das Verhältnis zwischen der Dauer der Unterbrechung und der Gesamtdauer des Arbeitsverhältnisses ankommen. In diesem Zusammenhang muss auch der Frage nachgegangen werden, wer überhaupt einen Vorteil aus einer solchen Unterbrechung zieht. Auf die Rechtsprechung zur Wartezeit nach § 1 KSchG kann daher verwiesen werden.[14] **Langandauernde Unterbrechungen** des Arbeitsverhältnisses führen jedenfalls zu einem Neubeginn der Wartezeit, soweit nicht etwas anderes

---

12 So Neumann/Neumann, BUrlG, § 4 Rn. 43 f. m. w. N.

13 BAG 20.10.2015 – 9 AZR 224/14.

14 So ausdrücklich BAG, ebd., Rn. 15; Neumann/Neumann, BUrlG, § 4 Rn. 43 ff.; Hohmeister/Hohmeister, BUrlG, § 4 Rn. 13.

vereinbart wurde. Eine Unterbrechung von mehr als drei Monaten wird regelmäßig als langandauernd anzusehen sein.

16 Gleiches gilt, wenn der Arbeitnehmer zwischenzeitlich bei einem anderen Arbeitgeber ein Arbeitsverhältnis eingegangen ist oder zwischen alter und neuer Tätigkeit kein wesentlicher Zusammenhang besteht.[15]

§ 5 Teilurlaub

(1) Anspruch auf ein Zwölftel des Jahresurlaubs für jeden vollen Monat des Bestehens des Arbeitsverhältnisses hat der Arbeitnehmer

a) für Zeiten eines Kalenderjahres, für die er wegen Nichterfüllung der Wartezeit in diesem Kalenderjahr keinen vollen Urlaubsanspruch erwirbt;

b) wenn er vor erfüllter Wartezeit aus dem Arbeitsverhältnis ausscheidet;

c) wenn er nach erfüllter Wartezeit in der ersten Hälfte eines Kalenderjahres aus dem Arbeitsverhältnis ausscheidet.

(2) Bruchteile von Urlaubstagen, die mindestens einen halben Tag ergeben, sind auf volle Urlaubstage aufzurunden.

(3) Hat der Arbeitnehmer im Falle des Absatzes 1 Buchstabe c bereits Urlaub über den ihm zustehenden Umfang hinaus erhalten, so kann das dafür gezahlte Urlaubsentgelt nicht zurückgefordert werden.

Inhaltsübersicht Rn.

1. Allgemeines

1 Solange ein Arbeitnehmer die sechsmonatige Wartezeit des § 4 nicht erfüllt hat, erwirbt er lediglich gem. § 5 Abs. 1 Buchst. a und b einen **Teilurlaub.** Bei Ausscheiden in der ersten Jahreshälfte nach erfüllter Wartezeit besteht gem. § 5 Abs. 1 Buchst. c ein **gekürzter Vollurlaub**. Der Arbeitnehmer hat in diesen Fällen für jeden vollen Monat des Bestehens des Arbeitsverhältnisses

---

15 Vgl. Neumann/Neumann, BUrlG, § 4 Rn. 49ff.; Hohmeister/Hohmeister, BUrlG, § 4 Rn. 14.

Anspruch auf 1/12 des Jahresurlaubs, sog. **Zwölftelungsprinzip**. Dieses Prinzip ist mit dem Europarecht vereinbar. Der EuGH hat betont, den Mitgliedstaaten stehe es frei, die Art und Weise der Ausübung des Rechts auf Jahresurlaub festzulegen, solange die Entstehung eines Urlaubsanspruchs nicht eingeschränkt oder von bestimmten Voraussetzungen abhängig gemacht wird.[1] Daraus ergibt sich, dass für die Berechnung des Teilurlaubs auf den Beginn der Beschäftigung und nicht etwa auf den Beginn eines Kalendermonats abzustellen ist.

> **Beispiel:**
> Ein Arbeitnehmer, dessen Arbeitsverhältnis am 15.1. beginnt und dem zum 10.3. gekündigt wird, hat nur einen Anspruch auf 1/12 des vereinbarten Jahresurlaubs, da das Arbeitsverhältnis nur einen vollen Beschäftigungsmonat bestanden hat. Bei Kündigung zum 15.3. wären es dagegen 2/12.

Die **Fristberechnung** erfolgt dabei regelmäßig nach § 188 Abs. 2 BGB i. V. m. § 187 Abs. 2 BGB, da zumeist (mangels Vereinbarung einer Uhrzeit) inhaltlich geregelt sein wird, dass das Arbeitsverhältnis mit dem Anfang des Tages beginnt.[2] Anders wäre es, wenn ausdrücklich geregelt wäre, dass das Arbeitsverhältnis erst im Laufe des Tages beginnen soll, hier würde sodann § 187 Abs. 1 BGB gelten.[3] Eine **Aufrundung** auf einen vollen Monat findet nicht statt, selbst wenn nur wenige Stunden fehlen sollten. Gleiches gilt, wenn das Arbeitsverhältnis, weil der 1. ein Sonn- oder Feiertag ist, erst an einem 2. beginnt oder früher endet.[4] Daraus folgt, dass das Arbeitsverhältnis mindestens einen vollen Beschäftigungsmonat bestanden haben muss, damit der Arbeitnehmer einen Anspruch auf Teilurlaub nach § 5 erlangen kann. Es ist dabei stets auf die Dauer des Arbeitsverhältnisses abzustellen, sodass es regelmäßig nicht auf die tatsächliche Beschäftigungsdauer ankommt, unabhängig davon, ob eine Arbeitsverhinderung selbstverschuldet ist oder nicht.[5] Auch bei **Teilzeitarbeitsverträgen** kommt es nicht darauf an, wie viele Arbeitsstunden pro Monat geleistet worden sind. Bei Arbeitsverhältnissen, die regelmäßig auf einen Tag befristet sind, jedoch mehrmals zwischen denselben Vertragsparteien abgeschlossen werden, sog. **Eintagsarbeitsverhältnisse**, kann der Arbeitnehmer die Wartezeit für den Teil-

1 EuGH 26.6.2011 – C-173/99.
2 Dabei geht es nicht um den tatsächlichen Arbeitsbeginn, der in der Regel erst im Laufe des Tages, beispielsweise um 9 Uhr, erfolgt.
3 S. § 4 Rn. 7–9.
4 BAG 26.1.1989 – 8 AZR 730/87; a. A. Neumann/Neumann, BUrlG, § 5 Rn. 16 m. w. N.
5 ErfK/Gallner, BUrlG, § 5 Rn. 9.

urlaubsanspruch nicht erfüllen und somit keinen Anspruch auf Urlaub erlangen.[6]

2. Einzelfälle

2 Die in § 5 Abs. 1 genannten drei Fälle stellen die einzigen Ausnahmen dar, bei denen der Arbeitnehmer keinen Anspruch auf Vollurlaub erwirbt. Es handelt sich also insofern um eine abschließende Aufzählung mit der Konsequenz, dass keine analoge Anwendung von § 5 Abs. 1 auf vergleichbare Fallgestaltungen möglich ist.[7]

a. Nichterfüllung der Wartezeit gem. § 5 Abs. 1 Buchst. a

3 Einen Anspruch auf 1/12 des Jahresurlaubs für jeden vollen Beschäftigungsmonat erwirbt ein Arbeitnehmer, wenn er im Laufe eines Kalenderjahres vor Ablauf der Wartezeit ausscheidet. Voraussetzung für einen Anspruch auf Teilurlaub i. S. d. § 5 Abs. 1 Buchst. a ist, dass das Arbeitsverhältnis im Eintrittsjahr frühestens am 1. 7. beginnt.[8] Arbeitsverhältnisse, die bereits vor dem 1. 7. anfangen, erfüllen im Jahr der Einstellung des Arbeitnehmers bereits die Wartezeit des § 4 noch im laufenden Kalenderjahr, damit entsteht der volle Urlaubsanspruch, ein Fall des § 5 Abs. 1 Buchst. a liegt somit nicht vor.

Beispiel:
Das Arbeitsverhältnis besteht vom 2.5. bis zum 31.10., der Arbeitnehmer hat damit einen Anspruch auf 5/12 des vereinbarten Urlaubs. Bei einem Beginn am 1.5. wären es 6/12. Bei einem Ende am 2.11. hätte er Anspruch auf den vollen Jahresurlaub.

Nicht gefolgt werden kann der Ansicht, wenn das Arbeitsverhältnis am Beginn des 1. 7. beginne, werde am 31. 12. der volle Urlaubsanspruch erworben. Denn dem Wortlaut von § 4 BUrlG »nach sechsmonatigem Bestehen« ist zu entnehmen, dass der volle Urlaubsanspruch nicht bereits »mit« dem sechsmonatigen Bestehen erworben werden soll und der Ablauf der Wartezeit und das Entstehen des vollen Urlaubsanspruchs damit nicht zusammenfallen. Dies hätte sonst auch zur Konsequenz, dass in einem Jahr, in dem vom 1. 1. bis 30. 6. bei einem Arbeitgeber und vom 1. 7. bis 31. 12. bei einem anderen eine Beschäftigung bestand, zweimal ein voller Urlaubsanspruch

---

6 Vgl. hierzu BAG 31.7.2002 – 7 AZR 181/01, BAG 15.2.2012 – 10 AZR 111/11.
7 BAG 22.2.1966 – 5 AZR 431/65.
8 S. § 4 Rn. 7 f.

erworben würde, was ersichtlich nicht gewollt ist.[9] Der Arbeitnehmer muss sich den Urlaub anrechnen lassen, welcher ihm in einem früheren Arbeitsverhältnis für das gleiche Kalenderjahr bereits gewährt worden ist, vgl. § 6 (Ausschluss von Doppelansprüchen). Der entstandene Teilurlaubsanspruch kann auf Verlangen des Arbeitnehmers nach § 7 Abs. 3 Satz 4 formlos bis zum Ende des folgenden Kalenderjahres übertragen werden.[10]

b. Ausscheiden vor erfüllter Wartezeit gem. § 5 Abs. 1 Buchst. b

Scheidet der Arbeitnehmer vor erfüllter Wartezeit des § 4 aus dem Arbeits- 4
verhältnis aus, so entsteht ebenfalls ein Teilurlaubsanspruch. Für die Anwendbarkeit des § 5 Abs. 1 Buchst. b kommt es im Gegensatz zum Buchst. a jedoch nicht darauf an, ob dieser Teilurlaubsanspruch in einem Kalenderjahr entstanden ist oder nicht.[11]
Bei Ausscheiden unter gleichzeitiger Erfüllung der Wartezeit erwirbt der Arbeitnehmer den vollen Urlaubsanspruch, es sei denn, dass das Arbeitsverhältnis gem. § 5 Abs. 1 Buchst. c in der ersten Hälfte des Kalenderjahres endet.

> **Beispiel:**
> Das Arbeitsverhältnis beginnt am 15.9. und endet am 14.3. Hier besteht ein Anspruch auf 5/12 des Jahresurlaubs. Endet das Arbeitsverhältnis am 15.3. besteht ein Anspruch auf 6/12. Die Wartezeit ist zwar erfüllt, das Arbeitsverhältnis endet aber in der ersten Jahreshälfte, damit besteht nach § 5 Abs. 1 Buchst. c wiederum nur der anteilige Urlaub.

Die Anwendbarkeit des § 5 Abs. 1 Buchst. b setzt also voraus, dass das Arbeitsverhältnis weniger als sechs volle Monate bestanden haben muss. Eine **Aufrundung** auf einen vollen Monat **kommt nicht in Betracht**, selbst dann nicht, wenn dem Arbeitnehmer im Laufe des letzten Tages vor Vollendung der Wartezeit rechtswirksam fristlos gekündigt wird. Der Anspruch auf Teilurlaub wird bereits nach dem ersten Beschäftigungsmonat fällig.[12]
Die Teilurlaubsansprüche nach Buchst. a und Buchst. b sind selbstständige 4a
und einheitliche Ansprüche, die voneinander zu unterscheiden sind.[13]

---

9 BAG 17.11.2015 – 9 AZR 179/15 m. w. N.; a. A. Hohmeister/Hohmeister, BUrlG, § 5 Rn. 23ff., Neumann/Neumann, BUrlG, § 5 Rn. 22.
10 Siehe Kommentierung dort, § 7 Rn. 66ff.; BAG 25.8.1987 – 8 AZR 118/86.
11 BAG 9.10.1969 – 5 AZR 501/68. So auch Thüringer LAG 9.3.2017 – 6 Sa 242/15.
12 Das trifft insbesondere auf Werkstudenten oder sonstige Aushilfen zu, die nur während der Ferien tätig sind.
13 Thüringer LAG 9.3.2017 – 6 Sa 242/15.

5 Der Teilurlaub entsteht und ist zu gewähren, wenn feststeht, dass der betreffende Arbeitnehmer einen Vollurlaubsanspruch nicht mehr erlangen wird, weil das Arbeitsverhältnis vor erfüllter Wartezeit endet.[14] Das ist bei kurzen befristeten Arbeitsverhältnissen bereits zu deren Beginn absehbar, ansonsten bei Zugang der Kündigung oder Abschluss eines Aufhebungsvertrags.[15]

c. Ausscheiden nach erfüllter Wartezeit in der ersten Hälfte eines Kalenderjahres gem. § 5 Abs. 1 Buchst. c

6 Scheidet der Arbeitnehmer nach erfüllter Wartezeit in der ersten Hälfte des Kalenderjahres aus dem Arbeitsverhältnis aus, so hat er für jeden vollen Monat des Bestehens des Arbeitsverhältnisses Anspruch auf ein Zwölftel des Jahresurlaubs.

7 Die **erste Jahreshälfte** i. S. v. § 5 Abs. 1 Buchst. c umfasst den Zeitraum vom 1. 1. 0. 00 Uhr bis zum 30. 6. 24. 00 Uhr; entsprechend beginnt die **zweite Jahreshälfte** am 1. 7. 0. 00 Uhr und endet am 31.12 um 24.00 Uhr.[16]

8 Aus der Regelung des § 5 Abs. 1 Buchst. c ist im Umkehrschluss zu folgern, dass in einem Arbeitsverhältnis, das nach erfüllter Wartezeit in der zweiten Hälfte des Kalenderjahres endet, keine Zwölftelung des Urlaubsanspruchs stattfindet. Es besteht daher Anspruch auf den Vollurlaub.[17]

3. Unabdingbarkeit

9 Von den Vorschriften des § 5 kann mit Ausnahme des Abs. 1 Buchst. c tarifvertraglich gem. § 13 Abs. 1 Satz 1 auch zuungunsten des Arbeitnehmers abgewichen werden, solange durch diesen Eingriff nicht mittelbar die Bestimmungen der §§ 1–3 Abs. 1 in restriktiver Weise betroffen werden.[18] Eine Zwölftelung des gesetzlichen Urlaubs in der zweiten Jahreshälfte kann durch Tarifvertrag **nicht** vorgeschrieben werden, sodass § 5 Abs. 1 Buchst. c dem Veränderungsschutz des § 13 Abs. 1 Satz 1 unterliegt.[19] Etwas anderes gilt nur für den tariflichen bzw. vertraglichen Mehrurlaub, der auch in der zweiten Jahreshälfte anteilsmäßig gekürzt werden kann. Abändernde

14 BAG 10.3.1966 – 5 AZR 498/65, Schaub/Linck, § 104 Rn. 67, ErfK/Gallner, BUrlG, § 5 Rn. 11, Hohmeister/Hohmeister, BUrlG, § 5 Rn. 56, a. A. Neumann/Neumann, BUrlG, § 5 Rn 11.

15 Vgl. nur, ErfK/Gallner, BUrlG, § 5 Rn. 11.

16 Vgl. BAG 16.6.1966 – 5 AZR 521/65.

17 BAG 18.2.2014 – 9 AZR 765/12; BAG 20.10.2015 – 9 AZR 224/14.

18 BAG 20.1.2009 – 9 AZR 650/07, Rn. 21.

19 BAG 8.3.1984 – 6 AZR 442/83.

Regelungen durch Betriebsvereinbarung[20] oder Einzelarbeitsvertrag zuungunsten des Arbeitnehmers sind hingegen aufgrund des § 13 Abs. 1 Satz 3 unzulässig.[21]

4. Bruchteile von Urlaubstagen gem. § 5 Abs. 2

Bei der Berechnung des Teilurlaubsanspruchs können sich nach § 5 Abs. 1 **10** Bruchteile von Urlaubstagen ergeben, die gem. § 5 Abs. 2 auf volle Urlaubstage aufzurunden sind, wenn sich aus den Bruchteilen ein Mindestanspruch von einem halben Tag ergibt. Bei Fehlen einer anderslautenden Regelung gilt das auch für Teilurlaub, der sich aus einem über den gesetzlichen Mindesturlaub hinausgehenden Mehrurlaubsanspruch ergibt.[22] Die Aufrundung ist dabei nicht nur auf die Urlaubsgewährung selbst beschränkt, sondern findet auch auf die Urlaubsabgeltung bei Vorliegen der Voraussetzung des § 7 Abs. 4 Anwendung. Die Aufrundungsvorschrift des § 5 Abs. 2 erstreckt sich **ausschließlich** auf die Berechnung von Teilurlaub nach dem Zwölftelungsprinzip gem. § 5 Abs. 1. Der § 5 Abs. 2 ist also nicht anzuwenden, wenn sich bei der Urlaubsdauerberechnung von Teilzeitbeschäftigten Bruchteile von Urlaubstagen ergeben, ohne dass es um einen Teilanspruch aufgrund nicht erfüllter Wartezeit oder Beendigung in der ersten Jahreshälfte geht.[23]

Eine Auf- oder Abrundung bei Bruchteilen von Urlaubstagen, die i. S. v. § 5 **11** Abs. 2 **weniger als einen halben Tag** ausmachen, kommt nach Auffassung des BAG[24] nicht in Betracht, sondern es ist, entsprechend ihrem Umfang, der Arbeitnehmer von der Arbeitspflicht (stundenweise) freizustellen oder nach Beendigung des Arbeitsverhältnisses gem. § 7 Abs. 4 entsprechend abzugelten. Hiervon kann nur durch Tarifvertrag und nur für den tariflichen Mehrurlaub zum Nachteil des Arbeitnehmers abgewichen werden.[25] So auch LAG Köln, das im konkreten Fall aber mangels entsprechender Regelung im Tarifvertrag entschied, dass eine Abrundung nicht vorzunehmen sei.[26]

---

20 Beachte: Vorrang des Tarifvertrages gem. § 77 Abs. 3 BetrVG. Näheres s. § 13 Rn. 1 und 4.

21 LAG Hamm 14. 4. 2011 – 16 Sa 488/10: Verstößt eine arbeitsvertragliche Klausel in der Weise gegen zwingendes Urlaubsrecht, dass der gesetzliche Vollurlaub unterschritten wird, ist sie nach § 307 BGB unwirksam.

22 BAG 4. 5. 2010 – 9 AZR 183/09.

23 BAG 31. 5. 1990 – 8 AZR 296/89; BAG 23. 1. 2018 – 9 AZR 200/17; BAG 8. 5. 2018 – 9 AZR 578/17; Leinemann/Linck, § 5 Rn. 40.

24 BAG 23. 1. 2018 – 9 AZR 200/17 a. A. Neumann/Neumann, BUrlG, § 5 Rn. 36, verneint die anteilige Berücksichtigung von Bruchteilen beim Naturalurlaub, hält aber einen Entgelt- oder Abgeltungsbetrag für durchaus sinnvoll.

25 BAG 14. 2. 1991 – 8 AZR 97/90.

26 LAG Köln 21. 3. 2018 – 3 Sa 164/17.

5. Rückforderungsverbot gem. § 5 Abs. 3

12 Scheidet der Arbeitnehmer gem. § 5 Abs. 1 Buchst. c nach erfüllter Wartezeit in der ersten Hälfte eines Kalenderjahres aus dem Arbeitsverhältnis aus und hat er zu diesem Zeitpunkt bereits mehr Urlaub erhalten, als ihm nach dem Zwölftelungsprinzip zusteht, so kann der Arbeitgeber das zu viel gezahlte Urlaubsentgelt wegen § 5 Abs. 3 nicht zurückfordern. Eine Rückforderung bzw. Nachholung der Arbeitsleistung kommt aufgrund ihres Fixschuldcharakters ohnehin nicht in Betracht.

13 Voraussetzung für die Anwendbarkeit des § 5 Abs. 3 ist folglich, dass der Arbeitnehmer das Urlaubsentgelt bereits erhalten hat. Stellt sich im Nachhinein heraus, dass er einen Teil des Urlaubs ohne Rechtsgrund erhalten hat, ist die gewährte Freistellung also kein Urlaub, muss hierfür auch kein Urlaubsentgelt gezahlt werden.[27]

14 Der § 5 Abs. 3 bezieht sich nach seinem Wortlaut ausschließlich auf § 5 Abs. 1 Buchst. c und enthält somit **kein generelles Rückforderungsverbot**, auch nicht für § 5 Abs. 1 Buchst. a und b.

15 Vereinzelt wird angenommen, dass ein Arbeitnehmer, der mehr Urlaub erhalten hat als ihm zustehe, sich **treuwidrig** verhält und der Arbeitgeber Schadensersatzansprüche geltend machen kann.[28] Dies müsste der Arbeitgeber darlegen und beweisen. Das ist insofern problematisch, als einem Arbeitnehmer nach erfüllter Wartezeit ab 1. 1. eines Jahres der gesamte Erholungsurlaub zusteht und nur rückwirkend, wenn das Arbeitsverhältnis vor dem 30. 6. beendet wird, der Anspruch gekürzt wird. Nur wenn also der Arbeitnehmer, wohl wissend, er werde das Arbeitsverhältnis beenden, dennoch den gesamten Urlaub vor Ausspruch der Kündigung verlangt und vergütet erhält, um damit den Arbeitgeber zu schädigen und der Arbeitgeber dies nachweisen kann, wird man von einem Anspruch ausgehen können. Rechtsprechung hierzu gibt es soweit ersichtlich nicht.[29]

16 Das Rückzahlungsverbot des § 5 Abs. 3 betrifft lediglich den zu viel erhaltenen Erholungsurlaub also faktisch die Rückforderung von zuviel gewährten Urlaubstagen. Hat der Arbeitgeber dagegen z. B. das Urlaubsentgelt doppelt (vor Beginn des Urlaubs wie vom Gesetz gefordert und am Ende des Monats wie üblich) überwiesen, wäre eine Rückforderung der Überzahlung aufgrund eines Irrtums nicht ausgeschlossen. In solchen Fällen finden die allgemeinen Vorschriften zur ungerechtfertigten Bereicherung der §§ 812 ff. BGB Anwendung. Danach ist eine Rückforderung jedoch nur dann möglich,

---

27 BAG 23. 4. 1996 – 9 AZR 317/95. Neumann/Neumann, BUrlG, § 5 Rn. 52.

28 Hohmeister/Hohmeister, BUrlG, § 5 Rn. 116 f. m. w. N.

29 Bei einer Recherche in juristischen Online-Datenbanken konnten keine Treffer gefunden werden.

wenn der Arbeitnehmer zum Zeitpunkt der Rückforderung auch noch bereichert ist, vgl. § 818 Abs. 3 BGB.[30]

§6 Ausschluss von Doppelansprüchen

(1) Der Anspruch auf Urlaub besteht nicht, soweit dem Arbeitnehmer für das laufende Kalenderjahr bereits von einem früheren Arbeitgeber Urlaub gewährt worden ist.
(2) Der Arbeitgeber ist verpflichtet, bei Beendigung des Arbeitsverhältnisses dem Arbeitnehmer eine Bescheinigung über den im laufenden Kalenderjahr gewährten oder abgegoltenen Urlaub auszuhändigen.

Inhaltsübersicht Rn.

1. Allgemeines

Sinn und Zweck der Vorschrift des § 6 Abs. 1 ist es, zu gewährleisten, dass der Arbeitnehmer im Kalenderjahr so viel Urlaub erhält, wie ihm auch tatsächlich zusteht. Der im Kalenderjahr bereits erhaltene Urlaub ist daher auf das neue Arbeitsverhältnis anzurechnen, um Doppelansprüche auszuschließen. 1

Voraussetzung für die Anwendung des § 6 Abs. 1 ist, dass Urlaubsansprü- 2
che **aufeinander folgender Arbeitsverhältnisse** ganz oder aber zumindest teilweise **denselben Zeitraum** betreffen. Ist der Arbeitnehmer gleichzeitig bei mehreren Arbeitgebern beschäftigt, so entsteht gegen jeden einzelnen Arbeitgeber ein separater Urlaubsanspruch, der eine Anrechnung nach § 6 Abs. 1 ausschließt. Dies ist beispielsweise denkbar, wenn neben einer Beschäftigung in Teilzeit noch ein Minijob besteht, in diesem Fall muss der Arbeitnehmer die Möglichkeit haben, in beiden Arbeitsverhältnissen für den gleichen Zeitraum Urlaub zu beantragen. Hat der Arbeitnehmer entsprechend § 5 Abs. 1 für die Dauer seines Arbeitsverhältnisses **Teilurlaub** erhalten, liegt insoweit keine zeitliche Konkurrenz von Urlaubsansprüchen vor, sodass auch hier keine Anrechnung stattfindet. Gleiches gilt für übertragenen **Vorjahresurlaub**. Der **Zusatzurlaub** für z. B. schwerbehinderte Menschen gem. § 208 SGB IX ist zu berücksichtigen, außer wenn er nicht in beiden Arbeitsverhältnissen zu gewähren ist.

Der in die Anrechnung einzubeziehende Urlaub bezieht sich auf den gesetz- 3
lichen Mindesturlaub, kollektiv- als auch einzelvertraglich gewährter Mehrurlaub ist zu berücksichtigen, außer wenn dies ausdrücklich ausgeschlossen

30 Neumann/Neumann, BUrlG, § 5 Rn. 53.

ist. Ansonsten würde ein Widerspruch zu § 13 Abs. 1 Satz 3 entstehen, wonach eine für den Arbeitnehmer günstigere abweichende Regelung stets möglich ist.[1]

4 **Beispiel:**

1. Hat der Arbeitnehmer im alten Arbeitsverhältnis, welches bis 30. 9. bestand, bereits 24 Werktage Urlaub im April/Mai erhalten, also seinen gesamten Urlaub für dieses Kalenderjahr, besteht kein Anspruch beim neuen Arbeitgeber, es sei denn, dieser gewährt tariflich oder einzelvertraglich Mehrurlaub.
2. Hat der Arbeitnehmer aufgrund Beendigung des Arbeitsverhältnisses am 30. 5. beim alten Arbeitgeber bereits Teilurlaub in Höhe von 10 Werktagen erhalten, stehen ihm nur noch 14 Tage für dieses Kalenderjahr beim neuen Arbeitgeber zu, auch dies vorbehaltlich von Mehrurlaubsansprüchen.
3. Bestehen bei altem und neuem Arbeitgeber die gleichen tariflichen Mehrurlaubsansprüche, ist zunächst zu prüfen, ob der Tarifvertrag eine Regelung zur Anrechnung enthält oder zum Beispiel die Anwendung von § 6 ausschließt. Wenn es keine Regelung gibt, ist auch im Hinblick auf den Mehrurlaub die gleiche Anrechnung vorzunehmen, wie gerade beschrieben.

5 Erfolgt die Berechnung der Urlaubstage in den beiden Arbeitsverhältnissen aufgrund unterschiedlicher Bemessungsgrößen (Werktage, Kalendertage, Arbeitstage), ist zunächst eine geeignete einheitliche Bezugsgröße zu wählen und eine entsprechende Umrechnung vorzunehmen.

6 Eine Anrechnung ist nur für erfüllte Urlaubsansprüche vorzunehmen. Dabei ist es gem. § 6 Abs. 2 unerheblich, ob der Urlaub gewährt oder abgegolten wurde. Die Vorschrift des § 6 eröffnet dem vorherigen Arbeitgeber nicht die Möglichkeit einer Kürzungsbefugnis.[2] Hat er den Urlaub zum Beispiel noch nicht abgegolten, kann er nicht darauf verweisen, dass der Anspruch auch beim neuen Arbeitgeber erfüllt werden kann. Auch der neue Arbeitgeber kann sich nicht darauf berufen, dass die Ansprüche zunächst beim alten Arbeitgeber geltend gemacht werden müssten.[3]

7 Eine besondere Fallgestaltung wurde am 21.2.2012 vom BAG[4] entschieden: Hat der erste Arbeitgeber das Arbeitsverhältnis gekündigt und besteht nach gerichtlicher Entscheidung das Arbeitsverhältnis fort, hat er die während des Kündigungsrechtsstreits entstandenen Urlaubsansprüche des Arbeitnehmers grundsätzlich auch dann zu erfüllen, wenn dieser inzwischen mit einem anderen Arbeitgeber ein neues Arbeitsverhältnis eingegangen ist.

---

1 Ausnahme: § 77 Abs. 3 BetrVG; Neumann/Neumann, BUrlG, § 6 Rn. 6, ErfK/Gallner, BUrlG, § 6 Rn. 1.

2 BAG 28.2.1991 – 8 AZR 196/90.

3 ErfK/Gallner, BUrlG, § 6 Rn. 3; LAG Mecklenburg-Vorpommern 22.6.2021 – 2 Sa 287/20.

4 BAG 21.2.2012 – 9 AZR 487/10, bestätigt durch BAG 5.12.2023 – 9 AZR 230/22, hierzu auch Hinrichs, ArbuR 2024, 289–291.

In beiden Arbeitsverhältnissen entstehen Urlaubsansprüche. Zur Frage der Anrechnung führt das BAG zu Recht aus: Der Arbeitnehmer muss sich jedoch den ihm während des Kündigungsrechtsstreits vom neuen Arbeitgeber gewährten Urlaub auf seinen Urlaubsanspruch gegen den alten Arbeitgeber anrechnen lassen, wenn er die Pflichten aus beiden Arbeitsverhältnissen nicht gleichzeitig hätte erfüllen können (was nur bei Teilzeitarbeitsverhältnissen denkbar ist). Das war hier der Fall und so erfolgte eine vollständige Anrechnung.

2. Die Urlaubsbescheinigung (§ 6 Abs. 2)

Beschäftigte können von ihrem alten Arbeitgeber nach dieser Vorschrift verlangen, den bereits gewährten oder abgegoltenen Urlaub im Kalenderjahr schriftlich zu bestätigen. In der Praxis gehört diese Bescheinigung zu den Arbeitspapieren, die der bisherige Arbeitgeber bei Beendigung des Arbeitsverhältnisses zur Verfügung zu stellen hat.[5] Diese Urlaubsbescheinigung benötigen Beschäftigte auch, um gegenüber dem neuen Arbeitgeber nachweisen zu können, wie viel Urlaub sie bereits hatten. Im Streitfall müssen sie nämlich darlegen und beweisen, dass ihnen noch Urlaub zusteht.[6] Weigert sich der Arbeitgeber, die Bescheinigung zu erstellen, steht dem Arbeitnehmer insoweit ein einklagbarer Anspruch beim zuständigen Arbeitsgericht zu. Der neue Arbeitgeber kann diesen Anspruch nicht geltend machen. Wird ihm die Bescheinigung nicht vorgelegt, kann er sich aber weigern, Urlaub zu gewähren, bis ihm gegenüber nachgewiesen ist, wieviel Urlaub bereits genommen bzw. abgegolten wurde.[7] 8

Die Urlaubsbescheinigung hat Angaben zu enthalten, die für die genaue Berechnung des Urlaubsanspruchs erforderlich sind. Dazu zählen der Name des betreffenden Arbeitnehmers, die Dauer des Arbeitsverhältnisses im laufenden Kalenderjahr, die tatsächlich gewährten Urlaubstage und die Höhe des Gesamturlaubs. Aus dem Vorjahr übertragener Urlaub ist nicht zu berücksichtigen. 9

Die Urlaubsbescheinigung kann in einem einfachen Arbeitszeugnis enthalten sein, nicht aber in einem qualifizierten.[8] 10

---

5 So auch ErfK/Gallner, BUrlG, § 6 Rn. 5.
6 BAG 16.12.2014 – 9 AZR 295/13.
7 ErfK/Gallner, BUrlG, § 6 Rn. 6.
8 Neumann/Neumann, BUrlG, § 6 Rn. 17; ErfK/Gallner, BUrlG, § 6 Rn. 4.

§ 7 Zeitpunkt, Übertragbarkeit und Abgeltung des Urlaubs

(1) Bei der zeitlichen Festlegung des Urlaubs sind die Urlaubswünsche des Arbeitnehmers zu berücksichtigen, es sei denn, dass ihrer Berücksichtigung dringende betriebliche Belange oder Urlaubswünsche anderer Arbeitnehmer, die unter sozialen Gesichtspunkten den Vorrang verdienen, entgegenstehen. Der Urlaub ist zu gewähren, wenn der Arbeitnehmer dies im Anschluss an eine Maßnahme der medizinischen Vorsorge oder Rehabilitation verlangt.
(2) Der Urlaub ist zusammenhängend zu gewähren, es sei denn, dass dringende betriebliche oder in der Person des Arbeitnehmers liegende Gründe eine Teilung des Urlaubs erforderlich machen. Kann der Urlaub aus diesen Gründen nicht zusammenhängend gewährt werden, und hat der Arbeitnehmer Anspruch auf Urlaub von mehr als zwölf Werktagen, so muss einer der Urlaubsteile mindestens zwölf aufeinander folgende Werktage umfassen.
(3) Der Urlaub muss im laufenden Kalenderjahr gewährt und genommen werden. Eine Übertragung des Urlaubs auf das nächste Kalenderjahr ist nur statthaft, wenn dringende betriebliche oder in der Person des Arbeitnehmers liegende Gründe dies rechtfertigen. Im Fall der Übertragung muss der Urlaub in den ersten drei Monaten des folgenden Kalenderjahres gewährt und genommen werden. Auf Verlangen des Arbeitnehmers ist ein nach § 5 Abs. 1 Buchstabe a entstehender Teilurlaub jedoch auf das nächste Kalenderjahr zu übertragen.
(4) Kann der Urlaub wegen Beendigung des Arbeitsverhältnisses ganz oder teilweise nicht mehr gewährt werden, so ist er abzugelten.

Inhaltsübersicht Rn.

1. Allgemeines

Die Vorschrift des § 7 enthält grundlegende Regelungen zur Urlaubsgewährung. Abs. 1 legt die Kriterien fest, nach denen der Arbeitgeber die **zeitliche Festlegung** des Erholungsurlaubs vorzunehmen hat. Nach Abs. 2 ist der Urlaub regelmäßig **zusammenhängend** zu gewähren, es sei denn, es liegen Umstände vor, die eine Urlaubsteilung rechtfertigen, wobei einer der Urlaubsteile mindestens 12 Werktage, also 2 Wochen, umfassen muss. Abs. 3 bestimmt, dass eine **Übertragung** des Urlaubs bis zum 31. März des Folgejahres nur in begründeten Ausnahmefällen möglich ist und ansonsten der Arbeitnehmer den Urlaub grundsätzlich im laufenden Kalenderjahr zu erhalten hat. Und abschließend wird in Abs. 4 die **Abgeltung** des Urlaubs im Falle der Beendigung des Arbeitsverhältnisses geregelt.[1] 1

2. Zeitliche Festlegung des Urlaubs gem. § 7 Abs. 1

Der Urlaub wird vom Arbeitgeber zeitlich festgelegt. Aus der Festlegung, die dem Arbeitnehmer mitzuteilen ist (**einseitige empfangsbedürftige Willenserklärung**) muss sich ergeben, dass der Arbeitnehmer zur Urlaubsgewährung von seiner Arbeitspflicht befreit wird.[2] 2

Der Arbeitgeber hat den Urlaub entsprechend den Wünschen des Arbeitnehmers gem. § 7 Abs. 1 und 2 festzulegen.[3] Die Bestimmung des Ur- 3

1 Heilmann, Übertragung, Abgeltung und Verfall von Urlaubsansprüchen, AuR 2012, S. 234–238.

2 Z. B. BAG 20.1.2009 – 9 AZR 650/07.

3 Die Festlegung unterliegt dabei nicht billigem Ermessen gem. § 315 BGB. Im Einzelnen besteht Streit, ob es sich hierbei um ein Leistungsbestimmungsrecht,

laubszeitpunktes kann ausdrücklich, d.h. mündlich oder schriftlich, oder stillschweigend – indem der gestellte Urlaubsantrag vom Arbeitgeber akzeptiert wird – erfolgen. Aus der Willenserklärung des Arbeitgebers muss aber ausreichend deutlich hervorgehen, dass er dem Urlaubsverlangen des Arbeitnehmers stattgibt.[4]

4 Die Arbeitsvertragsparteien können nicht wirksam vereinbaren, dass der Mindesturlaubsanspruch durch Arbeitstage, an denen der Arbeitnehmer wegen **Arbeitsmangels** nicht arbeiten kann, erfüllt wird, weil hiermit gegen § 7 Abs. 2 verstoßen wird, zumindest solange es an einer zusammenhängenden Gewährung von Urlaub fehlt.[5]

5 Bleibt der Arbeitnehmer auf »Urlaubsgewährung«/Urlaubsanordnung des Arbeitgebers hin von der Arbeit fern, ist in der Regel von einer »Akzeptanz« dieser Gewährung auszugehen mit der Folge, dass der Urlaub als genommen gilt. Davon ist jedoch nicht auszugehen, wenn die Urlaubsanordnung des Arbeitgebers – z.B. wegen fehlender Zustimmung des Betriebsrats in Fällen kollektiven Bezugs (im Fall ging es um Betriebsurlaub am 24. 12. und am 31. 12.) – unwirksam ist und ein Widerspruch des Arbeitnehmers überflüssig ist.[6] Es besteht für den Arbeitgeber **keine Rechtspflicht**, sich nach den Urlaubswünschen des Arbeitnehmers zu erkundigen, er hat aber **Mitwirkungsobliegenheiten,** muss den Arbeitnehmer also auf die Höhe der Urlaubsansprüche und die zeitliche Befristung hinweisen.[7] Äußert der Arbeitnehmer dennoch keine Urlaubswünsche, kann der Arbeitgeber die zeitliche Lage des Urlaubs rechtswirksam festlegen.[8] Gegen die Festlegung des Urlaubs durch den Arbeitgeber kann der Arbeitnehmer anderweitige Urlaubswünsche geltend machen. Diese Wünsche sind dann mit den betrieblichen Belangen (inkl. denen der sozial schutzwürdigeren Kollegen) abzuwägen.[9]

6 Der Arbeitgeber hat den Urlaub in angemessener Zeit vor dem Urlaubsantritt festzulegen, damit der Arbeitnehmer genügend Zeit für seine Urlaubsplanung (Buchung von Reisen etc.) hat.

---

ein Direktionsrecht, oder eine Erfüllungshandlung handelt. Das BAG sowie Teile der Literatur gehen von einem Leistungsverweigerungsrecht des Arbeitgebers aus. Für die betriebliche Praxis ist dieser Rechtsstreit jedoch dann ohne Belang, wenn die Arbeitnehmer ihre Urlaubswünsche äußern und der Arbeitgeber diese berücksichtigt, wie es das Gesetz als Regelfall fordert.

4 BAG 25.1.1994 – 9 AZR 312/92.
5 LAG Düsseldorf 25.7.2007 – 12 Sa 944/07.
6 LAG Nürnberg 21.2.2014 – 6 Sa 588/13.
7 Vgl. hierzu im Einzelnen die Kommentierung bei § 1 Rn. 11.
8 BAG 22.9.1992 – 9 AZR 483/91.
9 Siehe auch Rn. 10.

a. Berücksichtigung von Urlaubswünschen

Bei der zeitlichen Festlegung des Urlaubs hat der Arbeitgeber die Urlaubs- 7
wünsche des Arbeitnehmers unter Abwägung der betrieblichen Belange und der Urlaubswünsche der anderen Arbeitnehmer zu berücksichtigen.

Dringende betriebliche Belange können gem. § 7 Abs. 1 Satz 1 dem Ur- 8
laubswunsch des Arbeitnehmers zu einem bestimmten Zeitpunkt entgegenstehen. Dazu zählen unter anderem Umstände der betrieblichen Organisation, der Auftragslage (Saisonzeiten) oder des technischen Arbeitsablaufes. Der pauschale Hinweis des Arbeitgebers darauf, dass aufgrund der bestehenden Auftragslage »auch nicht auf nur einen Mann für einen Tag verzichtet« werden könne, reicht zur Ablehnung eines Urlaubswunsches aber nicht aus. Vielmehr ist darzulegen, welche konkreten Aufträge bestehen, mit welchem kalkulierten Personalbedarf hierdurch zu rechnen ist und aus welchen Gründen der volle Einsatz des betreffenden Arbeitnehmers erforderlich ist.[10] Der Arbeitgeber hat eine **Abwägung der beiderseitigen Interessen** vorzunehmen.[11] So können beispielsweise die **Interessen des Arbeitnehmers** denen des Arbeitgebers vorgehen, wenn der Arbeitnehmer nur zu Zeiten der Schulferien mit seiner Familie bzw. seiner Frau (Lehrerin) in Urlaub fahren kann oder der andere Ehepartner Betriebsurlaub hat.[12] Im Einzelfall kann das **Interesse des Arbeitgebers** dennoch überwiegen, so dass der Arbeitnehmer u. U. erst einige Tage später oder für einen kürzeren Zeitraum den Urlaub gewährt bekommt.[13]

Nach Ansicht des LAG Düsseldorf[14] stellen sogar in einem betriebsratslosen 9
Betrieb **einseitig eingeführte Betriebsferien** einen dringenden betrieblichen Belang gegenüber dem Urlaubsbegehren von Arbeitnehmern dar, von Härtefällen abgesehen. Dies überzeugt nicht, fehlt der Ferienplanung doch die für die Belegschaft verbindliche Mitwirkung einer Interessenvertretung; Betriebsferien können daher nur dann einseitig angeordnet werden, wenn der Arbeitsvertrag eine wirksam vereinbarte Anordnungsbefugnis vorsieht und hierzu mit allen Beschäftigten eine entsprechende Vereinbarung geschlossen wurde.[15]

Urlaubswünsche anderer Arbeitnehmer sind aber überhaupt nur dann re- 10
levant, wenn aus betrieblichen Gründen nicht jeder Urlaubswunsch erfüllt werden kann. Insofern sind die gleichen Kriterien zu prüfen, wie beim Vorliegen eines dringenden betrieblichen Grundes, wobei es nach dem Gesetz-

10 ArbG Bielefeld 21.6.2006 – 6 Ga 16/06.
11 Vgl. nur Neumann/Neumann, BUrlG, § 7 Rn. 12f. m. w. N.
12 Vgl. ArbG Berlin 13.6.1988 – 27 Ca 51/88.
13 Vgl. hierzu auch Neumann/Neumann, BUrlG, § 7 Rn. 13.
14 LAG Düsseldorf 20.6.2002 – 11 Sa 378/02. Entgegengesetzt ArbG Bielefeld 21.6.2006 – 6 Ga 16/06.
15 So i. E. auch Däubler/Hjort/Schubert/Wolmerath – Holthaus, BUrlG, § 7 Rn. 34.

wortlaut vor allem um soziale Gesichtspunkte geht, die zu berücksichtigen sind, hierzu können auch das Alter, Unterhaltsverpflichtungen, Behinderung oder die Betriebszugehörigkeit zählen.[16]

11 Der Arbeitgeber trägt im Streitfall die **Darlegungs- und Beweislast** für das Vorliegen ausreichender Gründe für die Verweigerung des vom Arbeitnehmer zu einem bestimmten Zeitpunkt beantragten Urlaubs, da nur er die erforderliche Sachnähe und Kenntnis bzgl. der betrieblichen Situation besitzt.

b. Kein Recht des Arbeitnehmers auf Selbstbeurlaubung

12 Dem Arbeitnehmer steht kein Recht auf Selbstbeurlaubung zu, er darf daher seinen Urlaub nicht ohne Genehmigung des Urlaubs durch den Arbeitgeber antreten. Eine Ausnahme besteht auch dann nicht, wenn das Urlaubsjahr oder der Übertragungszeitraum ohne die zeitliche Festlegung des Urlaubs durch den Arbeitgeber abzulaufen drohen.[17] Verlangt der Arbeitnehmer rechtzeitig seinen Urlaub und wäre es dem Arbeitgeber auch möglich gewesen, diesen zu erteilen,[18] so kann der Arbeitnehmer jedoch **Schadensersatzansprüche** in Form von Erholungsurlaub in gleicher Höhe geltend machen.[19]

13 Der Arbeitgeber kann im Falle der unzulässigen Selbstbeurlaubung Schadensersatzansprüche gegen den Arbeitnehmer geltend machen oder sogar **außerordentlich kündigen**,[20] weil die Selbstbeurlaubung eine **Verletzung der Arbeitspflichten** des Arbeitnehmers darstellt.[21] Zudem hat der Arbeitnehmer für den Zeitraum der Selbstbeurlaubung **keinen Anspruch auf Urlaubsentgelt**, da Voraussetzung eines solchen Anspruchs die Freistellung des Arbeitnehmers von seiner Arbeitspflicht durch den Arbeitgeber ist.

14 Ein weiterer Grund zur außerordentlichen Kündigung besteht, wenn der Arbeitnehmer bei Nichtgewährung bzw. Nichtverlängerung des Urlaubs dem

---

16 Hierzu mit weiteren Beispielen: ErfK/Gallner, BUrlG, § 7 Rn. 19.

17 Hohmeister/Hohmeister, BUrlG, § 7 Rn. 14 ff. m. w.N; BAG 25. 1. 1994 – 9 AZR 312/92; a. A. Neumann/Neumann, BUrlG, § 7 Rn. 42 ff.; LAG Rheinland-Pfalz 25. 1. 1991 – 6 Sa 829/90.

18 Im Übertragungszeitraum ist dem Arbeitnehmer der Erholungsurlaub zu gewähren, ohne dass es dabei auf die betrieblichen Belange des Arbeitgebers ankommt, vgl. § 7 Abs. 3 Satz 2.

19 BAG 7. 11. 1985, BB 1986, S. 735; LAG Mainz 28. 1. 2014 – 6 Sa 342/13 mit Verweis auf BAG 6. 8. 2013 – 9 AZR 956/11.

20 Dazu LAG Schleswig-Holstein 6. 1. 2011 – 5 Sa 459/10. Die zweiwöchige Ausschlussfrist des § 626 Abs. 2 BGB (fristlose Kündigung aus wichtigem Grund) beginnt erst mit dem Ende des unzulässig angetretenen Erholungsurlaubs zu laufen; LAG Düsseldorf 29. 4. 1981, DB 1981, S. 1731.

21 Z. B. BAG 20. 6. 2000 – 9 AZR 405/99, Neumann/Neumann, BUrlG, § 7 Rn. 36 ff.

Arbeitgeber **mit Krankheit droht**, ohne zu diesem Zeitpunkt krank zu sein oder sich krank zu fühlen. Dabei ist es ohne Belang, ob der Arbeitnehmer nach dieser Drohung tatsächlich arbeitsunfähig krank wird oder nicht.[22]

c. Nachträgliche Änderung des Urlaubs, Rückruf, Widerruf

Ein bereits festgesetzter Urlaubstermin kann regelmäßig durch eine einseitige Willenserklärung nicht mehr geändert werden.[23] Ob in Ausnahmefällen (im Sinne echter Notfälle) die Möglichkeit zur einseitigen Verschiebung des festgesetzten Urlaubstermins besteht, ist umstritten.[24] 15

Unseres Erachtens kann der **Arbeitgeber** den Urlaubszeitpunkt nur in absoluten Ausnahmefällen nachträglich ändern. Voraussetzung für einseitige Änderungen ist stets, dass ohne die Arbeitsleistung des betroffenen Arbeitnehmers eine Abhilfe der Notlage praktisch ausgeschlossen ist und dem Arbeitgeber als unmittelbare Folge der Abwesenheit vom Arbeitsplatz eben dieses Arbeitnehmers schwerste Schäden drohen. Andere Maßnahmen müssen sich nachweisbar als undurchführbar erweisen. Für voraussehbare und insoweit planbare Abwesenheitsprobleme erhöht sich die Pflicht des Arbeitgebers noch, ohne den urlaubsbedingt abwesenden Arbeitnehmer auszukommen. 16

Soweit die Notlage erst durch mangelnde Organisation und Planung seitens des Arbeitgebers oder das Versäumnis des Vorhaltens einer angemessenen Personalreserve entsteht, besteht kein Änderungsrecht. Für solche Fälle eignen sich vorsorgende Kollektivverträge, welche Rückkehr- oder Widerrufsklauseln enthalten können.[25]

Der Arbeitgeber hat dann aber jedenfalls die durch den Widerruf des Urlaubs oder den Rückruf aus dem Urlaub entstandenen Mehrkosten und Schäden zu ersetzen. Dazu zählen unter anderem Reiserücktritts- und Hotelkosten, während Ausgaben für gekaufte und später nutzbare Ausrüstungsgegenstände wie eine Ski- oder Campingausrüstung vom Arbeitgeber in der Regel nicht ersetzt zu werden brauchen. Dies gilt unabhängig davon, ob der Arbeitnehmer selbst oder eine mitreisende andere Person die Urlaubskosten getragen hat. Der Arbeitnehmer hat die Höhe der Kosten gegenüber dem Arbeitgeber nachzuweisen. 17

---

22 BAG 5.11.1992 – 2 AZR 147/92.

23 BAG 31.5.1988, BB 1988, S. 2466.

24 Dafür: Neumann/Neumann, BUrlG, § 7 Rn. 37ff.; ErfK/Gallner, BUrlG, § 7 Rn. 27 (unter engen Voraussetzungen), Schaub/Linck, § 104 Rn. 77; dagegen: Hohmeister/Hohmeister, BUrlG, § 7 Rn. 23; offengelassen von BAG 20.6.2000 – 9 AZR 405/99.

25 Hinweise zu möglichen Regelungen in der Einführung, Kapitel IX. Rn. 154.

18 Der **Arbeitnehmer** ist ebenfalls an die Festlegung des Urlaubszeitpunktes gebunden. Im Gegensatz zum Arbeitgeber kann er nach derzeitigem Stand der Rechtsprechung in Notfällen eine einseitige Urlaubsverschiebung nicht herbeiführen. Der Arbeitnehmer bedarf dazu vielmehr der Zustimmung des Arbeitgebers oder der Unterstützung des Gerichts zur Durchsetzung der Urlaubsverschiebung gegenüber dem Arbeitgeber.

19 Eine nachträgliche Änderung der Urlaubslage kann aber im Einvernehmen zwischen den Arbeitsvertragsparteien erfolgen.[26]

d. Urlaub im Anschluss an eine Maßnahme der medizinischen Vorsorge oder Rehabilitation

20 Der Arbeitgeber ist gem. § 7 Abs. 1 Satz 2 verpflichtet, dem Arbeitnehmer im Anschluss an eine Maßnahme der medizinischen Vorsorge oder Rehabilitation auf dessen Verlangen Urlaub zu gewähren. Weder dringende betriebliche Gründe noch die Wünsche anderer Arbeitnehmer können dem Urlaubsbegehren des betreffenden Arbeitnehmers entgegenstehen, sodass § 7 Abs. 1 Satz 2 dem Satz 1 stets vorgeht. Dem Arbeitnehmer soll dadurch die Möglichkeit geschaffen werden, sich im Anschluss an eine solche Maßnahme auszukurieren – insbesondere auch wenn ärztlich eine Schonungszeit[27] angeraten wird. Voraussetzung für die Anwendbarkeit des § 7 Abs. 1 Satz 2 ist, dass der Arbeitnehmer einen ausreichenden (Rest-)Urlaubsanspruch besitzt.[28]

e. Urlaubserteilung während Freistellung und in der Kurzarbeit

21 Eine Erklärung des Arbeitgebers, den Arbeitnehmer nach Ausspruch einer ordentlichen Kündigung unter Anrechnung bestehender Urlaubsansprüche von der Arbeit freizustellen, ist zunächst nach den allgemeinen Regeln auszulegen und kann u. U. eine wirksame Urlaubserteilung enthalten.[29] Selbst eine vorsorglich erklärte Urlaubserteilung – für den Fall, dass eine ordentliche oder außerordentliche Kündigung das Arbeitsverhältnis nicht auflöst – ist unter den oben genannten Voraussetzungen zulässig und wirksam.[30] Es muss sich um eine unwiderrufliche Freistellung handeln, die »hinreichend deutlich« zum Ausdruck bringt, dass Urlaub erteilt werden soll.[31] Der Ar-

---

26 ErfK/Gallner, BUrlG, § 7 Rn. 27 a. E.; BAG 29. 1. 1960 – 1 AZR 200/58.

27 Vgl. hierzu auch § 10 Rn. 7.

28 ErfK/Gallner, BUrlG, § 7 Rn. 20.

29 Vgl. nur LAG Rheinland-Pfalz 21. 8. 2024 – 7 Sa 193/24 m. w. N, LAG Mecklenburg-Vorpommern 19. 3. 2024 – 5 Sa 68/23.

30 BAG 25. 8. 2020 – 9 AZR 612/19, BAG 14. 8. 2007 – 9 AZR 934/06.

31 Allgemeiner zu einseitig angeordneten Freistellungsphasen unter Anrechnung auf Urlaubsansprüche: BAG 16. 7. 2013 – 9 AZR 50/12.

beitgeber muss dabei nicht festlegen, an welchen Tagen er den Arbeitnehmer zur Urlaubserteilung und an welchen er ihn zu anderen Zwecken freistellt.[32] Erklärt sich der Arbeitnehmer auf eine Freistellungserklärung nicht, darf der Arbeitgeber davon ausgehen, der Arbeitnehmer lege die Urlaubszeit selbst fest; spätere darauf bezogene Forderungen gelten dann unter Umständen als rechtsmissbräuchlich.[33] Teilt der Arbeitnehmer dem Arbeitgeber sodann mit, für welchen Zeitraum er Urlaub nimmt, kann er diese Festlegung später nicht mehr ändern und in den Zeitraum einer Arbeitsunfähigkeit legen.[34] Das gilt gleichermaßen für die Fälle, in denen ein Insolvenzverwalter als Arbeitgeber agiert.[35]

Nach § 1 BUrlG setzt die Erfüllung des Urlaubsanspruchs nicht nur die **22** unwiderrufliche Freistellung von der Verpflichtung zur Arbeitsleistung, sondern auch die Zahlung der Vergütung voraus. Ein Arbeitgeber gewährt durch die Freistellungserklärung im Kündigungsschreiben daher nur dann wirksam Urlaub, wenn er dem Arbeitnehmer die Urlaubsvergütung vor Antritt des Urlaubs zahlt oder vorbehaltlos zusagt.[36] Von letzterem ist aber im bestehenden Arbeitsverhältnis in der Regel auszugehen.[37]

Bei einer jahresübergreifenden Kündigungsfrist kann der Arbeitgeber die **23** Freistellungserklärung auch – soweit kein abweichender Festlegungswunsch des Arbeitnehmers verbindlich ist – im Vorgriff auf das folgende Urlaubsjahr abgeben. Für den Arbeitnehmer muss aber eindeutig erkennbar sein, ob der Anspruch auf den gekürzten Vollurlaub oder auf den Vollurlaub erfüllt werden soll; Zweifel gehen zu Lasten des Erklärenden.[38]

In Betrieben, in denen in Kurzarbeit bzw. Kurzarbeit Null gearbeitet wird, **24** hat dies für die bestehenden Urlaubsansprüche keinerlei Einfluss auf die zeitliche Festlegung des Urlaubs. Der Urlaub ist wie sonst auch zu vergüten.[39] Für die Frage, ob und in welcher Höhe während Kurzarbeit Null Urlaubsansprüche erworben werden – also die Höhe der Urlaubsansprüche – wird auf die Kommentierung in § 3[40] verwiesen.

---

32 Vgl. nur BAG 20.8.2019 – 9 AZR 468/18, Rn. 20 m.w.N., BAG 23.2.2021 – 5 AZR 314/20, Rn. 24 m.w.N.

33 BAG 14.3.2006 – 9 AZR 11/05, BAG 19.5.2009 – 9 AZR 433/08.

34 LAG Schleswig-Holstein 26.3.2024 – 1 Sa 168/23.

35 So etwa BAG 21.11.2006 – 9 AZR 97/06.

36 BAG 10.2.2015 – 9 AZR 455/13.

37 BAG 20.8.2019 – 9 AZR 468/18.

38 BAG 17.5.2011 – 9 AZR 189/10, Reinecke, Urlaub in der Kündigungsfrist, AuR 2013, S. 19–23.

39 Siehe hierzu § 11 Rn. 23.

40 § 3 Rn. 32.

f. Urlaubsansprüche in der Insolvenz

25 Alle Urlaubsansprüche von Arbeitnehmern sind grundsätzlich auch in der Insolvenz des Arbeitgebers zu erfüllen. Freistellungsansprüche werden vom Insolvenzverfahren nicht berührt.[41] Wie dies zu vergüten ist, wird in § 11 erläutert.[42]

g. Mitbestimmung des Betriebsrats

26 Gem. § 87 Abs. 1 Nr. 5 BetrVG hat der **Betriebsrat**, sofern eine tarifliche Regelung nicht besteht, ein **zwingendes Mitbestimmungsrecht** bei der Aufstellung allgemeiner Urlaubsgrundsätze und des Urlaubsplans sowie bei der Festsetzung der zeitlichen Lage des Urlaubs für einzelne Arbeitnehmer, wenn zwischen diesen und dem Arbeitgeber kein Einverständnis erzielt werden kann.[43] Dem Mitbestimmungsrecht unterliegt nicht nur der Erholungsurlaub, sondern jede Art des Urlaubs.[44]

27 Die **allgemeinen Urlaubsgrundsätze** bestimmen die kollektive Umsetzung des Urlaubs auf das Urlaubsjahr.[45] Gegenstand können zum einen allgemeine Kriterien sein, nach denen soziale Gesichtspunkte bei der Urlaubserteilung zu berücksichtigen sind, zum anderen aber auch das Verfahren zur Festlegung des Urlaubs (z. B. eine Regelung über die Eintragung von Urlaubswünschen in eine Urlaubsliste).[46]

28 Der **Urlaubsplan** enthält die beabsichtigte zeitliche Verteilung des Urlaubs der einzelnen Arbeitnehmer des Betriebes auf das jeweilige Urlaubsjahr.[47] So unterliegt auch die **Einführung von Betriebsferien** der Mitbestimmung des Betriebsrats.[48] Mit der Einführung von Betriebsferien wird der Urlaubszeitraum für alle Arbeitnehmer oder für Gruppen von Arbeitnehmern im Betrieb festgelegt, wodurch dringende betriebliche Belange begründet werden, hinter denen die individuellen Urlaubswünsche des Arbeitnehmers

---

41 BAG 21.11.2006 – 9 AZR 97/06; Henkel, Zu Urlaubsabgeltungsansprüchen in der Insolvenz, EWiR 2008, S. 87 f.

42 Siehe § 11 Rn. 29.

43 Hinsichtlich des Mitbestimmungsrechts des Personalrates s. § 75 Abs. 3 Nr. 3 BPersVG (entspricht weitestgehend dem Mitbestimmungsrecht des Betriebsrates gem. § 87 Abs. 1 Nr. 5 BetrVG) sowie die einschlägigen Landespersonalvertretungsgesetze.

44 Neumann/Neumann, BUrlG, § 7 Rn. 25 ff.; ErfK/Kania, BetrVG, § 87 Rn. 42 ff. m. w. N.

45 Neumann/Neumann, BUrlG, § 7 Rn. 25, ErfK/Kania, BetrVG, § 87 Rn. 44.

46 Neumann/Neumann, BUrlG, § 7 Rn. 25; ErfK/Kania, BetrVG, § 87 Rn. 46.

47 Neumann/Neumann, BUrlG, § 7 Rn. 25; ErfK/Kania, BetrVG, § 87 Rn. 45.

48 Neumann/Neumann, BUrlG, § 7 Rn. 31 ff.

zurückstehen müssen.[49] Das gilt indessen nicht für einseitig vom Arbeitgeber festgesetzte Betriebsferien.[50]

h. Gerichtliche Durchsetzung des Urlaubsanspruchs

29 Wenn der Arbeitgeber die Erfüllung des Urlaubsanspruchs verweigert, kann der Arbeitnehmer seinen Anspruch auf **Urlaubsgewährung zu einem bestimmten Zeitpunkt** durch eine **Leistungsklage** vor dem Arbeitsgericht geltend machen, in der er beantragt, den Arbeitgeber zu verurteilen, ihm × Tage Urlaub von … bis … zu gewähren.[51] Die Klage auf Urlaubserteilung zu einem näher bezeichneten Zeitpunkt wird jedoch unzulässig, wenn das Gericht erst nach dem beantragten Urlaubstermin über die Klage des Arbeitnehmers entscheidet, weil der Klage dann wegen der Unmöglichkeit der Leistung das Rechtsschutzbedürfnis fehlt.[52].

30 Zulässig sind nach der Rechtsprechung des BAG wegen der Konkretisierungsbefugnis des Arbeitgebers nach § 7 Abs. 1 auch **Klagen** auf **Urlaubsgewährung ohne Zeitangabe**;[53] eine solche kann im Einzelfall geeignet sein, trotz langer Verfahrensdauer eine Klageabweisung zu vermeiden.

31 Die Willenserklärung des Arbeitgebers gilt als abgegeben (der Urlaub gilt als erteilt), sobald das Urteil Rechtskraft erlangt hat. Das kann aber nur gelten, wenn das Urteil auch einen vollstreckungsfähigen Inhalt hat, d. h. auf einen konkreten Urlaubszeitraum bezogen ist.

32 Ebenfalls zulässig ist eine **Klage auf Feststellung**, dass dem Arbeitnehmer für das Urlaubsjahr X noch Y Urlaubstage zustehen;[54] allerdings darf der Zeitraum, für den die Feststellung begehrt wird, nicht in der Vergangenheit liegen,[55] es sei denn, dass sich aus der begehrten Feststellung Rechtsfolgen für die Gegenwart oder die Zukunft ergeben.[56] Letzteres wird regelmäßig dann der Fall sein, wenn sich der Arbeitgeber, der den Urlaubsanspruch bestritten hatte, auch geweigert hat, diesen zu erfüllen und so einen Übertragungs- oder Schadensersatztatbestand geschaffen hat.

32a Hat der Arbeitgeber dem Arbeitnehmer schuldhaft keinen Urlaub gewährt und ist der Urlaubsanspruch verfallen, steht dem Arbeitnehmer ein Schadensersatzanspruch zu, der auf Ersatzurlaub gerichtet ist. Für den Fall ei-

49 BAG 28.7.1981 – 1 ABR 79/79.
50 Anderer Ansicht LAG Düsseldorf 20.6.2002 – 11 Sa 378/02.
51 BAG 18.12.1986 – 8 AZR 502/84.
52 BAG 18.12.1986 – 8 AZR 502/84, AP Nr. 10 zu § 7 BUrlG mit krit. Anm. von Leipold.
53 Vgl. nur BAG 18.3.2014 – 9 AZR 877/13.
54 BAG 23.7.1987 – 8 AZR 20/86; Neumann/Neumann, BUrlG, § 7 Rn. 50.
55 BAG 8.12.1992 – 9 AZR 113/92.
56 BAG 22.9.1992 – 9 AZR 404/90.

nes fortbestehenden Arbeitsverhältnisses hat das BAG[57] klargestellt, dass dieser Ersatzurlaub grundsätzlich durch Freistellung von der Arbeitspflicht zu gewähren ist und nicht durch Zahlung von Geld. Dieser Ersatzurlaubsanspruch unterliegt außerdem keinen Ausschlussfristen.[58]

33 Der Arbeitnehmer kann seinen Urlaubsanspruch auch im Wege der **einstweiligen Verfügung** nach §§ 935, 940 ZPO durchsetzen, wenn anders die rechtzeitige Durchsetzung des Urlaubsanspruchs unter Berücksichtigung der gem. § 7 Abs. 1 Satz 1 vorrangigen Urlaubswünsche des Arbeitnehmers nicht gewährleistet ist, auch wenn der Urlaubsanspruch auf diese Weise regelmäßig nicht nur gesichert, sondern erfüllt wird.[59] Dies ist insbesondere ratsam, wenn eine Urlaubsreise gebucht wurde, weil der Arbeitnehmer von der Gewährung des Urlaubs ausgegangen ist und diese kurz bevorsteht.

3. Pflicht zur zusammenhängenden Urlaubsgewährung gem. § 7 Abs. 2

a. Unteilbarkeit des Urlaubs

34 Der Urlaub eines Kalenderjahres soll gem. § 7 Abs. 2 zusammenhängend gewährt werden, mindestens aber 12 Werktage. Dies dient vor allem der besseren Erholung und damit dem Gesundheitsschutz. Der Arbeitnehmer kann den Urlaub im Ganzen fordern, während der Arbeitgeber das Recht und die Pflicht hat, den Urlaub untrennbar in einem Stück festzusetzen. Die Unteilbarkeit des Urlaubs stellt einen gefestigten Grundsatz des Urlaubsrechts dar, wird aber in der Praxis oft nicht beachtet. Die Bestimmung gilt nicht nur für den in einem Jahr erworbenen **gesetzlichen Mindesturlaubsanspruch**, sondern entsprechend auch für den **Teilurlaub** i. S. v. § 5 Abs. 1[60] und den aus dem Vorjahr gem. § 7 Abs. 3 übertragenen Urlaub. Diese müssen aber nicht zusammenhängend mit dem Urlaubsanspruch des laufenden Jahres gewährt werden.[61].

35 Eine **Aufstückelung** des gesetzlichen Mindesturlaubs in kleinste Raten widerspricht dem Erholungszweck und ist somit grundsätzlich unzulässig. Eine Aufteilung des Urlaubsanspruchs z. B. dergestalt, dass die 24 Werktage auf 24 Wochen verteilt werden und so für ein halbes Jahr zur 5- statt 6-Tage-Woche führen, wäre demnach unzulässig. Die Vereinbarung einzelner Urlaubstage sollte daher mit Augenmaß erfolgen, gleiches gilt für entsprechende betriebliche Regelungen. In allen Fällen sollte das Interesse an der

57 BAG 16. 5. 2017 – 9 AZR 572/16.

58 BAG 19. 6. 2018 – 9 AZR 615/17.

59 Thüringer LAG 28. 4. 2016 – 6 SaGa 5/16; Neumann/Neumann, BUrlG, § 7 Rn. 54.

60 Neumann/Neumann, BUrlG, § 7 Rn. 56 ff. m. w. N.

61 ErfK/Gallner, BUrlG, § 7 Rn. 25, a. A. Neumann/Neumann, BUrlG, § 7 Rn. 57.

möglichst autonomen Gestaltung des Urlaubs nach den eigenen Bedürfnissen und Notwendigkeiten aufseiten der Beschäftigten mit den arbeitsmedizinischen Erkenntnissen zum Einsetzen echter Erholungseffekte abgeglichen werden.
Beschäftigte haben demnach das Recht – und die Pflicht –, einmal im Kalenderjahr mindestens 2 Wochen am Stück Erholungsurlaub zu verbringen.

Mit diesem Augenmaß ist auch die Erteilung von »**halben Tagen**« Urlaub 36
zu messen, soweit dies nicht sowieso besser durch den Einsatz von Mehrarbeit kompensiert werden kann. Dies kommt in der betrieblichen Praxis zum Beispiel bei Arztbesuchen[62] oder für den 24. oder 31. 12. vor, an dem viele Arbeitgeber eine Freistellung für einen halben Tag gewähren.

b. Dringende betriebliche Gründe

Eine Ausnahme vom Grundsatz der Unteilbarkeit des gesetzlichen Mindest- 37
urlaubs ist nur beim Vorliegen dringender betrieblicher oder in der Person des Arbeitnehmers liegender Gründe zulässig, die einer zusammenhängenden Urlaubsgewährung entgegenstehen. Hier gelten die gleichen Kriterien und Erwägungen wie schon unter Ziffer 2 beschrieben. Dementsprechend können hierzu die Berücksichtigung von Urlaubswünschen anderer Arbeitnehmer zählen, insbesondere wenn sie Kinder im schulpflichtigen Alter haben, aber auch betriebliche Störungen, fehlende Vertretungsmöglichkeiten, Saisonzeiten usw.[63] Auch Betriebsferien rechtfertigen die Teilung des Urlaubs.[64]

Der Arbeitgeber muss im Rahmen einer **Interessenabwägung** beurteilen, 38
welche Interessen schutzbedürftiger sind. Dabei hat er nicht nur regelmäßig die vorrangigen Urlaubswünsche der Arbeitnehmer, sondern vor allem auch das dem Erholungszweck dienende grundsätzliche Teilungsverbot des Urlaubs zu berücksichtigen.[65]

Sind die betrieblichen und die arbeitnehmerseitigen **Interessen gleichge-** 39
wichtig, so geht der Wunsch des Arbeitnehmers auf ungeteilten Urlaub vor.

62 Schon deshalb unnötig, weil für Arztbesuche, die in der Arbeitszeit stattfinden müssen, ein Anspruch auf bezahltes Fernbleiben nach § 616 BGB oder, soweit dieser wirksam abbedungen wurde, jedenfalls unbezahltes Fernbleiben nach § 275 Abs. 3 BGB besteht.

63 Hohmeister/Hohmeister, BUrlG, § 7 Rn. 42.

64 Hohmeister/Hohmeister, BUrlG, § 7 Rn. 42; a. A. Neumann/Neumann, BUrlG, § 7 Rn. 58.

65 Neumann/Neumann, BUrlG, § 7 Rn. 58.

c. In der Person des Arbeitnehmers liegende Gründe

40 In der Person des Arbeitnehmers liegende Gründe können eine Teilung des Urlaubs ebenfalls erforderlich machen.

41 Umstritten ist, wie gewichtig diese Gründe sein müssen und ob ein ausdrücklicher Wunsch des Arbeitnehmers ausreicht, um eine Ausnahme von der Unteilbarkeit des Urlaubs zu rechtfertigen. Solange der Erholungszweck hierdurch nicht gefährdet wird – weil zum Beispiel zumindest einmal im Kalenderjahr ein zusammenhängender Urlaub von 2 Wochen beantragt und gewährt wird – spricht unserer Meinung nach nichts dagegen.[66]

42 Damit kommt es auch nicht darauf an, ob man z. B. die Teilnahme an einer Familienfeier oder einem Vereinsfest als dem Erholungszweck dienend ansieht, oder nicht. Entscheidend ist, dass der Zweck des Gesetzes erfüllt wird, die Gesundheit der Arbeitnehmer durch ausreichend Möglichkeit zur Erholung zu erhalten.[67]

43 Folgt man dieser Auffassung nicht, so sind als gewichtige arbeitnehmerseitige Gründe, die eine Urlaubsteilung rechtfertigen, jedenfalls zusätzliche Erholungszeiten nach einer schweren Krankheit oder im Anschluss an einen Kuraufenthalt, aber auch die Aufteilung des Urlaubs in Winter- und Sommerurlaub zu nennen.[68]

d. Mindestens zwei Wochen zusammenhängender Urlaub

44 Kann der Urlaub aus einem in § 7 Abs. 2 Satz 1 normierten Grund nicht zusammenhängend gewährt werden, so muss nach dem Wortlaut des § 7 Abs. 2 Satz 2 einer der Urlaubsteile mindestens zwölf aufeinander folgende Werktage umfassen, d. h. mindestens zwei Wochen betragen. Darin kommt zum Ausdruck – im Zusammenhang mit dem Unteilbarkeitsgrundsatz – dass wenigstens dieser Zeitraum des gesetzlichen Mindesturlaubs zusammenhängend zu nehmen ist, um die Zielsetzung des Gesetzes zu erreichen. Dem liegt zugrunde, dass der Urlaubsanspruch seine Wirksamkeit nur in einer längeren geschlossenen Urlaubsperiode entfalten kann.[69]

45 Von der Vorschrift, dass ein Urlaubsteil mindestens 12 Werktage betragen muss (§ 7 Abs. 2 Satz 2) kann gem. § 13 Abs. 1 Satz 3 kollektivrechtlich zu Ungunsten des Arbeitnehmers **abgewichen** werden. Dies gilt nach der BAG-Rechtsprechung aber nur, wenn dringende betriebliche Gründe dies

---

66 So auch LAG Niedersachsen 23. 4. 2009 – 7 Sa 1655/08, m. w. N.

67 Im Ergebnis ebenso: Hohmeister/Hohmeister, BUrlG, § 7 Rn. 31; a. A. Neumann/Neumann, BUrlG, § 7 Rn. 60.

68 Neumann/Neumann, BUrlG, § 7 Rn. 59 f.

69 Ebenso ErfK/Gallner, BUrlG, § 7 Rn. 25; Schaub/Linck, § 104 Rn. 82; BAG 21. 9. 2010 – 9 AZR 442/09.

erforderlich machen.[70] Dies gilt nicht für den Grundsatz der zusammenhängenden Gewährung (§ 7 Abs. 2 Satz 1). Dieser ist **unabdingbar** und kann daher nur in den oben erläuterten vom Gesetz selbst definierten Grenzen aufgeweicht werden. Demnach muss den Betroffenen immer die Möglichkeit verbleiben, wenigstens einmal im Jahr einen Urlaub von gewisser Dauer zu nehmen.

4. Übertragung des Urlaubsanspruchs gem. § 7 Abs. 3

a. Erfüllung des Anspruchs auf Urlaub im laufenden Kalenderjahr gem. § 7 Abs. 3 Satz 1

Der Urlaub ist gem. § 7 Abs. 3 Satz 1 grundsätzlich im laufenden Kalen- **46**
derjahr zu gewähren, um eine regelmäßige Erholung der Beschäftigten zu erreichen. Es sei daran erinnert, dass »Urlaub« allein **bezahlter** Urlaub ist; jede Form unbezahlter Freizeitgewährung kann nicht als Urlaub gewertet werden.[71] Macht der Arbeitnehmer in diesem Zeitraum den ihm zustehenden Urlaub nicht geltend, verfällt dieser nicht automatisch, sondern erst dann, wenn der Arbeitgeber ausdrücklich und rechtzeitig auf den Urlaubsanspruch hingewiesen und diesen ermöglicht hat.[72] Nimmt der Arbeitnehmer allerdings den arbeitgeberseitig gewährten und festgelegten Urlaub nicht in Anspruch, so verfällt der Urlaubsanspruch, wenn keiner der gesetzlichen Übertragungsgründe des § 7 Abs. 3 Satz 2 vorliegt.[73] Das gilt auch für einen langfristig erkrankten Arbeitnehmer, der im laufenden Kalenderjahr inklusive Übertragungszeitraum wieder so rechtzeitig arbeitsfähig wird, dass er den ausstehenden Urlaub nehmen kann. In dem Umfang, wie er Urlaub hätte nehmen können, verfällt er unter den oben genannten Voraussetzungen.[74] Nach der Rechtsprechung des BAG reicht es nicht aus, dass der Urlaub vor Ablauf des Kalenderjahres angetreten worden ist, sondern der Arbeitnehmer muss seinen Urlaubsanspruch so frühzeitig gegenüber dem Arbeitgeber geltend machen, dass der letzte Urlaubstag spätestens auf den 31. Dezember fällt.[75] Gleiches gilt für den Übertragungszeitraum (1. Januar bis 31. März). Bei Vorliegen einer entsprechenden Vereinbarung zwischen den Vertragsparteien reicht es aufgrund des Günstigkeitsprinzips aus, wenn der Urlaubsbeginn zumindest noch vor dem 1. Januar des Folge-

70 BAG 5.3.2024 – 9 AZR 46/23, Rn. 33 m.w.N. zum Tarifvertrag für die Musiker in Konzert- und Theaterorchestern, der 45 Kalendertage Urlaub vorsieht, davon mindestens 32 am Stück und maximal in zwei Teilen.
71 EuGH 29.11.2017 – C-214/16 (King).
72 EuGH 6.11.2018 – C 569/16 und C 570/16.
73 BAG 9.8.2011 – 9 AZR 425/10; BAG 22.10.2019 – 9 AZR 98/19, Rn. 13.
74 BAG 9.8.2011 – 9 AZR 425/10, a.a.O.
75 Neumann/Neumann, BUrlG, § 7 Rn. 65, 66.

jahres liegt. Die Vereinbarung kann auch auf betrieblicher Übung oder auf Gesamtzusage beruhen oder stillschweigend erfolgen. In Tarifverträgen sind solche Regelungen ebenfalls zu finden, wie z. B. in § 26 Abs. 2a) TVöD und TV-L.[76]

47 Die Arbeitsvertragsparteien können vereinbaren, dass der Arbeitnehmer Urlaub ohne Rücksicht auf das Bestehen gesetzlicher oder tariflicher Übertragungsgründe während des gesamten folgenden Kalenderjahres beanspruchen kann. Eine solche Regelung verstößt nicht gegen § 13 Abs. 1 Satz 3; sie ist günstiger als die auf den 31. 3. des Folgejahres befristete Übertragung. Eine solche Übertragungsregelung kann ebenfalls Gegenstand einer betrieblichen Übung sein.[77]

48 Eine Tarifnorm, die regelt, dass ein Arbeitnehmer tariflichen Mehrurlaub durch eine unbegründete Auflösung des Arbeitsverhältnisses ohne Einhaltung einer Kündigungsfrist verwirkt, erfasst auch den übertragenen Urlaub.[78]

b. Die Übertragung des Anspruchs auf Urlaub gem. § 7 Abs. 3 Satz 2 und 3

49 Kann der Arbeitgeber dem Arbeitnehmer seinen Urlaubsanspruch aufgrund dringender betrieblicher Gründe im Urlaubsjahr nicht gewähren oder ist der Arbeitnehmer selbst aus persönlichen Gründen nicht in der Lage, diesen geltend zu machen, so ist der Urlaub gem. § 7 Abs. 3 Satz 2 und 3 im ersten Quartal des Folgejahres zu nehmen. Die Übertragung des Urlaubs geschieht bei Vorliegen der Voraussetzungen automatisch und erfordert keine Handlung des Arbeitnehmers.[79] Anders ist dies hinsichtlich des Teilurlaubs gem. § 7 Abs. 3 Satz 4.[80] Andere Übertragungsmodalitäten über § 7 Abs. 3 hinaus sind nicht zulässig, so auch nicht die Anrechnung eines zu Unrecht genommenen freien Tages als Urlaub im Vorgriff auf übertragene Urlaubsansprüche im Folgejahr.[81]

aa. Dringende betriebliche Gründe

50 An das Vorliegen dringender betrieblicher Gründe ist grundsätzlich ein strenger Maßstab anzulegen, damit der Sinn und Zweck des Erholungsurlaubs nicht unterlaufen wird. Eine Regeneration der physischen und psy-

---

76 Neumann/Neumann, BUrlG, § 7 Rn. 66.
77 BAG 21.6.2005 – 9 AZR 200/04.
78 BAG 10.2.2004 – 9 AZR 116/03.
79 BAG 24.3.2009 – 9 AZR 983/07.
80 Siehe dort, Rn. 66.
81 BAG 11.7.2006 – 9 AZR 535/05.

chischen Kräfte tritt nämlich am ehesten ein, wenn der Arbeitnehmer regelmäßig **jedes** Jahr seinen Erholungsurlaub erhält.[82] Daraus folgt, dass eine **Abwägung** zwischen dem Interesse des Arbeitgebers an der Übertragung des Urlaubs und dem Interesse des Arbeitnehmers, den Urlaub im laufenden Jahr zu nehmen, vorgenommen werden muss. Hierbei ist zu berücksichtigen, dass es anders als bei § 7 Abs. 1 Satz 1[83] um die Nichtgewährung des Urlaubs im laufenden Jahr geht.

In der Praxis geht es dabei zumeist um Urlaubswünsche am Jahresende. 51
Die **betrieblichen Gründe** müssen erfordern, dass der Mitarbeiter unabkömmlich ist, weil seine Kenntnisse bzw. seine Arbeitsleistung aufgrund unvorhergesehener Ereignisse, wie plötzlicher Arbeitsanfall, ein temporär hoher Krankenstand oder sonstige Betriebsstörungen benötigt werden. Der gewöhnliche Vertretungsfall am Jahresende muss vom Arbeitgeber durch vorausschauende Personalplanung abgedeckt werden.[84]

bb. In der Person des Arbeitnehmers liegende Gründe

Die in der Person des Arbeitnehmers liegenden Gründe brauchen im Ge- 52
gensatz zu den betrieblichen Gründen nicht dringend zu sein, sodass berechtigte sachliche Gründe bereits ausreichen.[85] Der alleinige Wunsch des Arbeitnehmers auf Übertragung des Urlaubs reicht daher im Normalfall nicht aus, weil der Arbeitnehmer ansonsten nach Belieben seinen Urlaub auf das nächste Kalenderjahr übertragen könnte und dieser Umstand dem Erholungszweck durch jährlich regelmäßig zu nehmenden Urlaub entgegensteht. Insofern ist auch hier eine **Interessensabwägung** durchzuführen.

Als **sachlicher Grund** kommt vor allem eine zur Arbeitsunfähigkeit führen- 53
de Erkrankung des Arbeitnehmers am Ende des Kalenderjahres in Betracht. Weitere Gründe können sich aus Umständen ergeben, die es dem Arbeitnehmer unmöglich machen, den geplanten Urlaub am Jahresende zu nehmen, wie die Erkrankung von Familienmitgliedern des Arbeitnehmers[86]. Für Beschäftigungsverbote einer schwangeren Arbeitnehmerin regelt § 24 Satz 2 MuSchG das Fortbestehen des Erholungsurlaubs im laufenden oder folgenden Urlaubsjahr. Der Wunsch den Urlaub zusammen mit dem Urlaub des darauf folgenden Kalenderjahres zwecks einer besonderen Urlaubsreise

82 Neumann/Neumann, BUrlG, § 7 Rn. 82.
83 S. o. Rn. 7 ff.
84 Hohmeister/Hohmeister, BUrlG, § 7 Rn. 43.
85 Hohmeister/Hohmeister, BUrlG, § 7 Rn. 57 f.; Neumann/Neumann, BUrlG, § 7 Rn. 83.
86 Neumann/Neumann, BUrlG, § 7 Rn. 83–86.

zu verbinden kann wohl nur ausnahmsweise im Einzelfall als sachlicher Grund angesehen werden.[87]

54 Diese Verfallsregelung ist mit Unionsrecht – Art. 7 der Arbeitszeit-RL – vereinbar. Das gilt jedoch nicht, wenn der Arbeitnehmer arbeitsunfähig erkrankt ist und damit seinen Urlaub gar nicht in Anspruch nehmen kann, was bis zu der entgegenstehenden Entscheidung des EuGH jedoch der Rechtsprechung des BAG entsprach und auch der mehrheitlichen Auffassung in der Literatur.

55 Nach dem Urteil des EuGH vom 20.1.2009 (*Schultz-Hoff*)[88] darf der nationale Gesetzgeber einen Verfall auch des Mindesturlaubs nur vorsehen, wenn der Arbeitnehmer tatsächlich die Möglichkeit hatte, den Anspruch auszuüben. Das BAG hat daraufhin entschieden, dass gesetzliche Urlaubsansprüche nicht erlöschen, wenn der Arbeitnehmer bis zum Ende des Urlaubsjahres oder des Übertragungszeitraums arbeitsunfähig erkrankt ist. Das entspreche Wortlaut, Systematik und Zweck der innerstaatlichen Regelungen, da der nationale Gesetzgeber regelmäßig die europarechtlichen Grundlagen ordnungsgemäß umsetzen wolle. § 7 Abs. 3 wird daher nach der Rechtsprechung des BAG nunmehr einschränkend dahingehend ausgelegt, dass nur für die Fälle, in denen vom Willen des Arbeitnehmers unabhängige Hinderungsgründe vorliegen – wie die krankheitsbedingte Arbeitsunfähigkeit – diese Vorschrift nicht anzuwenden ist, der Urlaub also nicht verfällt.[89] Vertragliche Urlaubsansprüche, die den Mindesturlaub von 4 Wochen übersteigen, sog. **Mehrurlaub**, können die Parteien frei regeln. Ob eine vom BUrlG abweichende Regelung besteht, ist von den Gerichten jeweils anhand einer Auslegung der vertraglichen Regelungen bzw. der tariflichen Regelungen zu überprüfen.[90] Wird zwischen gesetzlichem und übergesetzlichem Urlaubsanspruch nicht differenziert, gilt die Rechtsprechung allerdings auch für den vertraglichen oder tariflichen Mehrurlaub.[91] Mit der Rechtsprechung des EuGH in einem Folgeverfahren wurde ein Übertragungszeitraum von 15 Monaten nach dem Ende des Urlaubsjahres bei Krankheit als zeitliches Korrektiv eingeführt. So wird vermieden, dass sich bei langjährigen Erkrankungen sehr hohe Urlaubsansprüche ansammeln, bzw. dass in diesen Fällen – zur Vermeidung eben dieser Ansammlung von Urlaubsansprüchen – krankheitsbedingte Kündigungen ausgesprochen werden.[92] Das BAG ist dieser Rechtsprechung gefolgt.[93]

---

87 Verneinend: Hohmeister/Hohmeister, BUrlG, § 7 Rn. 44; LAG Köln 9.10.1986 – 10 Sa 267/86.

88 NZA 2009, S. 135–139, mit zahlreichen Anmerkungen und Beiträgen.

89 BAG 24.3.2009 – 9 AZR 983/07; BAG 16.10.2012 – 9 AZR 63/11.

90 BAG 24.3.2009 – 9 AZR 983/07.

91 Vgl. hierzu u.a. BAG 12.4.2011 – 9 AZR 80/10; BAG 19.2.2019 – 9 AZR 321/16.

92 EuGH 22.11.2011 – C-214/10.

93 BAG 7.8.2012 – 9 AZR 353/10.

Diese unionsrechtlich gebotene Auslegung hat jedoch nur zur Folge, dass der aufrechterhaltene Urlaubsanspruch zu dem im Folgejahr entstandenen Urlaubsanspruch hinzutritt und damit erneut dem Fristenregime des § 7 Abs. 3 unterfällt.[94] Besteht die Arbeitsunfähigkeit auch am 31. 3. des zweiten auf das Urlaubsjahr folgenden Jahres fort, so gebietet auch das Unionsrecht keine weitere Aufrechterhaltung des Urlaubsanspruchs.[95] Der zunächst aufrechterhaltene Urlaubsanspruch erlischt sodann.[96] 56

Dies gilt aber nicht, wenn der Arbeitgeber den Arbeitnehmer nicht rechtzeitig auf den Verfall der Ansprüche hingewiesen hat und ihn damit tatsächlich in die Lage versetzt hat, den Urlaub zu nehmen (sogenannte Mitwirkungsobliegenheit).[97] 57

(nicht besetzt) 58–59

cc. Die Übertragung des Urlaubs in das erste Quartal des Folgejahres

Der aufgrund des § 7 Abs. 3 Satz 2 übertragene Urlaub ist gem. § 7 Abs. 3 Satz 3 innerhalb der ersten drei Monate des folgenden Kalenderjahres zu gewähren. Die Übertragung erfolgt kraft Gesetzes.[98] Der Urlaub ist im Übertragungszeitraum, also bis zum 31. 3. des Folgejahres, zu erfüllen, sonst verfällt er. 60

Will der Arbeitnehmer Urlaubstage, die er aus den dargestellten Gründen nicht nehmen kann, auf das nächste Kalenderjahr übertragen, muss er dies **noch im Urlaubsjahr verlangen**. Dafür reicht jede Handlung des Arbeitnehmers aus, mit der er für den Arbeitgeber deutlich macht, den Urlaub erst im nächsten Jahr nehmen zu wollen. Nicht ausreichend ist es, dass der Arbeitnehmer im Urlaubsjahr darauf verzichtet, einen Urlaubsantrag zu stellen.[99] 61

(nicht besetzt) 62

dd. Unabdingbarkeit hinsichtlich der Urlaubsübertragung

Von der Bindung des Urlaubs an das Kalenderjahr (§ 7 Abs. 3) kann nach **§ 13 Abs. 1 Satz 1** durch Tarifvertrag zugunsten und auch zuungunsten des Arbeitnehmers abgewichen werden, weil dadurch der Urlaubsanspruch 63

---

94 Vgl. BAG 9.8.2011 – 9 AZR 425/10.

95 Vgl. EuGH 22.11.2011 – C-214/10 (KHS).

96 BAG 16.10.2012 – 9 AZR 63/11; BAG 7.8.2012 – 9 AZR 353/10; BAG 18.3.2014 – 9 AZR 669/12; LAG Rheinland-Pfalz 8.3.2018 – 2 Sa 404/17.

97 So EuGH 22.9.2022 – C-518/20 und C-727/20, vgl hierzu § 1 Rn 11.

98 Vgl. Rn. 5.

99 BAG 29.7.2003 – 9 AZR 270/02, so auch Bayreuther/Bayreuther, § 7 Rn. 165.

selbst nicht berührt wird. Für den Arbeitnehmer günstigere Regelungen können aber auch durch Betriebsvereinbarung oder Einzelarbeitsvertrag getroffen werden, wie z. B. die Erweiterung des Übertragungszeitraums über das erste Quartal des Folgejahres hinaus.[100]

64 Den Parteien steht es frei, diesen Zeitraum zu verlängern, in vielen Betrieben wird dies so gehandhabt, ohne dass es hierzu Regelungen gibt, teilweise entsteht ein längerer Übertragungszeitraum aufgrund betrieblicher Übung.

65 Verlängert eine betriebliche Übung einen tariflichen Übertragungszeitraum, so geht der nur aufgrund der betrieblichen Übung aufrechterhaltene **Mehrurlaubsanspruch** grundsätzlich am Ende des verlängerten Übertragungszeitraums auch dann unter, wenn der Arbeitnehmer zu diesem Zeitpunkt arbeitsunfähig krank ist.[101] Dies ist für den Arbeitnehmer bedauerlich, aber auch vor dem Hintergrund der EuGH-Rechtsprechung vertretbar, handelt es sich doch um Mehrurlaub und nicht um den gesetzlichen Mindesturlaub.

c. Ausnahme von der Gebundenheit des Urlaubs an das Kalenderjahr gem. § 7 Abs. 3 Satz 4

66 Gem. § 7 Abs. 3 Satz 4 ist auf Verlangen des Arbeitnehmers ein nach **§ 5 Abs. 1 Buchst. a** entstehender **Teilurlaub** auf das **gesamte nächste Kalenderjahr** zu übertragen; die Ausschlussfrist des 31. 3. findet insoweit keine Anwendung.[102]

67 Diese Ausnahmeregelung erfasst all diejenigen Fälle, in denen das Arbeitsverhältnis nach Beginn des 1. Juli eines Kalenderjahres begonnen und deshalb die Wartezeit erst im darauf folgenden Kalenderjahr – frühestens am 1. 1. – erfüllt ist.[103] Eine analoge Anwendung auf die übrigen Fälle von Teilurlaub nach § 5 Abs. 1 Buchst. b und c ist hingegen nicht möglich.[104]

68 **Sinn und Zweck** der Regelung ist es, dass ein Urlaubsanspruch von weniger als der Hälfte des regulären Jahresurlaubs zusammen mit dem vollen Urlaubsanspruch des Folgejahres gewährleistet sein soll, damit dem Erholungsbedürfnis des Arbeitnehmers in hinreichendem Maße Rechnung getragen werden kann.

68a Auch in Spezialgesetzen finden sich zum Teil Regelungen, die den Urlaub auf folgende Kalenderjahre übertragen – siehe z. B. § 17 Abs. 2 BEEG.

---

100 Vgl. die zahlreichen tarifvertraglichen Beispiele bei Schaub/Linck, § 104 Rn. 92; Neumann/Neumann, BUrlG, § 7 Rn. 97.
101 BAG 7. 8. 2012 – 9 AZR 760/10.
102 Hohmeister/Hohmeister, BUrlG, § 7 Rn. 62.
103 S. Kommentierung zu § 5 Rn. 3.
104 BAG 25. 8. 1987 – 8 AZR 118/86.

5. Abgeltung des Urlaubsanspruchs gem. § 7 Abs. 4

a. Allgemeines

Der Urlaub ist nur dann abzugelten, wenn er wegen der Beendigung des Arbeitsverhältnisses ganz oder teilweise nicht mehr gewährt werden kann. Urlaubsabgeltung kann nicht verlangt werden, solange das Arbeitsverhältnis noch besteht.[105] Der Arbeitnehmer kann **während des Bestandes seines Arbeitsverhältnisses** keine Abgeltung verlangen, weil der Urlaubsanspruch dem Abgeltungsanspruch stets vorgeht. Eine von diesem Grundsatz abweichende Vereinbarung zwischen den Vertragsparteien, die die Zahlung eines Entgelts gegen Verzicht des Arbeitnehmers auf einen (Mindest-)Urlaub beinhaltet, ist gem. § 134 BGB nichtig, da ansonsten gegen die unabdingbare Kernvorschrift des § 1 verstoßen würde.[106] 69

Tariflicher **Mehrurlaub** ist wie der Mindesturlaub zu behandeln, wenn die Tarifnorm nicht klar zwischen Mindest- und Zusatzurlaub unterscheidet.[107] Im Zweifel ist dies durch Auslegung des Tarifvertrags zu ermitteln.[108] 70

Der Urlaubsanspruch wandelt sich **automatisch** in einen Abgeltungsanspruch um und ist bei der Entstehung an dieselben Voraussetzungen gebunden wie der Naturalurlaubsanspruch. Auf die Art der Beendigung des Arbeitsverhältnisses kommt es für die Entstehung des Abgeltungsanspruches ebenso wenig an wie darauf, ob die Urlaubsgewährung vor der Beendigung möglich war oder ob der Arbeitnehmer in diesem Zeitpunkt arbeitsfähig war. Ausdrücklich stellt der EuGH fest, dass Arbeitnehmer auch dann Anspruch auf finanziellen Ausgleich für nicht verbrauchten Urlaub haben, wenn sie das Arbeitsverhältnis von sich aus beenden.[109] 71

Arbeitsverhältnisse, die nach dem 30. 6. beendet werden,[110] begründen den vollen Urlaubsanspruch, sodass der Arbeitnehmer in diesem Fall einen Abgeltungsanspruch in Höhe des noch nicht erfüllten Vollurlaubs hat. 72

Die Durchsetzung des Abgeltungsanspruches setzt voraus, dass bei Beendigung des Arbeitsverhältnisses noch Urlaub geschuldet war. Das bedeutet also, dass zuvor nicht wirksam aller Urlaub gewährt wurde bzw. gewährter Urlaub nicht genommen werden konnte (z.B. wegen Arbeitsunfähigkeit[111]).[112] 73

Die **Urlaubsabgeltung** i.S.v. § 7 Abs. 4 umfasst den gesamten Urlaubsanspruch, der zum Zeitpunkt der Beendigung noch nicht erfüllt ist. Dabei 74

---

105 BAG 16.5.2017 – 9 AZR 572/16.
106 Vgl. Neumann/Neumann, BUrlG, § 7 Rn. 102ff.
107 BAG 12.4.2011 – 9 AZR 80/10, hierzu ausführlich Einführung, Rn. 119f.
108 BAG 22.5.2012 – 9 AZR 618/10.
109 EuGH 20.7.2016 – C-341/15.
110 S. hierzu § 3.
111 Näher hierzu bei der Kommentierung von § 9.
112 Vgl. Neumann/Neumann, BUrlG, § 7 Rn. 99.

entspricht die Höhe der Urlaubsabgeltung der der Urlaubsvergütung und richtet sich demnach nach den Regelungen des § 11. Sind Bruchteile von Arbeitstagen abzugelten, so findet auch bei der Urlaubsabgeltung § 5 Abs. 2 Anwendung, soweit ein Falls des § 5 Abs. 1 vorliegt.[113]

75 Die Gewährung einer Urlaubsabgeltung hat **keine Auswirkung auf den Beendigungszeitpunkt des Arbeitsverhältnisses**; es wird dadurch in seinem rechtlichen Bestand nicht verlängert.[114] Das gilt auch in Bezug auf ein befristetes Arbeitsverhältnis, wenn der Urlaub sich auf einen Zeitraum nach Befristungsende erstreckt.[115]

b. Sozialversicherungsrechtliche Folgen

76 Ist der Arbeitnehmer im Anschluss an das bisherige Arbeitsverhältnis zunächst arbeitslos, so **ruht** der Anspruch auf **Arbeitslosengeld** für die Zeit des abgegoltenen Urlaubs gem. § 157 Abs. 2 SGB III. Dieser Ruhenszeitraum beginnt gem. § 157 Abs. 2 Satz 2 SGB III mit dem Ende des Arbeitsverhältnisses. Das ändert sich auch nicht durch den Bezug von Krankengeld gem. § 44 SGB V nach dem Ende des Arbeitsverhältnisses, der Ruhenszeitraum verschiebt sich hierdurch nicht.[116] Für den Bezug von Krankengeld gilt die Ruhensregelung dagegen nicht, so dass zusätzlich Urlaubsabgeltung bezogen werden kann.[117] Wird Schadenersatz anstelle von Urlaubsabgeltung gezahlt, gilt die Regelung nach ihrem Wortlaut ebenfalls nicht.[118] Erhält der Arbeitnehmer gleichwohl Arbeitslosengeld, so geht der Anspruch auf Urlaubsabgeltung in Höhe des gewährten Arbeitslosengeldes auf den Leistungsträger über (§ 157 Abs. 3 Satz 2 SGB III).[119] Diese Vorschrift will im Interesse

---

113 Hierzu § 5 Rn. 10; Hohmeister/Hohmeister, BUrlG, § 7 Rn. 64, 82.

114 Anders im Geltungsbereich des SeeArbG.

115 BAG 9.2.2024 – 7 AZR 268/12. Vgl. hierzu auch den umgekehrten Einzelfall: Die Dauer des Arbeitsverhältnisses einer Forstarbeiterin war auf die Dauer der Vegetationsperiode befristet. Die Arbeitsvertragsparteien hatten festgelegt, dass sich das Arbeitsverhältnis um die Zeitdauer des Urlaubs verlängert. Das BAG hat hierzu entschieden, dass dies zulässig ist. Eine Erkrankung der Arbeitnehmerin während des Urlaubs führt in diesem Fall zu einer Verlängerung des Arbeitsverhältnisses um die Dauer der Arbeitsunfähigkeit, weil diese eine Urlaubsgewährung ausschließt, BAG 20.10.1967 – 3 AZR 467/66. Verallgemeinerungen lassen sich hieraus aber unseres Erachtens nicht ableiten, a. A. Hohmeister/Hohmeister, BUrlG, § 7 Rn. 62 und Neumann/Neumann, BUrlG, § 7 Rn. 112 – jeweils ohne Begründung.

116 BAG 17.11.2010 – 10 AZR 649/09.

117 BSG 27.6.1984 – 3 RK 9/83.

118 BSG 21.6.2001 – B 7 AL 62/00 R.

119 Die Vorschrift ist europarechtskonform, die Urlaubsabgeltung, die auch für Langzeiterkrankte gezahlt wird, stellt sicher, dass das Entgelt für den Urlaub ausgezahlt wird, so auch LSG Berlin-Brandenburg 30.11.2016 – L 18 AL 38/16.

der Versichertengemeinschaft verhindern, dass ein Arbeitsloser neben dem Arbeitslosengeld eine Lohnersatzleistung bezieht.[120] Die Regelung gilt daher auch für arbeitsvertragliche oder tarifvertragliche Abgeltungsansprüche.

> **Praxistipp:**
> Bei einvernehmlicher Beendigung des Arbeitsverhältnisses durch Aufhebungsvertrag oder Vergleich ist zu überlegen, das Arbeitsverhältnis um die Zeit des abzugeltenden Urlaubs zu verlängern. Wenn der Arbeitnehmer im Anschluss arbeitslos ist, verlängert sich dadurch der Zeitraum, der für die Ansprüche auf Arbeitslosengeld relevant ist und der Ruhenstatbestand fällt weg.

Ruht das Arbeitsverhältnis aufgrund einer Gleichwohlgewährung von Arbeitslosengeld, das wegen **Auslaufens von Krankengeld** bei einem **Langzeiterkrankten** gezahlt wurde, sollen in diesem Fall auch im Ruhenszeitraum weiter Urlaubsansprüche entstehen, so dass sich der Anspruch auf Urlaubsabgeltung bei Beendigung des Arbeitsverhältnisses erhöht. Dies wird mit der *Schultz-Hoff*-Rechtsprechung zu arbeitsunfähig Erkrankten begründet.[121]

Bei anschließendem Bezug von **Arbeitslosengeld II** (»Hartz-IV«) ist die Urlaubsabgeltung ebenfalls anzurechnen. Da die Urlaubsabgeltung seit der geänderten Rechtsprechung des BAG kein Surrogat des Freistellungsanspruchs, sondern ein reiner Geldanspruch ist, kann nicht von einer zweckbestimmten Einnahme im Sinne von § 11a Abs. 2 SGB II ausgegangen werden.[122] 77

Bei der Berechnung einer **Rente wegen Erwerbsminderung** ist nach Ansicht des LSG Berlin-Brandenburg[123] Urlaubsabgeltung als Arbeitsentgelt i. S. v. §§ 96a Abs. 1 Satz 1, 14 Abs. 1 Satz 1 SGB VI anzurechnen. 78

c. Sonderfälle

Ein Abgeltungsanspruch entsteht auch im Fall einer **dauerhaften Erkrankung** des Arbeitnehmers, welche bis zur Beendigung des Arbeitsverhältnisses andauert, als reiner Geldanspruch. Die Fristen nach § 7 Abs. 3 gelten für diesen nicht.[124] Die frühere Auffassung, dass Urlaubs- und Urlaubsabgeltungsansprüche untergehen, wenn die Arbeitsunfähigkeit über das Jahresende bzw. im Übertragungsfall über den 31. 3. hinaus andauert, 79

120 BAG 14. 3. 2006 – 9 AZR 312/05.
121 LAG Hamm 2. 12. 2021 – 5 Sa 824/21.
122 So auch Berlit/Conradis/Pattar/Klerks, Existenzsicherungsrecht, 3. Aufl., 2019, SGB II Kapitel 20 Rn. 112f. sowie LSG Sachsen-Anhalt 14. 8. 2013 – L 5 AS 729/13 B ER, SG Duisburg 10. 3. 2014 – S38 AS 4626/13.
123 LSG Berlin-Brandenburg 23. 6. 2011 – L 22 R 271/10.
124 BAG 19. 6. 2012 – 9 AZR 652/10.

war nach dem *Schultz-Hoff*-Urteil des EuGH nicht aufrechtzuerhalten (vgl. Rn. 55).

Bei **Betriebsübergang** hat der Arbeitnehmer keine Abgeltungsansprüche nach § 7 Abs. 4 gegen den Veräußerer, da das Arbeitsverhältnis nicht beendet wird. Vielmehr hat er einen Erfüllungsanspruch auf Urlaubsgewährung gegen den Erwerber für noch nicht erfüllte Urlaubsansprüche.[125]

80 Zum rechtlichen Schicksal von Abgeltungsansprüchen in der **Insolvenz** s. oben Rn. 25.

80a Das Fristenregime findet während der **mutterschutzrechtlichen Beschäftigungsverbote** und der Elternzeit keine Anwendung. Nach § 24 MuSchG werden Zeiten, in denen die Schwangere wegen eines Beschäftigungsverbots nicht arbeitet, tatsächlicher Arbeitsleistung gleichgestellt, so dass Urlaubsansprüche entstehen können. Dieser Urlaub kann nach dem Ende des Beschäftigungsverbots im laufenden oder nächsten Urlaubsjahr beansprucht werden. Das BAG hat nun klargestellt, dass § 24 MuSchG einem Verfall auch solcher Urlaubsansprüche entgegensteht, die während mehrerer unmittelbar aufeinander folgender mutterschutzrechtlicher Beschäftigungsverbote entstanden sind. Von der Ausnahme umfasst ist auch der Mehrurlaub.[126] Eine Kürzung des während der **Elternzeit** entstehenden Erholungsurlaubs gem. § 17 BEEG kann nur im bestehenden Arbeitsverhältnis abgegeben werden, da Voraussetzung hierfür ist, dass der Anspruch auf Erholungsurlaub noch besteht und nicht nur der reine Geldanspruch.[127]

81 Bei **Altersteilzeitarbeit** im Blockmodell bewirkt der Übergang von der Arbeits- in die Freistellungsphase keine Beendigung des Arbeitsverhältnisses i. S. v. § 7 Abs. 4. Zu diesem Zeitpunkt offene Urlaubsansprüche sind daher nur dann abzugelten, wenn sie zum Zeitpunkt der Beendigung des Arbeitsverhältnisses noch nicht verfallen sind und die persönlichen Voraussetzungen für die Urlaubsgewährung erfüllt sind.[128] Hat allerdings der Arbeitgeber durch Verweigerung der Urlaubserfüllung in der Arbeitsphase die Unmöglichkeit der Urlaubsgewährung in dieser Phase verschuldet, können dem Arbeitnehmer ggf. Schadenersatzansprüche zustehen.

82 Durch das Entstehen von **Urlaubsansprüchen in einem neuen Arbeitsverhältnis** im laufenden Urlaubsjahr wird der Urlaubsabgeltungsanspruch aus dem alten Arbeitsverhältnis nicht berührt, weil § 6 Abs. 1 lediglich auf das neue Arbeitsverhältnis Anwendung finden kann mit der Folge, dass dem neuen Arbeitgeber eine **Anrechnungsbefugnis** zusteht.[129]

---

125 LAG Niedersachsen 4. 12. 2002 – 2 Sa 481/02.

126 BAG 20. 8. 2024 – 9 AZR 226/23.

127 BAG 16. 4. 2024 – 9 AZR 165/23.

128 BAG 15. 3. 2005 – 9 AZR 143/04; BAG 10. 5. 2005 – 9 AZR 196/04; BAG 16. 10. 2012 – 9 AZR 234/11; BAG 9. 3. 2021 – 9 AZR 323/20.

129 Vgl. die Kommentierung bei § 6 sowie BAG 28. 2. 1991 – 8 AZR 196/90.

Nach Auslegung von Art. 7 der ArbeitszeitRL 2003/88/EG durch den EuGH[130] geht der Abgeltungsanspruch im Todesfall des Arbeitnehmers nicht unter und ist demnach **vererblich**. Wie auch bei anderen Beendigungsformen des Arbeitsverhältnisses wandelt sich der Urlaubsanspruch bei Tod des Beschäftigten in einen finanziellen Anspruch um. Die Entscheidungen ergingen zum Teil auch auf Vorabentscheidungsersuchen des BAG und wurden dementsprechend von diesem umgesetzt.[131] 83

d. Verjährung, Verfall, Abdingbarkeit

Der Anspruch nach § 7 Abs. 4 ist ein **reiner Geldanspruch** und daher anders als der Urlaubsanspruch **weder** auf das Ende des Urlaubsjahres oder Übertragungszeitraums **befristet**, **noch** wird die Leistung »Urlaubsabgeltung« mit Ablauf dieser Fristen **unmöglich**. Daher braucht der Arbeitnehmer den Abgeltungsanspruch auch nicht gem. § 286 Abs. 1 BGB anzumahnen, um eine »Ersatzabgeltung« zu erhalten.[132] 84

Auch der Anspruch auf Abgeltung des gesetzlichen Mindesturlaubs kann aufgrund **tariflicher Ausschlussfristen** verfallen. Der Anspruch auf Abgeltung des Urlaubs entsteht mit der Beendigung des Arbeitsverhältnisses und wird damit regelmäßig sofort fällig. Die Tarifvertragsparteien können aber einen anderen Fälligkeitszeitpunkt – z. B. das Ende des Monats, in dem das Arbeitsverhältnis endet – vereinbaren.[133] Macht der Arbeitnehmer kurz nach Zugang einer fristlosen Kündigung seinen Urlaubsabgeltungsanspruch geltend, kommt es nicht darauf an, ob im Verfahren festgestellt wird, dass das Arbeitsverhältnis erst mit Ablauf der ordentlichen Kündigungsfrist endet. Die Geltendmachung erfolgte in diesem Fall nicht zu früh, da der Arbeitgeber das Arbeitsverhältnis mit der fristlosen Kündigung gestaltet hat und der Arbeitnehmer davon ausgehen musste, dass das Arbeitsverhältnis beendet ist und der Urlaubsabgeltungsanspruch somit entstanden ist.[134] Ein Abgeltungsanspruch kann ferner als reiner Geldanspruch einer **arbeitsvertraglichen Verfallklausel** unterliegen, wobei arbeitgeberseitig vorformulierte Verfallklauseln sowohl einer Überprüfung nach § 307 Abs. 1 Satz 2 BGB, sogenannte Inhaltskontrolle, standhalten müssen.[135] 85

130 EuGH 6.11.2018 – C 569/16 und C 570/16 (Bauer und Willmeroth); EuGH 12.6.2014 – C-118/13 (Bollacke).

131 Vgl. nur BAG 22.1.2019 – 9 AZR 45/16.

132 LAG Düsseldorf 25.7.2007 – 12 Sa 944/07.

133 BAG 8.4.2014 – 9 AZR 550/12; BAG 9.8.2011 – 9 AZR 352/10.

134 So das LAG Köln 17.10.2024 – 6 SLA 75/24, mit dem weiteren Hinweis, dass die Berufung des Arbeitgebers auf die Unwirksamkeit der eigenen Kündigung in einem solchen Fall treuwidrig ist.

135 BAG 18.9.2018 – 9 AZR 162/18; BAG 9.3.2021 – 9 AZR 323/20, BAG 31.1.2023 – 9 AZR 244/20, hierzu auch LAG Köln 22.2.2024 – 8 Sa 444/23

86 Soweit keine Ausschlussfristen vereinbart sind, gelten für Abgeltungsansprüche die allgemeinen **Verjährungsgrundsätze**.[136] Die dreijährige Verjährungsfrist gem. § 195 BGB beginnt im Regelfall mit dem Schluss des Jahres, in dem das Arbeitsverhältnis rechtlich endet. Dies gilt nach der BAG-Rechtsprechung unabhängig davon, ob der Arbeitgeber zuvor seinen Mitwirkungsobliegenheiten genügt hat. Begründet wird dies mit der Unmöglichkeit, den Arbeitnehmer nach Beendigung des Arbeitsverhältnisses noch von der Arbeit freizustellen, die es dem Arbeitgeber auch unmöglich mache, auf bestehende Urlaubsansprüche hinzuweisen und zur Urlaubsnahme aufzufordern. Eine Ausnahme gilt nur für Urlaubsansprüche, die vor der Entscheidung des EuGH vom 6. 11. 2018[137] entstanden sind, da bis dahin eine entgegenstehende Rechtsprechung dazu führen konnte, keine Klage zu erheben. Letzteres gilt auch für die Ausschlussfristen.[138]

87 Zur **Verzichtbarkeit** von Abgeltungsansprüchen vertritt das BAG[139] die Auffassung, dass ein Arbeitnehmer grundsätzlich darauf verzichten kann, sofern das Arbeitsverhältnis beendet und ein Anspruch nach § 7 Abs. 4 entstanden ist. Zwar könne gem. § 13 Abs. 1 Satz 3 von der Regelung in § 7 Abs. 4 nicht zu Ungunsten des Arbeitnehmers abgewichen werden, doch hindert dies nur einzelvertragliche Abreden, die das **Entstehen** von Urlaubsabgeltungsansprüchen ausschließen. Besaß jedoch der Arbeitnehmer die Möglichkeit, Urlaubsabgeltung in Anspruch zu nehmen, und sieht er davon ab, steht auch Unionsrecht einem entsprechenden freiwilligen Verzicht des Arbeitnehmers nicht entgegen. Dies sollte aber ausdrücklich vereinbart werden und nicht lediglich Teil einer finanziellen Abgeltungsklausel sein. Noch besser ist es, wenn in dem Vergleich ausdrücklich aufgenommen wird, dass auf den bestehenden Urlaub verzichtet wird oder dass die Parteien diesen als abgegolten ansehen. Dann ist sichergestellt, dass der Arbeitnehmer sich bewusst für den Verzicht entschieden hat oder im Rahmen der vereinbarten Abrechnung eine Regelung hierzu getroffen wird.

88 Ebenso wäre der Verzicht auf tariflichen Mehrurlaub – auch gegen Abgeltung – nur bei einer entsprechenden Regelung im Tarifvertrag oder Zustimmung der tarifvertragschließenden Gewerkschaft zulässig und wirksam.[140] Dies gilt freilich nur, soweit die Arbeitsvertragsparteien auch tarifgebunden sind. Kommt der Tarifvertrag lediglich durch Inbezugnahme im Arbeits-

hinsichtlich einer unwirksamen Ausschlussklausel, Revision ist zugelassen, das BAG will am 29. 4. 2025 entscheiden (9 AZR 152/24).

136 BAG 31. 1. 2023 – 9 AZR 456/20; vgl. auch ErfK/Gallner, BUrlG, § 7 Rn. 84.

137 EuGH – C 684/16 (Max-Planck-Gesellschaft zur Förderung der Wissenschaften).

138 A.A. die Vorauflage.

139 BAG 14. 5. 2013 – 9 AZR 844/11. Anders zum Teil die Vorinstanz: Sächsisches LAG 26. 5. 2011 – 9 Sa 86/11.

140 § 4 TVG.

vertrag zur Anwendung, handelt es sich um eine arbeitsvertragliche Vereinbarung, die auch arbeitsvertraglich (auch in Teilen) verändert werden kann und dementsprechend dann auch der Inhaltskontrolle unterliegt.

Soweit die **Abgeltung des Mindesturlaubsanspruchs** betroffen ist, ist **§ 7 Abs. 4** weder durch Tarifvertrag noch durch Betriebsvereinbarung oder Einzelarbeitsvertrag zuungunsten des Arbeitnehmers abdingbar, § 13 Abs. 1 Satz 1 i.V.m. den §§ 1, 3, 13 Abs. 1 Satz 3.[141] Einzelvertragliche Verbesserungen von Abgeltungsregeln sind zulässig, soweit sie den durch Art. 7 Abs. 2 der Arbeitszeitrichtlinie 2003/88/EG gesicherten Grundbestand nicht antasten.[142] **89**

§ 8 Erwerbstätigkeit während des Urlaubs

Während des Urlaubs darf der Arbeitnehmer keine dem Urlaubszweck widersprechende Erwerbstätigkeit leisten.

Inhaltsübersicht Rn.

1. Allgemeines

Die Beschäftigten sollen sich im Urlaub erholen, die Aufnahme einer anderen Tätigkeit gegen Entgelt steht damit im Widerspruch. Streitigkeiten über dieses Thema landen aber eher selten bei den Gerichten. Das liegt zum einen wohl daran, dass nicht allgemein festgelegt werden kann, welche Tätigkeiten der Erholung dienen. Zum anderen wird der Arbeitgeber auch nur selten ein Interesse daran haben, hierüber einen Rechtsstreit zu führen, zumal wenn der Arbeitnehmer nach seinem Erholungsurlaub wie gewohnt arbeitet. **1**

2. Dem Urlaubszweck zuwiderlaufende Erwerbstätigkeit

Der Begriff **Erwerbstätigkeit** umfasst nicht nur Tätigkeiten in einem Arbeits- oder Dienstverhältnis, sondern auch selbständige Tätigkeiten in einem freien Beruf, in einem Gewerbe oder im Rahmen eines Werkver- **2**

141 BAG 20.1.2009 – 9 AZR 650/07, Rn. 21; vgl. auch Neumann/Neumann, BUrlG, § 7 Rn. 123.

142 BAG 18.10.2011 – 9 AZR 303/10: Die Vereinbarung einer 50%-Abgeltung des gesamten nicht genommenen Urlaubs vergangener Jahre ist zulässig, wenn die 100%-Abgeltung des regelgerecht nicht verfallenen Urlaubs gesichert ist.

trages.[1] Entscheidendes Merkmal der Erwerbstätigkeit ist, dass diese auf den Erwerb einer dem Wert der Arbeit entsprechenden Gegenleistung gleich welcher Art gerichtet ist.[2]

3 **Nicht** darunter fallen unter anderem die Fortsetzung einer zulässigen, neben dem bestehenden Arbeitsverhältnis ausgeübten anderweitigen entgeltlichen Tätigkeit ohne wesentliche Ausweitung deren Umfangs, Gefälligkeitshandlungen, Tätigkeiten zum Zwecke der Fortbildung, familienrechtliche oder öffentlich-rechtliche Verpflichtungen, landwirtschaftliche Nebentätigkeiten oder Arbeiten zum eigenen Nutzen, wie etwa die Arbeit im eigenen Garten oder Haus.

4 **Ehrenamtliche Tätigkeit**, die qua Definition nicht auf eine Vergütung gerichtet ist, fällt ebenso nicht darunter. Einen Sonderfall stellt die Tätigkeit als Helfer des Technischen Hilfswerks dar, da hier gesetzlich geregelt ist, dass diese Zeit nicht auf den Urlaub anzurechnen ist.[3]

5 Die **Abgrenzung**, ob eine Tätigkeit dem Urlaubszweck widerspricht oder der Erholung dient ist schwierig.[4] Selbst wenn der Arbeitnehmer in seinem Urlaub die gleiche oder eine gleichartige Tätigkeit ausübt, wie beispielsweise ein Maurer, der sein eigenes Haus baut, oder eine Juristin, die in dieser Zeit einen Fachaufsatz oder gar ein Buch schreibt, so wird man nicht ohne weiteres davon ausgehen können, dass diese Tätigkeit dem Urlaubszweck entgegensteht.[5] Auch ein Geisteswissenschaftler, der zu seinem Wohlbefinden eine schwere körperliche Arbeit oder ein Handwerker, der im Urlaub geistige Arbeit verrichtet, können diese Abwechslung als erholsam ansehen.

6 Es ist deshalb eine Einzelfallbetrachtung vorzunehmen und zu prüfen, ob die betreffende Tätigkeit ganz offensichtlich dem Zweck des Erholungsurlaubs zuwiderläuft. Dabei ist auf den Zweck der Vorschrift und einen Ausgleich der jeweiligen Interessen von Arbeitgeber und Beschäftigten zu achten.

3. Folgen eines Verstoßes

7 Die Vorschrift des § 8 hat nicht zur Folge, dass der gewährte Urlaub entfällt oder nicht zu vergüten wäre.[6] Der Arbeitgeber ist auch weder zu einer **Kürzung des Urlaubsanspruchs** noch zu einer **Kürzung der Urlaubsvergütung** befugt, eine solche Rechtsfolge lässt sich § 8 nicht entnehmen.[7] Ein Anspruch wegen **ungerechtfertigter Bereicherung** hinsichtlich bereits gezahl-

---

1 BAG 20.10.1983 – 6 AZR 590/80; Neumann/Neumann, BUrlG, § 8 Rn. 4.
2 Neumann/Neumann, BUrlG, § 8 Rn. 4; LAG Köln 21.9.2009 – 2 Sa 674/09.
3 BAG 10.5.2005 – 9 AZR 251/04.
4 Neumann/Neumann, BUrlG, § 8 Rn. 5 f.
5 Neumann/Neumann, BUrlG, § 8 Rn. 6.
6 BAG 25.2.1988 – 8 AZR 596/85.
7 LAG Rh.-Pf. 23.5.2014 – 7 Sa 66/14.

ten Urlaubsentgelts kommt gem. § 812 Abs. 1 Satz 1 BGB ebenfalls nicht in Betracht, da der Urlaubsanspruch trotz unerlaubter Erwerbstätigkeit nicht rückwirkend entfallen ist.[8]

8 Der Arbeitgeber kann auf **Unterlassung** bzgl. der Urlaubstätigkeit klagen, was nur im Wege einer einstweiligen Verfügung sinnvoll ist.[9] Entsteht dem Arbeitgeber aufgrund eines Verstoßes gegen § 8 ein nachweisbarer Schaden, beispielsweise wenn der Arbeitnehmer bei einer verbotenen Erwerbstätigkeit arbeitsunfähig wird und der Arbeitgeber dadurch gezwungen ist, eine Aushilfe einzustellen, so steht ihm die Möglichkeit zu, den Arbeitnehmer auf **Schadensersatz** zu verklagen.[10] Auch eine **Kündigung** ist denkbar. In der Praxis spielen Schadensersatzansprüche und Kündigungen aufgrund der schwierigen Nachweisbarkeit jedoch nur eine untergeordnete Rolle.
§ 8 stellt daneben auch kein gesetzliches Verbot i. S. d. § 134 BGB dar,[11] weshalb ein von dem Arbeitnehmer mit einem Dritten geschlossener Vertrag, in dessen Rahmen die urlaubszweckwidrige Tätigkeit ausgeübt wird, nicht nichtig ist.

4. Sonstige Pflichten

9 Aus § 8 lassen sich keine Auskunftspflichten gegenüber dem Arbeitgeber entnehmen.[12] Beschäftigte sind nicht verpflichtet etwa eine **Urlaubsanschrift** beim Arbeitgeber anzugeben, auch wenn dieser ein berechtigtes Interesse daran haben könnte, den Arbeitnehmer in einem Notfall zurückzurufen.[13] Auch die Angabe der privaten Handynummer kann nicht verlangt werden.

5. Unabdingbarkeit

10 Gem. § 13 Abs. 1 Satz 1 ist die Vorschrift des § 8 **tarifdispositiv**, soweit die grundlegenden Vorschriften der §§ 1–3 Abs. 1 weder unmittelbar noch mittelbar zum Nachteil des Arbeitnehmers berührt werden. Ein **Rückgewährungsanspruch** bzgl. des Urlaubsentgelts kann daher durch Tarifvertrag nur für den über den gesetzlichen Mindesturlaub hinausgehenden Mehrurlaub begründet sein.[14] Umstritten ist, ob kollektiv- oder einzelvertraglich eine Gestattung jeder – auch urlaubszweckwidriger – Erwerbstätigkeit während des Mindesturlaubs zulässig wäre. Dies ist aus gesundheitlichen Gründen abzulehnen.[15]

---

8 BAG 25.2.1988 – 8 AZR 596/85.
9 Hohmeister/Hohmeister, BUrlG, § 8 Rn. 9.
10 BAG 25.1.1990 – 8 AZR 495/88.
11 BAG 25.2.1988 – 8 AZR 596/85.
12 Hohmeister/Hohmeister, BUrlG, § 8 Rn. 9.
13 So auch Schaub, § 104 Rn. 74.
14 BAG 25.2.1988 – 8 AZR 596/85.
15 Zum Meinungsstand vgl. nur Hohmeister/Hohmeister, BUrlG, § 8 Rn. 12.

§ 9 Erkrankung während des Urlaubs

Erkrankt ein Arbeitnehmer während des Urlaubs, so werden die durch ärztliches Zeugnis nachgewiesenen Tage der Arbeitsunfähigkeit auf den Jahresurlaub nicht angerechnet.

Inhaltsübersicht Rn.

1. Arbeitsunfähigkeit und Erkrankung

1 Urlaub und Krankheit schließen einander aus.[1] Aber nicht jede Krankheit führt zur Arbeitsunfähigkeit. Der Begriff der Arbeitsunfähigkeit ist ebenso wie im Entgeltfortzahlungsgesetz davon bestimmt, ob der Arbeitnehmer durch die Krankheit daran gehindert wäre, seinen Arbeitspflichten nachzukommen. So führt beispielsweise eine Verletzung des kleinen Fingers in Berufen, in denen Schreibarbeiten anfallen, zur Arbeitsunfähigkeit dagegen nicht in Berufen, in denen keinerlei manuelle Tätigkeiten geleistet werden müssen. Grund für diese Regelung ist der Umstand, dass ein Arbeitnehmer, der wegen seiner Arbeitsunfähigkeit bereits von seiner Arbeitspflicht befreit ist, nicht noch einmal zu Urlaubszwecken befreit werden kann. Es handelt sich hierbei um eine Sonderregelung für den Fall des Zusammentreffens von Arbeitsunfähigkeit und Urlaub.

2. Krankheit während des Urlaubs

a. Einzelfälle

2 Die Vorschrift des § 9 ist eng auszulegen und bezieht sich nur auf eine Erkrankung des Arbeitnehmers während des Urlaubs,[2] die durch ein ärztliches Attest nachgewiesen werden kann.

3 Die der Arbeitsunfähigkeit gem. § 3 Abs. 1 EFZG gleichstellten Fälle der nicht rechtswidrigen **Sterilisation** und des **Schwangerschaftsabbruchs** gem. § 3 Abs. 2 EFZG sind davon umfasst.

4 Gleiches gilt für **die Spende von Organen** und **Stammzellen** sowie die sonstigen in § 3a EFZG geregelten Fälle.

---

1 BAG 18.3.2014 – 9 AZR 669/12.
2 BAG 9.8.1994 – 9 AZR 384/92.

Eine **Freistellung wegen Erkrankung des Kindes** gem. § 45 SGB V ist dagegen nach Auffassung des LAG Berlin-Brandenburg[3] von der Vorschrift nicht umfasst, was zur Folge hat, dass die zusätzlichen Tage, die für Eltern geschaffen wurden, um nicht für jede Erkrankung ihres Kindes Urlaub beantragen zu müssen, nutzlos sind, wenn zuvor Urlaub beantragt wurde. Ob das wirklich dem mutmaßlichen Willen des Gesetzgebers entspricht, kann bezweifelt werden. Andererseits wird für diese Fälle von Seiten der Eltern meist darauf verzichtet werden, eine Freistellung wegen der Erkrankung zu beantragen, so dass die Ansprüche nicht verloren gehen. Angesichts der restriktiven Rechtsprechung des BAG zur analogen Anwendung von § 9 ist die Entscheidung des LAG Berlin-Brandenburg nachvollziehbar. Wünschenswert wäre, dass der Gesetzgeber hier nachbessert. 5

Für das **mutterschutzrechtliche Beschäftigungsverbot** gilt aufgrund § 24 MuSchG dieselbe Rechtsfolge. 6

b. Corona-Quarantäne während des Urlaubs

Die umstrittene Frage, ob eine auf Grundlage des Infektionsschutzgesetzes angeordnete **Quarantäne** § 9 unterfällt, auch wenn der betroffene Arbeitnehmer **nicht arbeitsunfähig** erkrankt ist, ist mittlerweile höchstrichterlich geklärt.[4] Nach der Entscheidung des EuGH steht die Quarantäne der Verwirklichung des Urlaubszwecks nicht entgegen, solange der Arbeitnehmer während des Urlaubs keiner Verpflichtung seitens des Arbeitgebers unterliegt.[5] Das BAG hat dies auf das deutsche Recht entsprechend angewandt.[6] Relevanz hat dies nur noch für Fälle, die im Zeitraum bis zum 16.9.2022 aufgetreten sind. Denn der Gesetzgeber hat gehandelt und § 59 Abs. 1 IfSG geändert. Damit wird für Fälle nach dem 16.9.2022 die Quarantäne nicht auf den Urlaub angerechnet. 7

c. Langandauernde Krankheit

Ein wegen lang anhaltender Krankheit arbeitsunfähiger Arbeitnehmer verliert seinen Urlaubsanspruch nicht dadurch, dass er während des Urlaubsjahres überhaupt nicht oder nur sehr geringfügig der vertraglich geschuldeten Arbeitsleistung nachkommen konnte, vgl. § 7 Rn. 54ff. 8

---

3 LAG Berlin-Brandenburg 10.11.2010 – 11 Sa 1475/10.

4 Zum vormaligen Streitstand vgl. die Vorauflage sowie LAG Schleswig-Holstein 15.2.2022 – 1 Sa 208/21 m.w.N. auf aktuelle Rechtsprechung und Literatur, a.A. LAG Hamm 27.1.2022 – 5 Sa 1030/21.

5 EuGH 14.12.2023 – C-206-22.

6 BAG 28.5.2024 – 9 AZR 76/22.

3. Nachweis der Arbeitsunfähigkeit

9 Der Anspruch aus § 9 setzt voraus, dass der Arbeitnehmer initiativ wird und dem Arbeitgeber gegenüber durch ärztliches Attest nachweist, dass er im Urlaub arbeitsunfähig erkrankt war.[7] Das ärztliche Zeugnis ist einzureichen und als Nachweis ausreichend. Inländischen sowie ausländischen Arbeitsunfähigkeitsbescheinigungen ist dabei allgemein der gleiche Beweiswert zugrunde zu legen.[8] Jedoch sollten Beschäftigte genau darauf achten, dass auch ausländische Bescheinigungen den Anforderungen des deutschen Arbeitsrechts genügen müssen. Es muss die Arbeitsunfähigkeit bescheinigt sein, nicht (nur) die Erkrankung. Dabei kommt es bei ausländischen Bescheinigungen nur auf den Inhalt an. Der Arbeitgeber ist nicht berechtigt, eine Bescheinigung in deutscher Sprache oder eine beglaubigte Übersetzung vom Arbeitnehmer zu verlangen.[9]

10 Der Arbeitnehmer kann selbst entscheiden, ob er den Anspruch geltend macht oder nicht, zum Beispiel weil die Arbeitsunfähigkeit verschuldet war und er keinen Anspruch aus dem Entgeltfortzahlungsgesetz hat.[10]

11 Der Nachweis der Arbeitsunfähigkeit hat zur Folge, dass die Urlaubstage, die durch die Arbeitsunfähigkeit entfallen sind, nicht als genommen gelten und nach den allgemeinen Regeln neu beantragt und gewährt werden können. Ob dies im Einzelfall durch eine »Verlängerung« des ursprünglich beantragten Urlaubs erfolgt oder ein gänzlich neuer Zeitraum bestimmt wird, bleibt den Vertragsparteien überlassen.

12 Fällt nur ein Teil des beantragten Urlaubs aufgrund der Arbeitsunfähigkeit nach dieser Vorschrift weg, bleibt es im Übrigen bei dem beantragten Urlaub. Dies kann im Einzelfall zu unerwünschten Ergebnissen führen, wenn die geplante Urlaubsreise wegen des verspäteten Urlaubsbeginns nicht mehr durchführbar ist. Auch für diesen Fall empfiehlt sich eine Regelung zwischen den Vertragsparteien, die die beiderseitigen Interessen berücksichtigt. Ein Anspruch auf Verlängerung des gewährten Urlaubs besteht aber nicht, auch wenn dieses Ergebnis als »wirklichkeitsfremd« angesehen werden mag.[11]

§ 10 Maßnahmen der medizinischen Vorsorge oder Rehabilitation

Maßnahmen der medizinischen Vorsorge oder Rehabilitation dürfen nicht auf den Urlaub angerechnet werden, soweit ein Anspruch auf Fortzahlung des Arbeitsentgelts nach den gesetzlichen Vorschriften über die Entgeltfortzahlung im Krankheitsfall besteht.

---

7 BAG 18.3.2014 – 9 AZR 669/12.
8 BAG 20.2.1985 – 5 AZR 180/83.
9 Vgl. BAG 19.2.1997 – 5 AZR 747/93.
10 So auch ErfK/Gallner, BUrlG, § 9 Rn. 5.
11 So Neumann/Neumann, BUrlG, § 9 Rn. 2.

Inhaltsübersicht

1. Allgemeines

§ 10 war mit Wirkung ab 1.10.1996 mit dem arbeitsrechtlichen BeschFG[1] 1
in der Weise geändert worden, dass dem Arbeitgeber die Befugnis zustand, von je fünf Tagen, an denen der Arbeitnehmer infolge einer Maßnahme der medizinischen Vorsorge oder Rehabilitation an seiner Arbeitsleistung verhindert war, die ersten zwei Tage auf den Erholungsurlaub anzurechnen. Diese Neuregelung war von Anfang an in der arbeitsrechtlichen Literatur und Rechtsprechung umstritten. Für die kurze Zeit seiner Geltung wurde die Verfassungsmäßigkeit des § 10 aber vom BVerfG bestätigt.[2]

Mit dem so genannten arbeitsrechtlichen Korrekturgesetz vom 19.12.1998[3] 2
hat der Reformgesetzgeber den früheren Wortlaut wieder in Kraft gesetzt. Entsprechend wurde auch die Übergangsregelung des § 15a angepasst.[4]

Seit dem 1. Januar 1999 dürfen, wie schon früher, Maßnahmen der medizi- 3
nischen Vorsorge oder Rehabilitation nicht auf den Erholungsurlaub angerechnet werden, soweit ein Anspruch auf Entgeltfortzahlung im Krankheitsfall besteht.[5]

2. Maßnahmen der medizinischen Vorsorge oder Rehabilitation

Die bis zum 1. Juni 1994 verwendeten Begriffe »Kur- und Heilverfahren« 4
sowie »Kuren und Schonungszeiten« sind durch die aus dem Pflegeversicherungsgesetz[6] stammenden »Maßnahmen der medizinischen Vorsorge oder Rehabilitation« ersetzt worden. Eine Änderung der materiell-rechtlichen Lage ist damit allerdings nicht verbunden gewesen.

Das Verbot der Anrechnung auf Erholungsurlaub knüpft an die Vorausset- 5
zungen an, die einheitlich für alle Arbeitnehmer in § 9 Entgeltfortzahlungsgesetz (EFZG) geregelt sind.

Maßnahmen der medizinischen Vorsorge oder Rehabilitation müssen von 6
Trägern der gesetzlichen Renten-, Kranken- oder Unfallversicherung, einer Verwaltungsbehörde der Kriegsopferversorgung oder von einem sonstigen Sozialleistungsträger bewilligt worden sein und in einer Einrichtung der

---

1 BGBl. I, S. 1476.
2 BVerfG 3.4.2001 – 1 BvL 32/97.
3 BGBl. I Nr. 85, S. 3843, 3850.
4 S. unten § 15a.
5 Vgl. auch § 9.
6 BGBl. 1994 I, S. 1014, 1068.

medizinischen Vorsorge oder Rehabilitation stationär durchgeführt werden. Für Arbeitnehmer, die nicht Mitglied einer gesetzlichen Krankenkasse sind oder nicht in der gesetzlichen Rentenversicherung versichert sind, gelten diese Möglichkeiten entsprechend, wenn eine solche Maßnahme ärztlich verordnet worden ist und stationär in einer Einrichtung der medizinischen Vorsorge oder Rehabilitation bzw. in einer vergleichbaren Einrichtung durchgeführt wird. Diese Maßnahmen werden zur Abwendung einer Krankheit oder zur Förderung der Heilung im Anschluss an eine Krankheit eingesetzt.

7 **Schonungszeiten** oder auch **Nachkuren** werden vom Wortlaut des § 10 nicht unmittelbar erfasst. Darunter sind Zeiten zu verstehen, die im Anschluss an eine Kur im engeren Sinne oder an eine Krankheit vom Arzt angeordnet werden, um den Heilungsprozess zu fördern oder den Gesundheitszustand zu stabilisieren. Diese sind nicht mehr im sozialversicherungsrechtlichen Maßnahmenkatalog enthalten und auch in § 9 EFZG nicht mehr vorgesehen. Damit unterfallen sie auch nicht § 10.[7]

8 Schonungszeiten werden aber durch die Vorschrift des § 7 Abs. 1 Satz 2 in der Weise gedeckt, dass dem Urlaubswunsch des Arbeitnehmers in jedem Falle zu entsprechen ist, wenn er sich zeitlich an eine Maßnahme der medizinischen Vorsorge oder Rehabilitation anschließt.[8]

3. Voraussetzung: Entgeltfortzahlung im Krankheitsfall

9 § 9 EFZG verweist ausdrücklich auf die §§ 3–4a und 6–8 EFZG zur Feststellung der Voraussetzungen über eine Entgeltfortzahlung. Hierbei wird der Anknüpfungssachverhalt »Arbeitsunfähigkeit infolge Krankheit« durch den Sachverhalt »Arbeitsverhinderung infolge einer Maßnahme der medizinischen Vorsorge oder Rehabilitation« ersetzt. Für das Anrechnungsverbot nach § 10 ist damit eine **unverschuldete** Arbeitsverhinderung Voraussetzung, hierzu wird auf die Auslegung und Rechtsprechung zu § 1 Abs. 1 Satz 1 EFZG »ohne dass ihn ein Verschulden trifft« Bezug genommen.[9]

10 Auch für die Frage evtl. Fortsetzungsmaßnahmen kann insgesamt auf die differenzierten Regelungen in § 3 Abs. 1 Satz 2 EFZG verwiesen werden. Materiell-rechtlich ergeben sich keine Unterschiede zwischen den beiden Sachverhalten.

---

7 So ErfK/Gallner, BUrlG, § 10 Rn. 3 und Hohmeister/Oppermann, BUrlG, § 10 Rn. 5, dagegen meint Neumann/Neumann, BUrlG, § 10 Rn. 10, dass diese u. U. § 10 unterfallen, wenn entweder Arbeitsunfähigkeit oder eine Anschlussrehabilitation vorliegen, das schließt aber die Definition der Schonungszeit gerade aus.

8 Vgl. dazu oben § 7 Rn. 20.

9 Vgl. nur Neumann/Neumann, BUrlG, § 10 Rn. 20.

Hervorzuheben ist noch die besondere **Anzeigepflicht** des Arbeitnehmers nach § 9 Abs. 2 EFZG, wonach dem Arbeitgeber unverzüglich eine Bescheinigung über die Bewilligung der Maßnahme sowie der Zeitpunkt des Beginns und die voraussichtliche Dauer und evtl. Verlängerungen der Maßnahme mitzuteilen sind. Die Bedeutung dieser Anzeigepflicht besteht darin, dem Arbeitgeber eine sinnvolle Personaleinsatzplanung zu ermöglichen. 11

Von der Vorschrift des § 10 kann nicht zuungunsten des Arbeitnehmers abgewichen werden. Dieses Verbot gilt auch für tarifvertragliche Vereinbarungen, weil es sich bei dem Schutz von Maßnahmen der medizinischen Vorsorge oder Rehabilitation gegenüber einer Anrechnung auf Erholungsurlaub um eine der grundsätzlichen Ausgestaltungen des § 1 handelt, der nach § 13 auch tariffest ist.[10] Maßnahmen, für die nach den Vorschriften des EFZG Entgeltfortzahlung zu gewähren ist, dürfen daher weder ganz noch teilweise auf den Urlaub angerechnet werden. 12

§ 11 Urlaubsentgelt

(1) Das Urlaubsentgelt bemisst sich nach dem durchschnittlichen Arbeitsverdienst, das der Arbeitnehmer in den letzten dreizehn Wochen vor dem Beginn des Urlaubs erhalten hat, mit Ausnahme des zusätzlich für Überstunden gezahlten Arbeitsverdienstes. Bei Verdiensterhöhungen nicht nur vorübergehender Natur, die während des Berechnungszeitraums oder des Urlaubs eintreten, ist von dem erhöhten Verdienst auszugehen. Verdienstkürzungen, die im Berechnungszeitraum infolge von Kurzarbeit, Arbeitsausfällen oder unverschuldeter Arbeitsversäumnis eintreten, bleiben für die Berechnung des Urlaubsentgelts außer Betracht. Zum Arbeitsentgelt gehörende Sachbezüge, die während des Urlaubs nicht weitergewährt werden, sind für die Dauer des Urlaubs angemessen in bar abzugelten.

(2) Das Urlaubsentgelt ist vor Antritt des Urlaubs auszuzahlen.

Inhaltsübersicht

10 Vgl. nur Neumann/Neumann, BUrlG, § 10 Rn. 31 ff.

1. Allgemeines

1 Notwendiger Bestandteil des Erholungsurlaubs im Sinne des BUrlG ist die Fortzahlung des Arbeitsentgelts während der Freistellung des Arbeitnehmers von der Arbeitspflicht. Die finanzielle Gewährung eines solchen Entgelts, ohne direkte Gegenleistung des Arbeitnehmers, soll dazu dienen, dass dieser durch den Urlaub nicht zusätzlich belastet wird, sondern sich sowohl physisch als auch psychisch von den Strapazen des Arbeitsalltags erholen kann. Dies setzt voraus, dass er sein gewöhnliches Arbeitsentgelt auch in dieser Zeit erhält. Die Berechnung nach § 11 konkretisiert dabei die Entgeltfortzahlungspflicht gem. § 1.[1] In jedem Fall muss bei der Berechnung des Urlaubsentgelts seit Geltung des MiLoG der gesetzliche Mindestlohn zugrunde gelegt werden.[2] Außerdem ist jede Regelung unwirksam, die zu einer Minderung der Entgeltfortzahlung für die Dauer des gesetzlichen Mindesturlaubs führt.[3]

2 Für Seeleute gilt gem. § 61 SeeArbG ausschließlich das **Lohnausfallprinzip**. Danach ist der Arbeitnehmer hinsichtlich des Arbeitsentgelts so zu stellen, als hätte er während des Urlaubs normal weitergearbeitet. Problematisch ist dabei allerdings, dass auf einen hypothetischen (künftigen) Verdienst abzustellen ist, das Urlaubsentgelt gem. § 11 Abs. 2 aber vor Antritt des Urlaubs ausgezahlt werden muss. Für andere Arbeitnehmer kann durch Tarifvertrag die Bezugsmethode ersetzt werden.[4]

3 Die Berechnung des Entgelts nach Faktoren aus der Vergangenheit wird **Referenzprinzip** genannt. Die Höhe des Urlaubsentgelts richtet sich dabei nach dem Arbeitsverdienst, welches der Arbeitnehmer im Bezugszeitraum vor Urlaubsantritt »erhalten hat«. Der Wortlaut des § 11 Abs. 1 Satz 1 ist

---

1 BAG 10.2.2015 – 9 AZR 455/13.
2 BAG 6.12.2017 – 5 AZR 699/16.
3 BAG 12.1.1989 – 8 AZR 404/87.
4 Die Einordnung der Entgeltberechnung in Prinzipien – wie Lohnausfallprinzip oder Bezugsmethode sieht Kühn kritisch, Neumann/Kühn, BUrlG, § 11 Rn. 4ff.

diesbezüglich etwas ungenau. Es ist auf den Entgeltanspruch abzustellen, den der Arbeitnehmer im Bezugszeitraum erlangt hat. Die Berechnung des Urlaubsentgelts kann nämlich nicht davon abhängig sein, ob der Arbeitgeber mit der Entgeltfortzahlung in Verzug ist oder nicht. Das Referenzprinzip berücksichtigt sowohl Verdiensterhöhungen während des Bezugszeitraums als auch während des Urlaubs. Verdiensterhöhungen, die – teilweise – während des Urlaubs eintreten und nicht nur für kurze Dauer gelten, sind daher bei der Urlaubsentgeltberechnung zu berücksichtigen, so dass der Arbeitnehmer, der im Urlaub ist, das gleiche Entgelt erhält, dass er erhalten hätte, wenn er in diesem Zeitraum gearbeitet hätte. Verdienstkürzungen, die infolge von Kurzarbeit, Arbeitsausfällen oder unverschuldeter Arbeitsversäumnis innerhalb des Bezugszeitraums eintreten, bleiben gem. § 11 Abs. 1 Satz 3 unberücksichtigt. Bezugszeitraum sind die letzten 13 Wochen[5] vor Urlaubsbeginn. Dies gilt aber nicht, wenn in diesem Zeitraum ganz oder teilweise kein Verdienst erzielt wurde, weil ein Fall unverschuldeter Arbeitsversäumnis vorliegt. Hat das Arbeitsverhältnis noch keine 13 Wochen bestanden, entspricht die Dauer des Arbeitsverhältnisses dem Bezugszeitraum.

Beispiel:
War die Arbeitnehmerin im letzten halben Jahr des Arbeitsverhältnisses in **Elternzeit** und hat daher keinen Lohn erhalten, beträgt das Urlaubsentgelt nicht »Null«. Vielmehr ist auf das hypothetische Entgelt abzustellen, das die Arbeitnehmerin verdient hätte, wenn sie nicht in Elternzeit gewesen wäre.[6]

2. Berechnung des Urlaubsentgelts

a. Arbeitsverdienst

Der Arbeitsverdienst besteht aus dem **Lohn** bzw. dem **Gehalt** des Arbeitnehmers, den er als Gegenleistung für die Tätigkeit im maßgeblichen Zeitraum, also innerhalb der letzten 13 Wochen vor Urlaubsbeginn, erhalten hat. Für Beschäftigte, die einen festen Bruttomonatslohn erhalten, wird der Lohn wie folgt ermittelt: Der vor dem Urlaub zuletzt gezahlte Monatslohn wird x 3 genommen, dies entspricht dem Verdienst der letzten 13 Wochen. Für die **Fünftagewoche** gilt folgende Berechnungsformel: 4

5 52 Wochen/4 = 13 Wochen = ein Quartal = 1/4 Jahr (Hohmeister/Oppermann, BUrlG, § 11 Rn. 13).

6 Vgl. nur BAG 27.10.2020 – 9 AZR 630/19; Einzelheiten sind noch umstritten (vgl. Hessisches LAG 12.4.2024 – 14 Sa 1714/23, hierzu ist ein Verfahren anhängig beim BAG – 9 AZR 137/2024, vorauss. Termin 3.6.2025).

$$\textbf{Urlaubsentgelt} = \frac{\text{Verdienst der letzten 13 Wochen vor Urlaubsbeginn}}{(13 \times 5) = 65\ \text{Werktage}} \times \text{Anzahl der Urlaubstage}$$

Im Fall einer **Sechstagewoche** würde sich lediglich der Nenner ändern in: 13× 6 = 78 Werktage.

5 Schwankt der Verdienst, werden die Bruttoentgelte der letzten 3 Monate addiert und sodann wie oben dargestellt berechnet. Hierbei sind aber die Sonderregeln zu Überstunden und Verdiensterhöhungen bzw. -kürzungen zu berücksichtigen (siehe Rn. 16 und 20 ff.).

6 **Vermögenswirksame Leistungen** sind auch während des Urlaubs weiterhin zu zahlen, ohne dass sie jedoch einen Einfluss auf die Berechnung des Urlaubsentgelts haben.[7]

b. Akkord- und Prämienlohn

7 Der Akkordlohn stellt den wichtigsten Anwendungsfall eines unstetigen Verdienstes für die Urlaubsentgeltberechnung dar. Dabei ist auch hier vom tatsächlichen Verdienst der letzten 13 Wochen vor Urlaubsbeginn auszugehen. Unzulässig wäre das Zugrundelegen des Akkordrichtsatzes, des Zeitlohns oder etwa des garantierten Akkordmindestverdienstes weil das tatsächliche Entgelt des Akkordarbeiters i. d. R. über dem Akkordrichtsatz liegt.

8 Sieht ein Tarifvertrag nach § 13 das Lohnausfallprinzip als maßgebliche Berechnungsmethode des Urlaubsentgelts an, so muss auch in diesem Fall auf den Verdienst der letzten 13 Wochen vor Urlaubsbeginn zurückgegriffen werden, insbesondere wenn erhebliche Verdienstschwankungen eine ausreichende Vorhersage über die Höhe des hypothetisch verdienten Entgelts unmöglich machen.[8] **Leistungsprämien** sind bei der Berechnung des Urlaubsentgelts mit heranzuziehen, sofern sie für Arbeitsleistungen innerhalb des Bezugszeitraumes gezahlt werden.

c. Provisionen

9 Provisionen sind bei der Urlaubsentgeltberechnung zu berücksichtigen, unabhängig davon, ob die Provision allein die Vergütung darstellt oder zusätzlich zu einem Fixum oder Gehalt gewährt wird. Dies gilt jedenfalls dann, wenn die Provision die Grundvergütung darstellt und nicht für eine besondere Leistung versprochen ist.[9]

---

7 BAG 17.1.1991 – 8 AZR 644/89.

8 Hohmeister/Oppermann, BUrlG, § 11 Rn. 15.

9 EuGH 22.5.2014 – C-539/12 (Lock).

Als Berechnungsgrundlage für die Entgeltfortzahlung dient gem. § 11 Abs. 1 Satz 1 auch hier der durchschnittliche Verdienst der letzten 13 Wochen vor dem Urlaub.[10] 10

Bei **stark schwankenden Bezügen** kann in besonderen Ausnahmefällen auf einen längeren Zeitraum zurückzugreifen sein. Das wird in Literatur und Rechtsprechung nicht einheitlich gesehen. Nach unserer Auffassung sollte dies aber jedenfalls dann gelten, wenn die Provisionszahlungen nicht nur von schwankenden Umsätzen, sondern auch von der Zufälligkeit des Zeitpunkts der Bezahlung der Rechnungen durch die Kunden abhängt und die Parteien aus diesem Grund auch eine **jährliche Berechnung der Provisionen** vereinbart haben. Hierzu sollte als Bezugszeitraum dann das gesamte vorherige Kalenderjahr gewählt werden. Damit kann ausgeschlossen werden, dass ein Arbeitnehmer, der – zufällig oder gewollt – 13 Wochen nach Auszahlung der Jahresprovision in Urlaub geht, ein sehr hohes Urlaubsentgelt beanspruchen kann, während derjenige, dessen Urlaub nicht in diesem Zeitraum fällt, keinerlei Berücksichtigung der – zum üblichen Entgelt zählenden – Provision beanspruchen kann.[11] Auch durch Tarifvertrag, Betriebsvereinbarung oder Einzelvertrag kann ein anderer Berechnungszeitraum vereinbart werden.[12] 11

Für das Urlaubsentgelt unberücksichtigt sind einmalige Zahlungen, die keine laufende Arbeitsleistung honorieren, sondern für besondere Leistungen versprochen sind. Dazu können sowohl **Umsatzprovisionen**,[13] die trotz Ausfall der Arbeitsleistung im Urlaub gezahlt werden, sowie **Superprovisionen**,[14] die der Vertreter für Geschäfte erhält, die von Dritten vermittelt werden, als auch Provisionen, die für das **gesamte Jahr**[15] abgerechnet werden, zählen. Diese Provisionszahlungen sind nur zu berücksichtigen, wenn sie im Bezugsraum erbracht und vergütet werden und keine einmaligen Zahlungen darstellen.[16] Davon ist auch auszugehen, wenn diese auf der Gesamtverantwortung und Gesamtleistung eines Arbeitnehmers in verantwortlicher Position beruht.[17] 12

---

10 BAG 11.4.2000 – 9 AZR 266/99; Neumann/Kühn, BUrlG, § 11 Rn. 16 ff.

11 Vgl. hierzu mit überzeugender Begründung und m.w.N. LAG München 3.9.2019 – 9 Sa 177/19; LAG Köln 8.5.2020 – 4 Sa 662/19 a.A. Neumann/Kühn, BUrlG, § 11 Rn. 24; ErfK/Gallner, BUrlG, § 11 Rn. 15.

12 Neumann/Kühn, BUrlG, § 11 Rn. 18.

13 BAG 14.3.1966 – 5 AZR 468/65.

14 BAG 24.11.1992 – 9 AZR 564/91.

15 BAG 14.3.1966 – 5 AZR 468/65.

16 BAG 11.4.2000 – 9 AZR 266/99; a.A. Neumann/Kühn, BUrlG, § 11 Rn. 16.

17 BAG 27.7.2021 – 9 AZR 376/20.

d. Bedienungsprozente und Trinkgelder

13 Im Gaststättengewerbe werden häufig über den Grundverdienst des Arbeitnehmers hinaus **Bedienungsprozente** gewährt, deren Höhe vom Einzelumsatz abhängig ist. Für die Urlaubsentgeltberechnung ist der tatsächlich erzielte Lohn während der Bezugsperiode zugrunde zu legen. Unzulässig ist demnach die Berechnung nur nach dem Grundlohn, es sei denn, dass dieser durch die Bedienungsprozente im Bezugszeitraum nicht überschritten wurde.[18] Dies kann auch tarifvertraglich über § 13 nicht anders geregelt werden. Stark schwankende Bezüge können eine Verlängerung des Bezugszeitraumes erforderlich machen, was durch einen entsprechenden Tarifvertrag vereinbart werden kann. Einzelvertraglich ist eine Ausdehnung des Bezugszeitraums hingegen nur möglich, wenn diese sich für den Arbeitnehmer nicht nachteilig auswirkt.[19]

14 **Trinkgelder** haben keinen Einfluss auf die Höhe des Urlaubsentgelts, da sie keine Leistungen des Arbeitgebers darstellen. Erfolgt die Vergütung nach dem sog. **Troncsystem** (die Bedienungsprozente werden gesondert abgerechnet und nach einem bestimmten Schlüssel auf die Arbeitnehmer verteilt), kommt es auf die Ausgestaltung dieses Systems an. Wird aus dem Tronc das regelmäßige Arbeitsentgelt bezahlt, so sind diese Zahlungen auch beim Urlaubsentgelt zu berücksichtigen. Der Arbeitgeber hat das Urlaubsentgelt nach dem prozentualen Anteil zu berechnen, der für den Arbeitnehmer aus dem Tronc geleistet wurde.[20]

e. Sachbezüge

15 Sachbezüge gehören zum Arbeitsentgelt i. S. v. § 11 und sind somit während des Urlaubs weiterzugewähren oder aber in Geldleistungen zu begleichen. Es ist auch in diesem Fall auf die durchschnittlich erhaltenen Sachleistungen der letzten 13 Wochen vor Urlaubsbeginn abzustellen. So ist beispielsweise die mietfreie Wohnung während des Urlaubs genauso weiterzugewähren wie Sachleistungen in Natur (Butter, Eier usw.). Ist die Sachleistung im Urlaubszeitraum nicht möglich, etwa weil es sich um schnell verderbliche Sachgüter handelt, ist diese nach § 11 Abs. 1 Satz 4 angemessen in bar abzugelten. Dies kann auf Grundlage der Sachbezugsverordnung geschehen oder auch durch Ermittlung des Werts der Sachbezüge.[21]

---

18 Neumann/Kühn, BUrlG, § 11 Rn. 31 m. w. N.
19 Neumann/Kühn, BUrlG, § 11 Rn. 28.
20 Neumann/Kühn, BUrlG, § 11 Rn. 31.
21 Hohmeister/Oppermann, BUrlG, § 11 Rn. 37.

f. Überstunden

§ 11 Abs. 1 Satz 1 bestimmt, dass »zusätzlich für Überstunden gezahlter Arbeitsverdienst« bei der Berechnung des Urlaubsentgelts nicht zu berücksichtigen ist. Nicht einheitlich bewertet wird in Literatur und Rechtsprechung, was dies für die Bemessung des Urlaubsentgelts bedeutet.[22] Nach unserer Auffassung und dem insoweit klaren Wortlaut dürfen die zusätzlich gezahlten Stunden nicht berücksichtigt werden, was – soweit lediglich das Grundentgelt bezahlt wird und das erzielte Entgelt pro geleisteter Arbeitsstunde berechnet wird – für die Berechnung keinen Unterschied macht.[23] Ob die Regelung auch vor dem Hintergrund neuerer EuGH-Rechtsprechung Bestand haben kann, jedenfalls soweit auch Zuschläge für Überstundenvergütung nicht zu berücksichtigen sind, wird kritisch gesehen.[24] Hier muss nach der EuGH-Rechtsprechung differenziert werden: Handelt es sich um ausnahmsweise anfallende Überstunden, gehören diese nicht zum gewöhnlichen Arbeitsentgelt und sind daher auch nicht Teil des Urlaubsentgelts. Werden Überstunden aber regelmäßig in einem bestimmten Umfang geleistet und vergütet, und macht diese Vergütung einen wesentlichen Teil des Arbeitsentgelts aus, muss diese auch für das Urlaubsentgelt einbezogen werden. Nur so wird gewährleistet, dass der Arbeitnehmer im Urlaub das Entgelt erhält, dass er auch erhalten hätte, wenn er gearbeitet hätte.[25] Durch Tarifvertrag, Betriebsvereinbarung oder Arbeitsvertrag kann eine Berücksichtigung von Überstunden bei der Urlaubsentgeltberechnung vereinbart werden.[26] Problematisch sind aber Regelungen zu sehen, die dazu führen können, dass auf Urlaub verzichtet wird, damit man einen Anspruch auf Zuschläge nicht verliert. Dies kann der Fall sein, wenn gem. Tarifvertrag Zuschläge erst ab einem bestimmten Schwellenwert anfallen, die Zeit des Urlaubs hierbei aber nicht berücksichtigt wird. Auf Vorlage des BAG hat der EuGH diese Regelung für unzulässig gehalten. Das BAG hat nun entschieden, dass die Urlaubsstunden für den Schwellenwert mitzählen.[27] 16

22 Zum Meinungsstand vgl. Neumann/Kühn, BUrlG, § 11 Rn. 13 ff. mit deutlicher Kritik an der BAG-Rechtsprechung.

23 Hierauf weist Bayreuther, NZA 2019, 945 (950) zutreffend hin.

24 Zum Meinungsstand vgl. Neumann/Kühn, BUrlG, § 11 Rn. 13 ff.; EuGH 13.12.2018 – C-385/17 (Hein).

25 Vgl. hierzu auch Bayreuther/Zimmermann, BUrlG, § 11 Rn. 27; EuGH 13.12.2018 – C-385/17 (Hein).

26 Hohmeister/Oppermann, BUrlG, § 11 Rn. 49 f.

27 BAG 16.11.2022 – 10 AZR 210/19 im Anschluss an EuGH 13.1.2022 – C-514/20.

g. Zulagen

17 Zum Arbeitsverdienst gehören auch Zulagen, die bei der Berechnung des Urlaubsentgelts berücksichtigt werden müssen. Hierfür kommen in Betracht: Sozialzulagen, Gefahrenzuschläge und Erschwerniszuschläge, Schmutzzulagen, Zuschläge für Sonntags- und Feiertagsarbeit usw.[28] Einmalige Zahlungen wie beispielsweise Weihnachtsgratifikationen bleiben bei der Berechnung außen vor, auch dann, wenn sie in den Bezugszeitraum fallen.

h. Sonstiges

18 Während des Urlaubs nicht entstandene **Aufwandsentschädigungen** sind nicht zu berücksichtigen. Dies wird für **Umsatzbeteiligungen** anders gesehen, wenn diese an die jeweilige im Bezugszeitraum erbrachte Arbeitsleistung anknüpfen. Dann sollen diese nach Auffassung des LAG Hamm (unter Bezugnahme auf das LAG München, siehe oben Rn. 11) wie eine Provision zu behandeln sein. Für **Tantiemen** wird dies ebenso gelten müssen, wenn diese an die Arbeitsleistung anknüpfen.[29] Anders ist es aber zu sehen, wenn diese für eine **Gesamtleistung** im Kalenderjahr gezahlt werden. Wie andere **Einmalzahlungen** oder Gratifikationen bleiben diese dann bei der Berechnung des Urlaubsentgelts unberücksichtigt.

19 Die **Tarifvertragsparteien** dürfen jede Methode zur Berechnung des Urlaubsentgelts heranziehen, die ihnen geeignet erscheint, ein Urlaubsentgelt sicherzustellen, wie es der Arbeitnehmer bei Weiterarbeit ohne Freistellung voraussichtlich hätte erwarten können. Damit sind Regelungen unvereinbar, die das Ziel der Kürzung des Urlaubsentgelts im Vergleich zum Arbeitsentgelt verfolgen. Bei der Prüfung der Frage, ob eine Regelung des Urlaubsentgelts günstiger ist als die gesetzliche, sind weder das (zusätzliche) Urlaubsgeld noch eine gegenüber dem Gesetz höhere Anzahl von Urlaubstagen in den Günstigkeitsvergleich einzustellen.[30] Hat der Tarifvertrag das Lohnausfallprinzip gewählt, ist ein Zuschlag z. B. für Arbeit am 24. 12. auch demjenigen (Schicht-) Arbeitnehmer zu zahlen, der an diesem Tage Urlaub nimmt.[31] Wenn dem Arbeitgeber ein Wahlrecht zwischen mehreren Methoden der Urlaubsentgeltberechnung, die je für sich die oben genannten Bedingungen erfüllen, eingeräumt wurde, kann er unter Beachtung des Mit-

---

28 Neumann/Kühn, BUrlG, § 11 Rn. 22 f., vgl. zu Feiertagszahlungen und Nachtarbeitszuschlägen unter Geltung des MiLoG BAG 20.9.2017 – 10 AZR 171/16.

29 LAG Hamm 3.9.2019 – 9 Sa 177/19; Hohmeister/Oppermann, BUrlG, § 11 Rn. 24 ff.

30 BAG 22.1.2002 – 9 AZR 601/00 und 9 AZR 602/00.

31 BAG 15.2.2005–9 AZR 632/03.

bestimmungsrechts des Betriebsrats nach § 87 Abs. 1 Nr. 10 BetrVG davon Gebrauch machen.[32]

19a Eine tarifliche Regelung kann wegen mittelbarer Diskriminierung von **Teilzeitkräften** nichtig sein, wenn sie das Urlaubsentgelt allein nach dem ausgefallenen Arbeitsentgelt regelt, selbst wenn der Urlaub während einer Tätigkeit mit höherem Arbeitszeitdeputat und entsprechend höherem Entgelt erworben wurde. Dadurch würde ein entsprechend höheres erworbenes Urlaubsentgelt unzulässig gekürzt. Diese Problematik tritt bei einer Verringerung der Teilzeitquote bzw. bei Wechsel von Voll- zu Teilzeit auf.[33]

19b Die urlaubsbedingt ausfallende Zeit der **Betriebsratsarbeit** außerhalb der individuellen Arbeitszeit des Betriebsratsmitglieds, für die nach § 37 Abs. 3 Satz 3 2. Halbs. BetrVG eine Abgeltung vom Arbeitgeber zu leisten wäre, ist bei der Bemessung des Urlaubsentgelts einzubeziehen.[34]

3. Verdiensterhöhungen

20 Eine nicht nur vorübergehende Verdiensterhöhung ist für die Urlaubsentgeltberechnung insofern relevant, als die Berechnung auf Basis des erhöhten Entgelts zu erfolgen hat. Entsprechend dem Wortlaut von § 11 Abs. 1 Satz 2 gilt das sowohl für Erhöhungen die während des Berechnungszeitraums als auch solche, die während des Bezugszeitraums eintreten. So verstößt eine Tarifregel insofern gegen §§ 13 und 1 BUrlG und Art. 7 der Arbeitszeit-RL 2003/88/EG, als sie eine Verdiensterhöhung nur anteilig berücksichtigt.[35] Die Klausel behält hingegen ihre Gültigkeit für den Anspruch auf tariflichen Mehrurlaub. Uneinheitlich bewertet wird die Frage, ob eine erst während des Bezugzeitraums entstehende Verdiensterhöhung für den gesamten Bezugszeitraum zu gewähren ist. Dies hätte eine Besserstellung des Arbeitnehmers, der sich im Urlaub befindet, gegenüber einem nicht im Urlaub befindlichen Arbeitnehmer zur Folge und ist daher nach unserer Auffassung abzulehnen.[36]

21 Die Erhöhung der regelmäßigen Arbeitszeit von beispielsweise Teilzeit- auf Vollzeitarbeit stellt eine Verdiensterhöhung i. S. d. § 11 Abs. 1 Satz 2 dar.[37] Arbeitet ein Arbeitnehmer ab 1. 7. in Vollzeit, nachdem er zuvor teilzeit-

---

32 BAG 3.12.2002 – 9 AZR 535/01.

33 BAG 20.3.2018 – 9 AZR 486/17.

34 BAG 8.11.2017 – 5 AZR 11/17.

35 LAG Düsseldorf 1.7.2014 – 16 Sa 214/14.

36 Ebenso: Hohmeister/Oppermann, BUrlG, § 11 Rn. 59, für die Berücksichtigung: Neumann/Kühn § 11 Rn. 37 m. w. N., Schaub/Linck § 104 Rn. 108, BAG 5.9.2002 – 9 AZR 236/01, Rn. 34.

37 Hohmeister/Oppermann, BUrlG, § 11 Rn. 55; a. A. Neumann/Kühn, BUrlG, § 11 Rn. 53 ff., da sich dies lediglich auf die Arbeitszeit beziehe.

beschäftigt war, und nimmt den Urlaub in der zweiten Jahreshälfte, steht ihm Urlaubsentgelt auf der Basis der Vollzeitbeschäftigung zu.[38]

4. Verdienstkürzungen

22 Nach § 11 Abs. 1 Satz 3 mindern Verdienstkürzungen infolge von Kurzarbeit, Arbeitsausfällen oder unverschuldeter Arbeitsversäumnis im Berechnungszeitraum das Urlaubsentgelt nicht. Dies bedeutet im Umkehrschluss, dass andere Verdienstkürzungen als die drei im Gesetz benannten Ausnahmen zu berücksichtigen sind. Eine Verminderung des Verdiensts, die erst im Urlaubszeitraum eintritt, ist hingegen nach dem klaren Wortlaut der Vorschrift nicht zu berücksichtigen.

a. Kurzarbeit

23 Unter dem Begriff der Kurzarbeit versteht man die vorübergehende Reduzierung der betriebsüblichen regelmäßigen Arbeitszeit in wirtschaftlichen Krisensituationen. Wirksamkeitsvoraussetzung für diese Maßnahme ist, dass sie in Tarifvertrag, Betriebsvereinbarung oder Einzelarbeitsvertrag geregelt wird. Hiervon rechtlich zu trennen ist die Frage, ob ein Anspruch auf Kurzarbeitergeld nach den §§ 95 ff. SGB III besteht. Verdienstkürzungen, die im Referenzzeitraum aufgrund von Kurzarbeit entstehen, sind nach dem Wortlaut von § 11 Abs. 1 Satz 3 nicht zu berücksichtigen, d. h. das Urlaubsentgelt bemisst sich nach dem Arbeitsentgelt, das ohne die Einführung von Kurzarbeit gezahlt worden wäre.

b. Arbeitsausfälle

24 Als Arbeitsausfälle im Sinne dieser Vorschrift sind alle in der Sphäre des Arbeitgebers liegenden Gründe, die zur Minderung des Arbeitsentgelts führen, zu verstehen. Diese Vorschrift findet Anwendung z. B. bei Arbeitsunterbrechungen, von der Rechtsprechung für rechtmäßig erachtete Streiks und Aussperrungen.[39]

c. Unverschuldete Arbeitsversäumnis

25 Zeiten unverschuldeter Arbeitsversäumnis bleiben im Berechnungszeitraum außer Betracht, damit sind Fälle aus der Sphäre des Arbeitnehmers gemeint, wie die Verhinderung gem. § 616 BGB – ohne zeitliche Beschränkung auf

38 LAG Niedersachsen 11.4.2018 – 2 Sa 1072/17, so auch Hohmeister/Oppermann, BUrlG, § 11 Rn. 56.

39 Hohmeister/Oppermann, BUrlG, § 11 Rn. 70 ff.

eine verhältnismäßig nicht erhebliche Zeit – und von Arbeitsunfähigkeit aufgrund von Krankheit ohne Anspruch auf Entgeltfortzahlung oder unbezahlter Sonderurlaub. Auch Arbeitsversäumnisse infolge **Elternzeit** fallen hierunter.[40]

Ein Verschulden ist dann anzunehmen, wenn den Arbeitnehmer für das Eintreten eines Umstands die Verantwortung trifft oder er diese Verantwortung übernommen hat. Es reicht aber nicht aus, dass er den Umstand veranlasst hat. Schuldhaft ist das Verhalten dann, wenn der Arbeitnehmer vorsätzlich oder fahrlässig gegen die Rechtsordnung verstoßen und damit rechtswidrig gehandelt hat, und setzt damit einen Rechtsverstoß voraus.[41] 26

d. Sonstiges

Der **Wechsel von Vollzeit- in Teilzeitbeschäftigung** ist eine Arbeitszeitverkürzung, die sich auf die Verdiensthöhe auswirkt, im Ergebnis wirkt sie sich als Verdienstkürzung aus, wobei darüber gestritten wird, ob dies mit der Vorschrift des § 11 Abs. 1 Satz 3 gemeint ist.[42] Jedenfalls handelt es sich um keine der genannten Ausnahmen, so dass die geringere Verdiensthöhe bei der Berechnung des Urlaubsentgelts zu berücksichtigen ist.[43] 27

Dies darf aber nicht zur Folge haben, dass der in Vollzeit erworbene Anspruch auf Urlaub reduziert oder nur mit geringerem Urlaubsentgelt verbraucht werden darf. Dies würde gegen europarechtliche Grundsätze im Zusammenhang mit der Teilzeit-Richtlinie verstoßen.[44] 28

5. Urlaubsentgelt in der Insolvenz [45]

Urlaubsentgelt für Urlaub **vor Insolvenzeröffnung** muss als Insolvenzforderung i. S. v. § 38 InsO geltend gemacht werden. Das gilt ebenso für zusätzliches Urlaubsgeld, wenn dessen Zahlung an die tatsächliche Freistellung gekoppelt ist.[46] Es handelt sich um Ansprüche gem. § 108 Abs. 3 InsO. Bestehen solche Ansprüche im Moment der Insolvenzeröffnung, sind sie nach Maßgabe des § 165 Abs. 1 SGB III für die drei zurückliegenden Monate als **Insolvenzgeld** gesichert.[47] 29

---

40 Vgl. BAG 16.4.2024 – 9 AZR 165/23; Neumann/Kühn, BUrlG, § 11 Rn. 48.
41 Vgl. BAG 16.4.2024 – 9 AZR 165/23, Rn. 42.
42 Kühn meint, dass dies nicht der Fall sei: Neumann/Kühn, BUrlG, § 11 Rn. 53 f.
43 ErfK/Gallner, BUrlG, § 11 Rn. 23.
44 Siehe hierzu auch § 3 Rn. 18 ff. – Neumann/Kühn, BUrlG, § 11 Rn. 53 ff.
45 Vgl. oben § 7 Rn. 25.
46 BAG 15.2.2005 – 9 AZR 78/04, Düwell, Urlaubsansprüche in der Insolvenz, NZA 2008, S. 786.
47 Vgl. im Einzelnen Düwell, NZA 2008, S. 786.

30 Urlaubsentgelt für Urlaubsfreistellungen **nach Insolvenzeröffnung** ist als Masseverbindlichkeit im Wege der Leistungsklage geltend zu machen. Hat der Insolvenzverwalter Masseunzulänglichkeit angezeigt (§ 208 InsO), sind Ansprüche gem. § 11 (anteilige) Neumasseverbindlichkeiten, insoweit die Arbeitsleistung nach der Anzeige weiter in Anspruch genommen wird (§ 209 Abs. 3 Nr. 3a InsO). Zur Berechnung ist nach der bisherigen Rechtsprechung des 9. Senats des BAG der in Geld ausgedrückte Jahresurlaub des Arbeitnehmers ins Verhältnis zu der Dauer der nach Anzeige der Masseunzulänglichkeit erbrachten Arbeitsleistung zu setzen.[48] Anders sieht das der 6. Senat des BAG. Danach soll keine Quotierung stattfinden, sondern die Urlaubsabgeltung insgesamt als Neu-Masseverbindlichkeit angesehen werden. Der 9. Senat hat zwischenzeitlich mitgeteilt, dass er an seiner Rechtsprechung nicht festhalten will, hat sich also der Rechtsauffassung des 6. Senats angeschlossen. Damit gilt jetzt, wenn der Insolvenzverwalter (oder der starke vorläufige Insolvenzverwalter) **nach Anzeige der Masseunzulänglichkeit** die Arbeitsleistung in Anspruch nimmt, dass die daraus resultierenden Urlaubsentgeltansprüche bzw. Urlaubsabgeltungsansprüche uneingeschränkt als Masseverbindlichkeiten i. S. von § 55 Abs. 2 Satz 2 InsO gelten.[49]

6. Fälligkeit der Auszahlung des Urlaubsentgelts

31 Der Arbeitgeber gewährt nur dann wirksam Urlaub, wenn er das Urlaubsentgelt gem. § 11 Abs. 2 vor Urlaubsantritt leistet oder jedenfalls vorbehaltlos zusagt.[50] Ein späterer Fälligkeitszeitpunkt kann nur durch Tarifvertrag vereinbart werden.[51] In der Praxis erfolgt die Abrechnung und Auszahlung des Urlaubsentgelts demgegenüber meist zusammen mit der übrigen Vergütung im üblichen Abrechnungszeitraum, also nachträglich zum Monatsende gem. § 614 BGB oder sogar erst zum 15. des Folgemonats. Diese Praxis verstößt somit gegen § 13 Abs. 1 Satz 3 und führt damit zur Unwirksamkeit. Erfolgt die Zahlung nicht rechtzeitig, so gerät der Arbeitgeber in Verzug, und der Arbeitnehmer kann daraus resultierende Schadensersatzansprüche geltend machen.[52]

32 In Tarifverträgen kann zuungunsten der Beschäftigten von dieser Vorschrift abgewichen werden.[53]

---

48 BAG 21.11.2006 – 9 AZR 97/06. s. a. Ries/Berscheid, ZinsO 2008, S. 1161–1170.
49 BAG 10.9.2020 – 6 AZR 94/19 (A); BAG 16.2.2021 – 9 AS 1/21.
50 BAG 10.2.2015 – 9 AZR 455/13.
51 Hohmeister/Oppermann, BUrlG, § 11 Rn. 136.
52 ErfK/Gallner, BUrlG, § 11 Rn. 27, Neumann/Kühn, BUrlG, § 11 Rn. 59.
53 ErfK/Gallner, BUrlG, § 11 Rn. 27.

7. Zusätzlich gezahltes Urlaubsgeld

Häufig wird aufgrund eines Tarifvertrages, einer Betriebsvereinbarung bzw. einer betrieblichen Übung oder eines Einzelarbeitsvertrages zusätzlich zum Urlaubsentgelt Urlaubsgeld gewährt. Wird für diese Leistung im Einzelarbeitsvertrag vorausgesetzt, dass der Arbeitnehmer noch im ungekündigten Arbeitsverhältnis steht (sogenannte Stichtagsregelung), kann darin eine unangemessene Benachteiligung gem. § 307 Abs. 2 Nr. 1 BGB liegen. Fraglich ist nämlich, ob das Urlaubsgeld als Gegenleistung für erbrachte Arbeitsleistung zu werten ist, in diesem Fall kann der aus erbrachter Leistung entstandene Anspruch nicht mehr einseitig entzogen werden. Wird ein Urlaubsgeld pro genommenen Urlaubstag vereinbart, handelt es sich nicht um eine Leistung, die vom Arbeitnehmer durch Arbeitsleistung verdient werden muss. Die Anknüpfung des Urlaubsgelds an den genommenen Urlaubstag verdeutlicht, dass das Urlaubsgeld dem Erholungszweck und nicht der Vergütung einer Arbeitsleistung dienen soll und damit zum Urlaub akzessorisch ist. Es ist daher durch Auslegung des Vertrags zu ermitteln, ob mit der Zahlung der Erholungszweck honoriert werden soll oder jedenfalls zum Teil auch Leistung belohnt wird. Im letzteren Fall ist die Verknüpfung von Anspruch und Bestehen eines Arbeitsverhältnisses zum Zeitpunkt der Auszahlung unzulässig.[54] 33

Die Tarifvertragsparteien können im Übrigen frei – im Rahmen der Gesetze – entscheiden, welche Voraussetzungen für einen Urlaubsgeldanspruch vorliegen müssen.[55] Die Auszahlung erfolgt dabei entweder mit dem Urlaubsentgelt zusammen oder aber als Urlaubsgratifikation in Form eines 13. bzw. 14. Monatsgehalts. Stellt das betriebliche Urlaubsgeld zugleich eine Anwesenheitsprämie dar, so ist dieses kumulativ zum tariflichen Urlaubsgeld zu zahlen.[56] Auf die Berechnung des Urlaubsentgelts hat das Urlaubsgeld keinen Einfluss.[57] Ein **teilzeitbeschäftigter Arbeitnehmer** erhält ein im Verhältnis von gekürzter zur tariflichen Arbeitszeit gemindertes Urlaubsgeld.[58] 34

Ein **schwerbehinderter Arbeitnehmer** hat für seinen Zusatzurlaub ebenfalls einen Anspruch auf Urlaubsgeld, es sei denn, dass dieses explizit auf die tariflich festgelegte Urlaubsdauer begrenzt ist.[59] Für die Zahlung von Urlaubs- 35

---

54 BAG 22.7.2014 – 9 AZR 981/12, vgl. hierzu auch Tanja Keller in: Total Compensation, 2. Auflage, Kapitel 20 Rn. 26.

55 Neumann/Kühn, BUrlG, § 11 Rn. 66. Zum Fall einer Streikbeteiligung und deren Auswirkung auf ein tarifliches Urlaubsgeld vgl. BAG 13.2.2007 – 9 AZR 52/06.

56 BAG 12.2.1975 – 5 AZR 117/74.

57 Neumann/Kühn, BUrlG, § 11 Rn. 21.

58 BAG 23.7.1976 – 5 AZR 492/75.

59 BAG 30.7.1986 – 8 AZR 241/83.

gratifikationen werden in der betrieblichen Praxis häufig vertragliche **Rückzahlungsklauseln** vereinbart, die denselben Restriktionen unterliegen wie die Stichtagsregelung.[60] Eine Kürzung des Urlaubsgeldes im Krankheitsfall nach § 4a EFZG richtet sich nach den dort geregelten Voraussetzungen.[61]

8. Pfändbarkeit, Übertragbarkeit und Vererbbarkeit

36 Der **Urlaubsentgeltanspruch** ist in gleicher Weise pfändbar und übertragbar wie das Arbeitsentgelt.[62] Soweit der Urlaubsentgeltanspruch pfändbar ist, kann auch mit oder gegen ihn **aufgerechnet** werden. Die **Vererbbarkeit** des Urlaubsanspruchs ergibt sich aus § 1922 Abs. 1 BGB, seitdem der Urlaubsentgeltanspruch wie ein sonstiger Entgeltanspruch des Arbeitnehmers angesehen wird.[63]

37 Das **Urlaubsgeld** ist aufgrund der Sondervorschrift des § 850a Nr. 2 ZPO nicht pfändbar und folglich gem. § 394 BGB auch nicht abtretbar.[64] Das Urlaubsgeld ist ebenso wie der Urlaubsentgeltanspruch vererbbar.[65]

9. Ausschlussfristen

38 Das Urlaubsentgelt – und auch das Urlaubsgeld – unterliegen tariflichen und vertraglichen Ausschlussfristen, weil es sich um Arbeitsentgelt handelt, das während der urlaubsbedingten Freistellung weitergezahlt wird. Gleiches gilt auch für den Anspruch auf Urlaubsabgeltung, der wie jeder andere Geldanspruch den vereinbarten oder tariflichen Ausschlussfristen unterliegt.[66]

10. Unabdingbarkeit

39 Nach § 13 Abs. 1 kann durch Tarifvertrag von der Berechnung des Urlaubsentgelts in § 11 auch zuungunsten des Arbeitnehmers abgewichen werden. Als Berechnungsgrundlage kann dann anstatt der Bezugsmethode das Lohnausfallprinzip zur Anwendung gelangen,[67] auch kann der Bezugszeit-

---

60 BAG 18.1.2012 – 10 AZR 612/10.

61 Vgl. nur Schaub/Linck, § 79 Rn. 5 ff.

62 ErfK/Gallner, BUrlG, § 11 Rn. 32, Schaub/Linck, § 104 Rn. 115, a. A. Neumann/Kühn, BUrlG, § 1 Rn. 76 ff.

63 Schaub/Linck, § 104 Rn. 115, ErfK/Gallner, BUrlG, § 11 Rn. 32, a. A. Neumann/Kühn, BUrlG, § 1 Rn. 85 f.

64 Schaub/Linck, § 104 Rn. 115.

65 Neumann/Kühn, BUrlG, § 11 Rn. 85.

66 Zu Urlaubsentgelt: BAG 22.1.2002 – 9 AZR 601/00 und 9 AZR 602/00; zu Urlaubsgeld: BAG 11.4.2000 – 9 AZR 225/99; zu Urlaubsabgeltung BAG 27.10.2020 – 9 AZR 531/19 m. w. N.

67 BAG 3.12.2002 – 9 AZR 535/01.

raum verlängert oder verkürzt werden.[68] Es muss aber bei dem Grundsatz bleiben, dass der Arbeitnehmer das Entgelt erhält, das er auch erhalten hätte, wenn er gearbeitet hätte.[69] Betriebsvereinbarung oder Einzelarbeitsvertrag können eine Abweichung von § 11 nur zugunsten des Arbeitnehmers bestimmen, § 13 Abs. 1 Satz 3.[70] Dies gilt nicht, soweit sich die Vereinbarungen auf Entgelt für Mehrurlaubsansprüche beziehen und für diese eigenständige Regelungen getroffen wurden.

§ 12 Urlaub im Bereich der Heimarbeit

Für die in Heimarbeit Beschäftigten und die ihnen nach § 1 Abs. 2 Buchstaben a bis c des Heimarbeitsgesetzes Gleichgestellten, für die die Urlaubsregelung nicht ausdrücklich von der Gleichstellung ausgenommen ist, gelten die vorstehenden Bestimmungen mit Ausnahme der §§ 4 bis 6, 7 Abs. 3 und 4 und § 11 nach Maßgabe der folgenden Bestimmungen:

1. **Heimarbeiter (§ 1 Abs. 1 Buchstabe a des Heimarbeitsgesetzes) und nach § 1 Abs. 2 Buchstabe a des Heimarbeitsgesetzes Gleichgestellte erhalten von ihrem Auftraggeber oder, falls sie von einem Zwischenmeister beschäftigt werden, von diesem bei einem Anspruch auf 24 Werktage ein Urlaubsentgelt von 9,1 vom Hundert des in der Zeit vom 1. Mai bis zum 30. April des folgenden Jahres oder bis zur Beendigung des Beschäftigungsverhältnisses verdienten Arbeitsentgelts vor Abzug der Steuern und Sozialversicherungsbeiträge ohne Unkostenzuschlag und ohne die für den Lohnausfall an Feiertagen, den Arbeitsausfall infolge Krankheit und den Urlaub zu leistenden Zahlungen.**
2. **War der Anspruchsberechtigte im Berechnungszeitraum nicht ständig beschäftigt, so brauchen unbeschadet des Anspruches auf Urlaubsentgelt nach Nummer 1 nur so viele Urlaubstage gegeben zu werden, wie durchschnittliche Tagesverdienste, die er in der Regel erzielt hat, in dem Urlaubsentgelt nach Nummer 1 enthalten sind.**
3. **Das Urlaubsentgelt für die in Nummer 1 bezeichneten Personen soll erst bei der letzten Entgeltzahlung vor Antritt des Urlaubs ausgezahlt werden.**
4. **Hausgewerbetreibende (§ 1 Abs. 1 Buchstabe b des Heimarbeitsgesetzes) und nach § 1 Abs. 2 Buchstaben b und c des Heimarbeitsgesetzes Gleichgestellte erhalten von ihrem Auftraggeber, oder, falls sie von einem Zwischenmeister beschäftigt werden, von diesem als eigenes Urlaubsentgelt und zur Sicherung der Urlaubsansprüche der**

68 Hohmeister/Oppermann, BUrlG, § 11 Rn. 121 ff.
69 Hohmeister/Oppermann, BUrlG, § 11 Rn. 12 ff.
70 Hohmeister/Oppermann, BUrlG, § 11 Rn. 127 ff.

von ihnen Beschäftigten einen Betrag von 9,1 vom Hundert des an sie ausgezahlten Arbeitsentgelts vor Abzug der Steuern und Sozialversicherungsbeiträge ohne Unkostenzuschlag und ohne die für den Lohnausfall an Feiertagen, den Arbeitsausfall infolge Krankheit und den Urlaub zu leistenden Zahlungen.

5. Zwischenmeister, die den in Heimarbeit Beschäftigten nach § 1 Abs. 2 Buchstabe d des Heimarbeitsgesetzes gleichgestellt sind, haben gegen ihren Auftraggeber Anspruch auf die von ihnen nach den Nummern 1 und 4 nachweislich zu zahlenden Beträge.

6. Die Beträge nach den Nummern 1, 4 und 5 sind gesondert im Entgeltbeleg auszuweisen.

7. Durch Tarifvertrag kann bestimmt werden, dass Heimarbeiter (§ 1 Abs. 1 Buchstabe a des Heimarbeitsgesetzes), die nur für einen Auftraggeber tätig sind und tariflich allgemein wie Betriebsarbeiter behandelt werden, Urlaub nach den allgemeinen Urlaubsbestimmungen erhalten.

8. Auf die in den Nummern 1, 4 und 5 vorgesehenen Beträge finden die §§ 23 bis 25, 27 und 28 und auf die in den Nummern 1 und 4 vorgesehenen Beträge außerdem § 21 Abs. 2 des Heimarbeitsgesetzes entsprechende Anwendung. Für die Urlaubsansprüche der fremden Hilfskräfte der in Nummer 4 genannten Personen gilt§ 26 des Heimarbeitsgesetzes entsprechend.

Inhaltsübersicht Rn.

1. Allgemeines

1 Heimarbeiter, Hausgewerbetreibende und die ihnen Gleichgestellten sind als arbeitnehmerähnliche Personen anzusehen, da sie im Allgemeinen sowohl ihren Arbeitsplatz als auch ihre Arbeitszeit frei wählen können und darüber

hinaus keiner unmittelbaren Weisungsbefugnis des Arbeitgebers unterliegen.[1] Das BUrlG gilt auch für arbeitnehmerähnliche Personen wie gem. § 2 ausdrücklich normiert, für Beschäftigte in Heimarbeit gilt dies nicht allgemein, sondern hier trifft § 12 Sonderregelungen.[2]
Viele Einzelheiten dieser Regelung werden in der Literatur unterschiedlich gesehen,[3] Rechtsprechung gibt es nur vereinzelt.[4] In letzter Zeit wird vereinzelt diskutiert, ob im Zuge der sich veränderten Arbeitswelt durch **Homeoffice** und **Crowdworking** die Vorschrift mehr Bedeutung erlangen könnte.[5] Hinsichtlich »Homeoffice« überzeugt diese Überlegung wenig, da mit diesem Begriff üblicherweise die Arbeitsleistungen von Beschäftigten bezeichnet werden, die entweder in einem Arbeitsverhältnis gem. §§ 611 ff. BGB stehen oder als Beamte, Richter etc. anderweitig von Heimarbeitern i. S. d. Heimarbeitsgesetzes klar unterscheidbar sind. Soweit Crowdworker nach der Rechtsprechung des BAG als Arbeitnehmer anzusehen sind, trifft diese Überlegung ebenfalls nicht zu.[6]

2. Geltungsbereich

a. Heimarbeiter

Heimarbeiter ist nach der Definition in § 2 Abs. 1 HAG, wer in selbst gewählter Arbeitsstätte allein oder mit seinen Familienangehörigen[7] im Auftrag von Gewerbetreibenden oder Zwischenmeistern[8] erwerbsmäßig arbeitet und die Verwertung der Arbeitsergebnisse dem Gewerbetreibenden überlässt. Die Selbstbeschaffung von Roh- und Hilfsstoffen steht der Eigenschaft als Heimarbeiter nicht entgegen, § 2 Abs. 1 HAG. Für die Einordnung 2

1 Neumann/Fenski, BUrlG, § 13 Rn. 1.

2 Unionsrechtliche Bestimmungen, also insbesondere die Urlaubs-Richtlinie, spielen in diesem Bereich keine Rolle, da diese nur für Arbeitnehmer gilt. Das Weisungsrecht ist auch hier entscheidend, vgl. EuGH 20.11.2018 – C-127/17.

3 Vgl. nur die Kommentierungen zu § 12 bei ErfK/Gallner, Neumann/Fenski, Hohmeister/Oppermann und Boecken/Düwell.

4 9 BAG-Entscheidungen, 6 LAG-Entscheidungen und 0 ArbG-Entscheidungen sind in der Datenbank von Juris seit 1966 bis 2024 zu finden.

5 Riesenhuber, ZfA 2021, 5–43; Lipinski/Domni, DB 2020, 1183; Range-Ditz, ArbRB 2020, 104–105; Deinert, RdA 2018, 359–367.

6 Arbeitnehmerstatus eines Crowdworkers, BAG 1.12.2020 – 9 AZR 102/20.

7 Das sind neben Ehepartnern und Lebenspartnern u. a. auch Verwandte bis zum 3. Grad, wenn sie Mitglieder der häuslichen Gemeinschaft sind, vgl. § 2 Abs. 5 HAG.

8 Zwischenmeister ist, wer, ohne Arbeitnehmer zu sein, die ihm von Gewerbetreibenden übertragene Arbeit an Heimarbeiter oder Hausgewerbetreibende weitergibt, vgl.§ 2 Abs. 3 HAG.

kommt es maßgeblich auf den Geschäftsinhalt und nicht auf die von den Parteien angestrebten Rechtsfolgen an.[9]

b. Hausgewerbetreibende

3 Hausgewerbetreibender ist nach der Definition von § 2 Abs. 2 HAG, wer in eigener Arbeitsstätte mit nicht mehr als zwei fremden Hilfskräften[10] oder Heimarbeitern im Auftrag von Gewerbetreibenden oder Zwischenmeistern Waren herstellt, bearbeitet oder verpackt, wobei er selbst wesentlich am Stück mitarbeitet, jedoch die Verwertung der Arbeitsergebnisse dem Gewerbetreibenden überlässt. Die Selbstbeschaffung von Roh- und Hilfsstoffen oder aber die unmittelbare Tätigkeit für den Absatzmarkt beeinträchtigen die Eigenschaft als Hausgewerbetreibender nicht.

c. Gleichgestellte

4 Gleichgestellt werden können den in Heimarbeit Beschäftigten nach § 1 Abs. 2 Buchst. a-c HAG **Personen**, die i. d. R. allein oder mit ihren Familienangehörigen in selbst gewählter Arbeitsstätte eine sich in regelmäßigen Arbeitsvorgängen wiederholende Arbeit im Auftrage eines anderen gegen Entgelt ausüben, ohne dass ihre Tätigkeit als gewerblich anzusehen oder dass der Auftraggeber ein Gewerbetreibender oder Zwischenmeister ist; **Hausgewerbetreibende**, die mit mehr als zwei Hilfskräften oder Heimarbeitern arbeiten; andere **in Lohnauftrag arbeitende Gewerbetreibende**, die infolge ihrer wirtschaftlichen Abhängigkeit eine ähnliche Stellung wie Hausgewerbetreibende einnehmen. Die Gleichstellung hat durch eine widerrufliche Entscheidung durch den Heimarbeitsausschuss oder aber durch die zuständige Arbeitsbehörde zu erfolgen, § 1 Abs. 4 und 5 HAG. In dieser ist auch zu regeln, ob sich die Gleichstellung auf den Urlaub erstreckt (§ 12 Satz 1).

3. Die nicht anwendbaren Vorschriften im Bereich der Heimarbeit

5 Gem. § 12 sind nicht alle Bestimmungen des BUrlG auf den Bereich der Heimarbeit anwendbar. Zu den ausgenommenen Vorschriften gehören: § 4 (Wartezeit), § 5 (Teilurlaub), § 6 (Ausschluss von Doppelansprüchen), § 7 Abs. 3, 4 (Übertragbarkeit und Abgeltung des Urlaubsanspruchs) und § 11 (Urlaubsentgelt). Die restlichen Bestimmungen finden nur in Verbindung mit den in § 12 Ziff. 1–8 enthaltenen Sonderregelungen Anwendung.[11]

---

9 BAG 3.4.1990 – 3 AZR 258/88.
10 Vgl. § 2 Abs. 6 HAG.
11 Neumann/Fenski, BUrlG § 12 Rn. 12.

Im Einzelnen ist hier vieles streitig. So wird zum Beispiel angenommen, eine bis zu einjährige **Wartezeit** ergebe sich aus § 12 Nr. 1.[12] Das ist nachvollziehbar, da nach dem Wortlaut der Bestimmung der Urlaub erst verlangt werden kann, wenn ein Anspruch von 24 Werktagen besteht. Eine **Befristung** des Anspruchs soll jeweils zum 30. 4. für den Vorjahresanspruch erfolgen.[13] Ein Abgeltungsanspruch vergleichbar mit § 7 Abs. 4 soll sich aus § 12 Nr. 1 ergeben, wenn dessen Voraussetzungen vorliegen.[14]

4. Berechnung des Urlaubsentgelts

Der § 12 regelt – anstelle des nicht anwendbaren § 11 – vor allem die Berech- 6
nung des Urlaubsentgelts.

a. Berechnungszeitraum

Nach § 12 Nr. 1 erhalten Heimarbeiter und die nach § 1 Abs. 2 Buchst. a 7
HAG Gleichgestellten einen Urlaubsanspruch von 24 Werktagen bei einem Urlaubsentgelt von 9,1 % des in der Zeit vom 1. 5. bis zum 30. 4. des folgenden Jahres verdienten Arbeitsentgelts. Darunter ist nach der Rechtsprechung des BAG der Zeitraum vom 1. 5. des dem Urlaubsjahr vorausgehenden Jahres bis zum 30. 4. des Urlaubsjahres, als Berechnungszeitraum anzunehmen. Damit ist gewährleistet, dass eine den Besonderheiten der Heimarbeit angepasste und die Systematik von § 11 BUrlG berücksichtigende Berechnung erfolgt.[15] Der verlängerte Berechnungszeitraum ist vom Gesetzgeber gewählt worden, um eventuell auftretende Schwankungen im Einkommen des Heimarbeiters weitgehend kompensieren zu können. Zugrunde zu legen ist bei der Urlaubsentgeltberechnung der Bruttoverdienst des »verdienten Arbeitsentgelts«, wie es in Ziffer 1 heißt. Danach sind vom Bruttoverdienst geleistete Unkostenzuschläge, die Lohnausgleichszahlungen für Feiertage und Arbeitsunfähigkeit wegen Krankheit, sowie die für den Urlaub zu leistenden Zahlungen abzuziehen. Für **Jugendliche** ist die Sonderregelung in § 19 Abs. 4 JArbSchG zu beachten. Danach ist Jugendlichen der Mindesturlaub entsprechend ihrem Alter gem. § 19 Abs. 2 JArbSchG zu gewähren. Für die Entgeltberechnung enthält die Vorschrift ebenfalls von § 12 abweichende Regelungen.

---

12 ErfK/Gallner, BUrlG, § 12 Rn. 15.

13 ErfK/Gallner, BUrlG, § 12 Rn. 18.

14 Neumann/Fenski, BUrlG, § 12 Rn. 13, BAG 11.6.2006 – 9 AZR 516/05, Rn. 36; a. A. ErfK/Gallner, BUrlG, § 12 Rn. 19.

15 BAG 20.8.2019 – 9 AZR 41/19 mit ausführlicher Begründung und Darstellung des Streitstands.

8 Für die Dauer der **Kündigungsfrist** gilt für Heimarbeiter Verdienstsicherung gem. § 29 Abs. 7 HAG. In die Berechnung dieses Entgelts fließen Urlaubszahlungen ein, soweit dem Heimarbeiter auf seinen Antrag Urlaub gewährt worden ist.[16]

b. Höhe des Urlaubsentgelts nicht ständig Beschäftigter

9 Für Heimarbeiter und ihnen Gleichgestellte, die im Berechnungszeitraum nach § 12 Nr. 1 nicht ständig beschäftigt waren, gilt die Urlaubsentgeltberechnung nach § 12 Nr. 2. Danach muss der Auftraggeber dem Beschäftigten nur so viele Urlaubstage gewähren, wie durchschnittliche Tagesverdienste in dem Urlaubsentgelt nach § 12 Nr. 1 enthalten sind. Die **Berechnung des Urlaubsanspruchs** erfolgt derart, dass zuerst die Arbeitsvergütung im Bezugszeitraum bestimmt wird. Das Urlaubsentgelt beträgt 9,1 % dieses Betrages. Anschließend wird der durchschnittliche Tagesverdienst bestimmt, indem die Arbeitsvergütung durch die Anzahl der Arbeitstage dividiert wird. Die Division von Urlaubsentgelt durch durchschnittlichen Tagesverdienst ergibt schließlich die Anzahl der vom Auftraggeber zu gewährenden Urlaubstage.

10 **Beispiel:**
Ein Heimarbeiter hat innerhalb eines Jahres an 160 Arbeitstagen 18 000 Euro brutto verdient. Das Urlaubsentgelt beträgt 9,1 % hiervon also 1638 Euro. Der Tagesdurchschnittsverdienst von 112,50 Euro ergibt sich aus 18 000 Euro dividiert durch 160 Arbeitstage. Der Urlaubsanspruch stellt das Ergebnis der Division dieser beiden errechneten Ergebnisse dar, also: 1638/112,50 = 14,56. Dem Heimarbeiter stehen also 14,56 Urlaubstage zu.

Bruchteile von Urlaubstagen sind weder auf- noch abzurunden, auch bei Teilurlaub, da § 5 nicht anwendbar ist.[17]

c. Auszahlung des Urlaubsentgelts

11 § 12 Nr. 3 bestimmt, dass das Urlaubsentgelt für die in Nr. 1 bezeichneten Personen vor Antritt des Urlaubs ausgezahlt werden soll. Es handelt sich insoweit nur um eine sog. **Sollvorschrift**, die in der betrieblichen Praxis jedoch weitgehend leerläuft, da das Urlaubsentgelt überwiegend aufgrund anderweitiger vertraglicher Vereinbarungen als Zuschlag zu der jeweiligen

16 So BAG 11. 7. 2006 – 9 AZR 516/05 m. w. N. zu den verschiedenen Rechtsansichten hierüber.
17 ErfK/Gallner, BUrlG, § 12 Rn. 16.

Vergütung ausgezahlt wird.[18] Dem Heimarbeiter bleibt dann nichts anderes übrig, als sein Urlaubsentgelt selbst anzusparen. Den Arbeitgeber trifft insoweit die Darlegungs- und Beweislast, dass in den jeweiligen Arbeitsentgelten auch das entsprechende Urlaubsentgelt bereits involviert ist.[19]

d. Urlaubsentgelt für Hausgewerbetreibende

Hausgewerbetreibende und die ihnen nach § 1 Abs. 2 Buchst. b und c HAG 12
Gleichgestellten erhalten gem. § 12 Nr. 4 von ihrem Auftraggeber oder Zwischenmeister einen Betrag von 9,1 % des Bruttoarbeitsverdienstes als eigenes Urlaubsentgelt und zur Sicherung der Urlaubsansprüche der von ihnen Beschäftigten. Der Zuschlag wird ausschließlich in Verbindung mit dem Arbeitsentgelt geleistet. Der Bezugszeitraum muss wohl § 12 Nr. 1 entnommen werden, § 12 Nr. 2 findet wohl keine Anwendung, da anzunehmen ist, dass Hausgewerbetreibende, die qua Definition mit Hilfsarbeitern oder anderen Heimarbeitern zusammenarbeiten, eher den ständig beschäftigen Heimarbeitern zuzuordnen sind.[20]

e. Zwischenmeister

Zwischenmeistern steht gem. § 12 Nr. 5 kein eigener Urlaubsanspruch zu. Sie 13
haben gegen ihren Auftraggeber lediglich einen Anspruch auf die von ihnen nach § 12 Nr. 1–4 zu zahlenden Beträge, sofern sie den Heimarbeitern nach § 1 Abs. 2 Buchst. d HAG gleichgestellt sind. Dieser Anspruch kann bereits geltend gemacht werden, bevor die tatsächliche Zahlung an die in Heimarbeit Beschäftigten, Hausgewerbetreibenden oder Gleichgestellten erfolgt, sodass der Zwischenmeister nicht in Vorleistung treten muss.[21]

f. Entgeltbelege

Nach § 12 Nr. 6 sind die Urlaubsentgeltzahlungen des § 12 Nr. 1, 4 und 5 ge- 14
sondert in Entgeltbelegen auszuweisen. Jeder, der Heimarbeit ausgibt, muss gem. § 9 HAG Entgeltbelege ausstellen, damit jederzeit Höhe und Zeitpunkt der Zahlungen des Urlaubsentgelts nachgeprüft werden können.

---

18 Hohmann/Oppermann, BUrlG, § 12 Rn. 17, Neumann/Fenski, BUrlG, § 12 Rn. 21.

19 BAG 13.3.1963 – 4 AZR 415/61.

20 So auch Neumann/Fenski, BUrlG, § 12 Rn. 30 m. w. N. zum Streitstand.

21 Neumann/Fenski, BUrlG, § 12 Rn. 32 m. w. N.

g. Abweichende Regelung durch Tarifvertrag

15 Nach § 12 Nr. 7 kann für Heimarbeiter in bestimmten Gewerbezweigen, in denen diese wie Betriebsarbeiter behandelt werden und die nur für einen Auftraggeber tätig sind, im Tarifvertrag bestimmt werden, dass diese Urlaub nach den allgemeinen Urlaubsbestimmungen erhalten.[22] §§ 17 bis 19 HAG enthalten Sondervorschriften für Bereiche, in denen keine Gewerkschaften oder Vereinigungen der Auftraggeber bestehen. Hier können **Heimarbeitsausschüsse »bindende Festsetzungen«** treffen, die nach Anhörung der betroffenen Auftraggeber und Beschäftigten sowie Zustimmung der zuständigen Behörde die Wirkung eines allgemeinverbindlichen Tarifvertrages haben und in das entsprechende Register beim BMAS einzutragen sind.
Im Übrigen können durch **Tarifverträge** im Rahmen von § 13 abweichende Regelungen getroffen werden. In **einzelvertraglichen Regelungen** können dementsprechend günstigere Bedingungen vereinbart werden.

h. Entgeltsicherung

16 In § 12 Nr. 8 wird festgelegt, dass die Vorschriften über den Entgeltschutz des HAG auch auf das Urlaubsentgelt übertragbar sind. Danach finden auf die Nummern 1, 4 und 5 des § 12 die Vorschriften über die Entgeltprüfung (§ 23 HAG), die Aufforderung zur Nachzahlung der Minderbeträge (§ 24 HAG) und die Klagebefugnis der Länder (§ 25 HAG) Anwendung. Zudem gelten für das Urlaubsentgelt die Regelungen über den Pfändungsschutz des § 27 HAG. Das Urlaubsentgelt ist damit ebenso pfändbar wie das anderer Arbeitnehmer. Darüber hinaus wird nach § 12 Nr. 8 auch der § 21 Abs. 2 HAG (Mithaftung des Auftraggebers) auf die nach § 12 Nr. 1 und 4 zu zahlenden Beträge angewendet.

§ 13 Unabdingbarkeit

(1) Von den vorstehenden Vorschriften mit Ausnahme der §§ 1, 2 und 3 Abs. 1 kann in Tarifverträgen abgewichen werden. Die abweichenden Bestimmungen haben zwischen nichttarifgebundenen Arbeitgebern und Arbeitnehmern Geltung, wenn zwischen diesen die Anwendung der einschlägigen tariflichen Urlaubsregelung vereinbart ist. Im Übrigen kann, abgesehen von § 7 Abs. 2 Satz 2, von den Bestimmungen dieses Gesetzes nicht zuungunsten des Arbeitnehmers abgewichen werden.
(2) Für das Baugewerbe oder sonstige Wirtschaftszweige, in denen als Folge häufigen Ortswechsels der von den Betrieben zu leistenden Arbeit Arbeitsverhältnisse von kürzerer Dauer als einem Jahr in erheblichem

22 Neumann/Fenski, BUrlG, § 12 Rn. 34.

Umfange üblich sind, kann durch Tarifvertrag von den vorstehenden Vorschriften über die in Absatz 1 Satz 1 vorgesehene Grenze hinaus abgewichen werden, soweit dies zur Sicherung eines zusammenhängenden Jahresurlaubs für alle Arbeitnehmer erforderlich ist. Absatz 1 Satz 2 findet entsprechende Anwendung.
(3) Für den Bereich der Deutsche Bahn Aktiengesellschaft sowie einer gemäß § 2 Abs. 1 und § 3 Abs. 3 des Deutsche Bahn Gründungsgesetzes vom 27. Dezember 1993 (BGBl. I S. 2378, 2386) ausgegliederten Gesellschaft und für den Bereich der Nachfolgeunternehmen der Deutschen Bundespost kann von der Vorschrift über das Kalenderjahr als Urlaubsjahr (§ 1) in Tarifverträgen abgewichen werden.

Inhaltsübersicht Rn.

1. Allgemeines

Bei den Vorschriften des BUrlG handelt es sich um sog. »Mindestvorschriften«, das heißt, es kann grundsätzlich von allen Urlaubsbestimmungen zugunsten des Arbeitnehmers abgewichen werden. Darüber hinaus besteht für Tarifverträge das »Vorrangprinzip«, wonach von den Regelungen des BUrlG auch zuungunsten des Arbeitnehmers abgewichen werden kann.[1] Eine Ausnahme von diesem Prinzip besteht jedoch gem. § 13 Abs. 1 Satz 1 für die Kernvorschriften des § 1 (Urlaubsanspruch), § 2 (Geltungsbereich) und § 3 Abs. 1 (Dauer des Urlaubs), diese sind unabdingbar, d.h. es darf von ihnen nicht zuungunsten des Arbeitnehmers abgewichen werden. Diese Wirkung gilt auch für den Urlaubsabgeltungsanspruch des § 7 Abs. 4, da dieser unmittelbar mit dem Urlaubsanspruch aus §§ 1, 3 Abs. 1 zusammenhängt.[2] 1

Was gilt nun aber, wenn es unterschiedliche Regelungen über die Anzahl der Urlaubstage in einem Betrieb gibt? Wenn neben der Regelung im BUrlG auch solche eines Tarifvertrags, einer Betriebsvereinbarung und eines Arbeitsvertrags vereinbart wurden. Welche Regelung gilt dann? 2

Hierzu muss man wissen, dass es mehrere Prinzipien im Arbeitsrecht gibt, die zur Lösung dieser Frage beitragen. Eines davon ist, dass die ranghöhere Regelung der rangniedrigeren vorgeht. Geht man von den vier genannten Rechtsquellen aus, ist das Gesetz die ranghöchste Regelung, danach kommt 3

1 BAG 9.7.1964 – 5 AZR 463/63.
2 BAG 21.7.1978 – 6 AZR 1/77; BAG 18.6.1980 – 6 AZR 328/78.

der Tarifvertrag, die Betriebsvereinbarung und zum Schluss der Arbeitsvertrag. Wie oben bereits dargelegt, lässt § 13 Abs. 1 Abweichungen zugunsten des Arbeitnehmers – unabhängig von der Rangstufe – zu. Hierbei ist noch zu beachten, dass üblicherweise durch Tarifvertrag geregelte Arbeitsentgelte und sonstige Arbeitsbedingungen nicht Gegenstand einer Betriebsvereinbarung sein können, es sei denn, dass dies im Tarifvertrag ausdrücklich zugelassen wird (§ 77 Abs. 3 BetrVG).

4 Darüber hinaus gilt bei unterschiedlichen Regelungen auf derselben Rangstufe das Ordnungsprinzip (die neue Regelung geht der älteren vor) und das Spezialitätsprinzip (die speziellere Regelung geht der allgemeinen vor). Das Günstigkeitsprinzip bleibt hierbei unberücksichtigt. Folgendes **Beispiel** soll die Rangfolge der arbeitsrechtlichen Gestaltungsfaktoren verdeutlichen:

Beispiel:

5 Dem Arbeitnehmer A stehen laut Einzelarbeitsvertrag 27 Urlaubstage zu, während der Verbandstarifvertrag 28 und der Firmentarifvertrag 26 Urlaubstage vorsieht. Zudem existiert noch eine Betriebsvereinbarung, nach der der Arbeitnehmer 30 Tage erhalten soll.

Rangfolge der Rechtsquellen:

1. § 3 Abs. 1 BUrlG sieht mindestens 24 Werktage vor.
2. Verbandstarifvertrag: 28 und Firmentarifvertrag: 26 Arbeitstage.
3. Betriebsvereinbarung: 30 Arbeitstage.
4. Einzelarbeitsvertrag: 27 Urlaubstage.

Die Betriebsvereinbarung ist unwirksam, weil sie gegen § 77 Abs. 3 BetrVG (Regelungssperre zugunsten von Tarifverträgen) verstößt. Der Verbandstarifvertrag und der Firmentarifvertrag konkurrieren auf derselben Rangstufe, woraus folgt, dass der Firmentarifvertrag als spezielleres Gesetz dem Verbandstarifvertrag vorgeht. Das Günstigkeitsprinzip findet hierbei keine Anwendung. Insoweit stehen dem Arbeitnehmer 26 Urlaubstage zu. Der Einzelarbeitsvertrag ist für A jedoch günstiger, sodass er nach dem Günstigkeitsprinzip (§ 4 Abs. 3 TVG) einen Urlaubsanspruch von 27 Arbeitstagen hat.

2. Vorrang des Tarifvertrages

a. Allgemeines

6 Soweit ein Arbeitsverhältnis dem Geltungsbereich eines Tarifvertrages unterfällt, sind mit Ausnahme der §§ 1–3 Abs. 1 nur die tarifvertraglichen Regelungen anzuwenden, sog. **Vorrangprinzip**.[3] Nach § 4 Abs. 5 TVG gelten die tarifvertraglichen Rechtsnormen, wie auch das Vorrangprinzip, bis zum Abschluss einer neuen Abmachung weiter.[4]

6a Tarifvertragsparteien können Urlaubs- und Urlaubsabgeltungsansprüche, die den unionsrechtlichen und den von §§ 1, 3 Abs. 1 BUrlG begründeten

3 Hohmeister/Hohmeister, BUrlG, § 13 Rn. 12f.
4 Neumann/Kühn, BUrlG, § 13 Rn. 3.

Anspruch auf Mindestjahresurlaub von vier Wochen übersteigen, frei regeln. Diese Befugnis schließt die Befristung des tariflichen Mehrurlaubs ein. Ein solcher Regelungswille, diesen Mehrurlaub einem eigenständigen Fristenregime zu unterstellen, kann schon dann vorliegen, wenn der TV auf eine Übertragungsanordnung und Nennung von Übertragungsgründen verzichtet und der Urlaub ohne besondere Gründe oder Übertragungsantrag bis zum 31. 3. des Folgejahres geltend gemacht werden kann.[5]

Für die Mindestnormen (§§ 1–3 Abs. 1) gilt ausschließlich das **Günstigkeitsprinzip**, wonach nur Abweichungen zum Vorteil des Arbeitnehmers zulässig sind. 7

In diesem Zusammenhang muss geprüft werden, ob eine tarifliche Urlaubsregelung nicht **mittelbar** gegen diese Vorschriften verstößt und damit gem. § 134 BGB nichtig ist.[6] 8

Der Tarifvertrag kann auch über eine arbeitsvertragliche Regelung auf das Arbeitsverhältnis Anwendung finden, wenn Arbeitgeber und/oder Arbeitnehmer nicht tarifgebunden sind (z. B.in Form einer Inbezugnahmeklausel im Arbeitsvertrag oder aufgrund betrieblicher Übung). Dies regelt § 13 Abs. 1 Satz 2. Diese Regelung gilt aber nur, wenn die Übernahme der tarifvertraglichen Urlaubsregelungen in den Arbeitsvertrag im »Ganzen« erfolgt. Werden nur einzelne Regelungen übernommen, sind diese wie sonstige arbeitsvertragliche Regelungen zu behandeln und gelten nur, wenn sie zugunsten des Arbeitnehmers wirken. 9

Tarifliche Bestimmungen, die von den allgemeinen Grundsätzen des Urlaubsrechts abweichen, müssen in der Tarifnorm eindeutig und klar ausgedrückt werden.[7] Regelungsunklarheiten sind so auszulegen, dass Tarifverträge im Zweifel an den Grundsätzen des allgemeinen Urlaubsrechts festhalten und diese nicht zu Lasten des Arbeitnehmers abändern wollen.[8] 10

(nicht besetzt) 11–13

Erlassverträge sowie **Ausgleichsquittungen** können nicht zu einem Verzicht des Arbeitnehmers auf die gesetzlich geregelten Mindestansprüche auf Urlaub führen. Auf den Freistellungsanspruch kann auch nicht in einem gerichtlichen Vergleich verzichtet werden. Es kann aber vereinbart werden, dass keine Urlaubsansprüche mehr bestehen (sog. Tatsachenvergleich). Anders ist dies in Bezug auf die Urlaubsabgeltung zu sehen, hierbei handelt es sich lediglich um einen Entgeltanspruch, auf den der Arbeitnehmer verzichten kann und der auch den auf das Arbeitsverhältnis anwendbaren Aus- 14

---

5 BAG 14.2.2017 – 9 AZR 386/16.

6 Neumann/Kühn, BUrlG, § 13 Rn. 11 ff. mit ausführlichen Fallbeispielen zu ungünstigeren Regelungen der §§ 4–11.

7 BAG 17.9.1970 – 5 AZR 45/70.

8 BAG 17.9.1970 – 5 AZR 45/70.

schlussfristen unterliegt.[9] Gleiches gilt für die über den Mindestanspruch hinausgehenden kollektivrechtlichen Vereinbarungen. Ein Verzicht ist insoweit nur zulässig, wenn dies dort ausdrücklich bestimmt wird, vgl. § 4 Abs. 4 TVG. Der Arbeitnehmer kann aber auf darüber hinausgehende günstigere arbeitsvertragliche Regelungen verzichten, diese unterliegen § 13 nicht.

15 Eine **Verwirkung** des Urlaubsentgeltanspruchs ist sowohl für den gesetzlichen Mindesturlaub als auch für den tariflichen Mehrurlaub denkbar, wenn der Arbeitnehmer sie über einen längeren Zeitraum hinweg nicht geltend gemacht hat und der Arbeitgeber darauf vertrauen durfte, dass er die Ansprüche nicht mehr geltend machen wird. Dies nachzuweisen ist für den Arbeitgeber aber nicht einfach. Gerade im Anwendungsbereich eines Tarifvertrags greifen im Übrigen zumeist zeitlich vorher die Ausschlussfristen.[10]

16 Eine **Ausschlussfrist** dient dazu, einen Arbeitnehmer anzuhalten, seinen Anspruch innerhalb eines bestimmten Zeitraumes geltend zu machen, um diesen anschließend nicht zu verlieren. Der Urlaubsentgeltanspruch unterliegt wie der Urlaubsabgeltungsanspruch tariflichen oder einzelvertraglichen Ausschlussfristen und muss daher rechtzeitig geltend gemacht werden.[11] Problematisch kann hier das Zusammenspiel mit § 11 Abs. 2 BUrlG sein, wonach das Urlaubsentgelt vor Antritt des Urlaubs auszuzahlen ist. Damit läuft die zu beachtende Frist also ab dem ersten Urlaubstag und nicht wie beim übrigen Arbeitsentgelt ab dem Ende des Monats bzw. dem nächsten 15. In der Praxis gelten aber zumeist andere Regelungen hinsichtlich der Auszahlung des Urlaubsentgelts, diese ist häufig der Arbeitsentgeltsregelung gleichgestellt. Auch dies kann tarifvertraglich festgelegt werden. Die Befristung des Urlaubsanspruchs gem. § 7 Abs. 3 geht als eigene Fristenregelung allgemeinen Ausschlussfristen vor,[12] denkbar sind aber tarifvertragliche Regelungen, die ein Abweichen von § 7 Abs. 3 vorsehen.

17 **Beispiel:**
Gem. § 13 Abs. 1 Satz 1 kann durch Tarifvertrag von der Vorschrift des § 7 Abs. 3 zum Nachteil des Arbeitnehmers abgewichen werden, indem der Übertragungszeitraum des Urlaubsanspruchs in das folgende Jahr um bis zu drei Monate gekürzt wird.[13] Eine noch restriktivere tarifvertragliche Regelung ist nicht möglich, da eine solche Vorschrift gegen § 1 verstoßen würde und damit unwirksam wäre.

---

9 BAG 14.5.2013 – 9 AZR 844/11; LAG Berlin-Brandenburg 19.2.2016 – 8 Sa 1923/15.

10 ErfK/Gallner, BUrlG, § 11 Rn. 34.

11 Vgl. nur ErfK/Gallner, BUrlG, § 11 Rn. 35; BAG 9.8.2011 – 9 AZR 352/10.

12 ErfK/Gallner, BUrlG, § 11 Rn. 14.

13 Ausgenommen sind die Fälle sehr langer krankheitsbedingter Arbeitsunfähigkeit nach *Schultz-Hoff*.

Eine Tarifnorm, nach der »der nicht gewährte Urlaub auf das nächste Jahr **nur** übertragen werden kann, wenn die Gewährung aus außergewöhnlichen **betrieblichen Gründen** bis zum Ablauf des alten Urlaubsjahres nicht möglich war«, ist gem. § 13 Abs. 1 Satz 1 i. V. m. §§ 1, 3 Abs. 1 BUrlG insoweit unwirksam, als sie den gesetzlichen Mindesturlaubsanspruch trotz Unmöglichkeit der Inanspruchnahme wegen Krankheit am Jahresende zum Erlöschen bringen soll. Die unionsrechtlichen Vorgaben betreffen ausschließlich den gesetzlichen Urlaubsanspruch von vier Wochen. Die TV-Parteien können darüber hinausgehende Urlaubsansprüche frei regeln. Ist eine eigenständige Tarifregelung im Hinblick auf den gesetzlichen Mindesturlaub unwirksam, kann sie für den vom gesetzlichen Urlaub abtrennbaren Teil der einheitlich geregelten Gesamturlaubsdauer, den tariflichen Mehrurlaub, wirksam bleiben.[14] 18

Eine Tarifnorm, die den Tarifurlaub von der Erbringung einer Mindestarbeitsleistung abhängig macht, hiervon aber Arbeitsausfälle infolge krankheitsbedingter Arbeitsunfähigkeit ausnimmt, die die Dauer von einem Jahr nicht überschreiten, ist zulässig und verstößt nicht gegen den Gleichheitssatz des Art. 3 Abs. 1 GG. Soweit davon aber auch die gesetzlichen Urlaubsansprüche erfasst werden, ist eine solche Regelung unwirksam.[15] 19

Die **Verjährung** von Urlaubsansprüchen beträgt gem. § 195 BGB drei Jahre und beginnt mit Ablauf des Urlaubsjahres.[16] Da der Urlaubsanspruch in Form von Freizeitgewährung aber auf den Übertragungszeitraum (bis 31. 3. des folgenden Jahres) des § 7 Abs. 3 Satz 2 beschränkt ist – von den Abweichungen für Langzeiterkrankte abgesehen – kommen für eine Verjährung in der Praxis nur der Urlaubsentgelt- und der Urlaubsabgeltungsanspruch in Betracht.[17] 20

b. Baugewerbe und verwandte Wirtschaftszweige

§ 13 Abs. 2 lässt für das Baugewerbe oder sonstige Wirtschaftszweige, in denen aufgrund häufigen Ortswechsels der von den Betrieben zu leistenden Arbeit Arbeitsverhältnisse von kürzerer Dauer als einem Jahr in beträchtlichem Umfang üblich sind, tarifvertragliche Regelungen über die in § 13 Abs. 1 Satz 1 vorgesehene Grenze hinaus zu, sofern dies zur Sicherung eines zusammenhängenden Jahresurlaubs für alle Arbeitnehmer notwendig ist. Als sonstige Wirtschaftszweige werden primär die unterschiedlichen Baunebengewerbe bezeichnet, wie beispielsweise Straßenbau, Maler- und Lackie- 21

14 BAG 5. 8. 2014 – 9 AZR 77/13.
15 BAG 16. 4. 2024 – 9 AZR 127/23, die Entscheidung betraf den Manteltarifvertrag Metall- und Elektroindustrie des Saarlandes.
16 Neumann/Kühn, BUrlG, § 13 Rn. 78 m. w. N.
17 Siehe jeweils dort: § 11 Rn. 38 und § 7 Rn. 84 ff.

rerhandwerk, Dachdeckerhandwerk, Gerüstbau, Fliesen- und Plattenlegerhandwerk etc. Darüber hinaus werden aber auch solche Wirtschaftszweige erfasst, bei denen die Notwendigkeit einer Ausnahmeregelung besteht, wie insbesondere in der Forst- und Landwirtschaft sowie im Zirkus-, Artisten-, Kabarett-, Varieté- und Musikergewerbe.[18]

22 Der gem. § 5 TVG für allgemeinverbindlich erklärte Bundesrahmentarifvertrag für das Baugewerbe (BRTV-Bau) gilt für alle in seinen Anwendungsbereich fallende Betriebe innerhalb der Bundesrepublik Deutschland. Sonderregelungen für den Urlaub im Baugewerbe in Bayern trifft der ebenfalls allgemeinverbindliche Urlaubs-TV in der derzeitigen Fassung vom 28.9.2018.

23 Der BRTV-Bau ist im Gegensatz zum BUrlG nicht auf einen Arbeitgeber ausgerichtet, sondern vielmehr auf die Tätigkeit des Arbeitnehmers in der gesamten Bauwirtschaft. Insofern kann es nicht entscheidend auf die Dauer des jeweiligen Arbeitsverhältnisses ankommen, sodass folglich die Erfüllung der sechsmonatigen Wartezeit nach § 4 nicht erforderlich ist.

24 Die Entstehung des Urlaubsanspruchs, die Urlaubsdauer und der Urlaubsentgeltanspruch hängen von den in den einzelnen Betrieben erworbenen und aufsummierten Beschäftigungszeiten sowie dem während dieser Zeit erworbenen Bruttolohn ab. Bei Betriebswechsel von einem Bauunternehmen zum nächsten kann der Arbeitnehmer somit auch seinen Urlaubsanspruch mitnehmen. In diesem Sinne ist gem. § 8 BRTV-Bau für alle Arbeitnehmer, die eine rentenversicherungspflichtige Tätigkeit als gewerbliche Arbeiternehmer ausüben, eine **Urlaubskasse** eingerichtet worden. Diese Urlaubs- und Lohnausgleichskasse der Bauwirtschaft (ULAK) mit Sitz in Wiesbaden soll die Auszahlung des Urlaubsentgelts sowie des zusätzlichen Urlaubsgeldes gewährleisten. Die Arbeitgeber des Baugewerbes haben die hierfür erforderlichen Beiträge an die Zusatzversorgungskasse des Baugewerbes (ZVK) zu entrichten, die dann an die ULAK bzw. an die UKB[19] weitergeleitet werden.[20]

25–26 (nicht besetzt)

27 Im Baugewerbe gliedert sich der Urlaub in 30 Arbeitstage als Jahresurlaub auf. Daraus folgt, dass ein Arbeitnehmer jeweils nach 12 Beschäftigungstagen (schwerbehinderte Menschen nach 10,3) Anspruch auf einen Urlaubstag hat, § 8 Nr. 2.2 BRTV-Bau.

28 Die Urlaubskassenregelung sieht eine **Urlaubsabgeltung** bei Beendigung des Arbeitsverhältnisses grundsätzlich nicht vor. Eine Ausnahme besteht nur, wenn der Arbeitnehmer länger als **drei Monate** in einem nicht vom

---

18 Hohmeister/Hohmeister, BUrlG, § 13 Rn. 167.

19 Gemeinnützige Urlaubskasse des Bayrischen Baugewerbes e. V., die für die Urlaubskassenregelung in Bayern zuständig ist.

20 Neumann/Kühn, BUrlG, § 13 Rn. 55f.

BRTV-Bau erfassten Betrieb **tätig** gewesen ist, **dauernde Erwerbsunfähigkeit** vorliegt, **Rentenbezug** oder **Vorruhestand** eintritt, der Arbeitnehmer **auswandert** oder in ein Angestellten- oder Ausbildungsverhältnis **überwechselt**, der Arbeitnehmer länger als **drei Monate nicht** in einem Betrieb des Baugeschäftes **beschäftigt** gewesen ist und durch Rentenbescheid oder ärztliches Attest belegt, dass er **berufsunfähig** oder auf nicht absehbare Zeit außerstande ist, seiner bisherigen Tätigkeit im Baugewerbe nachzugehen, es sich um Werkstudenten, Praktikanten oder ähnliche Beschäftigte handelt und das **Arbeitsverhältnis endet**, § 6 BRTV.

Mit Ablauf des auf das Entstehungsjahr nachfolgenden Kalenderjahres **verfallen** sowohl die Urlaubs- als auch die Abgeltungsansprüche, § 7 BRTV-Bau. Der Arbeitnehmer kann dann aber gem. § 8 BRTV-Bau innerhalb eines weiteren Kalenderjahres erworbene Geldansprüche gegen die Urlaubskasse geltend machen. **29**

Bei **Tod des Arbeitnehmers** sind das Urlaubsentgelt und das Urlaubsgeld an die Erben bzw. den Träger der Bestattungskosten auszuzahlen, § 9 BRTV-Bau. **30**

Umstritten ist, ob die Regelung des § 13 Abs. 2 unionsrechtskonform ist.[21] Der EuGH hat in seiner Entscheidung »Hein«[22] ausgeführt, dass nationale Regelungen so ausgelegt werden müssen, dass sichergestellt ist, dass die Arbeitnehmer ihr gewöhnliches Arbeitsentgelt erhalten. Ist das nicht möglich, liegt ein Verstoß gegen Art. 7 Abs. 1 der Arbz-Richtlinie und Art. 31 Abs. 2 der Grundrechtecharta vor. Die Entscheidung erging auf ein Vorlageverfahren des Arbeitsgerichts Verden.[23] Auf die bisherige Rechtsprechung, die vor Inkrafttreten der EU-Grundrechte-Charta am 1. 12. 2009 erging, kommt es damit nicht mehr an (vgl. insbesondere BAG[24]). Nunmehr ist für Urlaubsansprüche, die nach dem 1. 12. 2009 entstanden sind, im Einzelnen zu prüfen, ob eine Regelung dazu führt, dass Zeiten, in denen nicht tatsächlich gearbeitet wurde, mit in die Berechnung des Urlaubsentgelts einfließen, mit der Folge, dass dieses geringer ausfällt oder nicht.[25] Nach unserer Auffassung ist somit § 13 nicht per se europarechtswidrig, sondern lediglich vor dem Hintergrund dieser Entscheidung so auszulegen, dass tarifvertragliche Regelungen, die hierauf gestützt sind, nicht zu einer Verringerung des unionsrechtlich gebotenen Urlaubsentgelts führen dürfen. Klargestellt ist damit, dass aufgrund europarechtlicher Vorgaben, dem Arbeitnehmer im Urlaub das Entgelt gezahlt werden soll, das er auch sonst erhält. Zeiten, in denen er **31**

---

21 ErfK/Gallner, BUrlG, § 13 Rn. 26 hält die Anwendung durch das BAG unter Hinweis auf die EuGH-Rechtsprechung für unionsrechtlich nicht abgesichert.
22 EuGH 13. 12. 2018 – C-385/17.
23 ArbG Verden 19. 6. 2017 – 1 Ca 142/16.
24 BAG 17. 11. 2009 – 9 AZR 844/08.
25 Siehe auch die Entscheidungsbesprechung von Schinz, EuZa 2019, 493.

nicht gearbeitet hat, wie Kurzarbeit, dürfen – wie § 11 Abs. 1 Satz 2 das ebenfalls normiert – nicht zu einer Kürzung des Urlaubsentgeltanspruchs führen. Die weitere Frage, ob für diese Zeiten, in denen nicht tatsächlich gearbeitet wurde, eigene Urlaubsansprüche entstehen, ist hiervon zu trennen.[26]

c. Deutsche Bahn AG und Bundespost

32 Für den Bereich der Deutschen Bahn AG und der Nachfolgeunternehmen der Deutschen Bundespost (Deutsche Post AG, Postbank AG und Telekom AG) kann gem. § 13 Abs. 3 durch Tarifvertrag von der Vorschrift des § 1, der Übereinstimmung von Urlaubsjahr und Kalenderjahr, abgewichen werden. Dies wurde in den jeweiligen Tarifverträgen wie folgt umgesetzt: Als Zeitraum gilt einheitlich der 1. 4. bis 31. 3.[27]

3. Arbeitsverträge und Betriebsvereinbarungen

33 Im **Einzelarbeitsvertrag** können ebenfalls abweichende Regelungen getroffen werden, diese müssen aber gemäß § 13 Abs. 1 Satz 3 ggünstiger sein, mit Ausnahme von § 7 Abs. 2 Satz 2 (Aufteilung des Urlaubs). Es ist daher die gleiche Prüfung durchzuführen wie oben für die Tarifverträge im Zusammenhang mit §§ 1–3 Abs. 1 beschrieben, nur dass sich diese im Arbeitsvertrag auf sämtliche Vorschriften des BUrlG beziehen. Stellt sich bei dieser Prüfung heraus, dass der Einzelarbeitsvertrag für den Arbeitnehmer vergleichsweise schlechter ausfällt, so sind die für den Arbeitnehmer nachteiligen Vorschriften wegen Verstoßes gegen das Unabdingbarkeitsprinzip gem. § 134 BGB nichtig. Die übrigen Vorschriften des Einzelarbeitsvertrages gelten weiter. In Bezug auf das Urlaubsgesetz ist ein Gruppenvergleich unzulässig, d. h., jede einzelne Regelung im Arbeitsvertrag muss im Verhältnis zum BUrlG für den Arbeitnehmer günstiger sein, damit sie nicht gem. § 134 BGB unwirksam ist. Gleiches gilt für Betriebsvereinbarungen. Die unzulässigen Bestimmungen werden durch die Vorschriften des BUrlG ersetzt.[28]
Umstritten ist derzeit, ob der Anspruch auf Urlaub oder Urlaubsabgeltung im Rahmen eines außergerichtlichen Vergleichs während des Arbeitsverhältnisses von den Arbeitsvertragsparteien ausgeschlossen oder beschränkt werden darf.[29] Dies soll auch dann nicht zulässig sein, wenn in dem Vertrag das bevorstehende Ende des Arbeitsverhältnisses verbindlich festgelegt wur-

---

26 Vgl. dazu. § 3 Rn. 32.
27 Bahn AG: § 25 AnTV, § 28 LTV; Bundespost: § 43 TV Ang, § 23 TV Arb.
28 Neumann/Kühn, BUrlG, § 13 Rn. 9f.
29 Bejahend LAG Berlin-Brandenburg, 19.2.2016 – 8 Sa 1923/15, verneinend LAG Köln 11.4.2024 – 7 Sa 516/23 m.w.N. Revision ist eingelegt, das BAG hat auf den 3.6.2025 terminiert (9 AZR 104/24).

de. Begründet wird dies damit, unserer Meinung nach überzeugend, dass erst ab der rechtlichen Beendigung des Arbeitsverhältnisses die Freistellung von der Arbeitspflicht unmöglich wird.

Verfallklauseln in **Betriebsvereinbarungen** sind nur unter der Prämisse zulässig, dass sie sich auf Ansprüche beziehen, die über die gesetzlichen und tarifvertraglichen hinausgehen und sich zudem im Rahmen des § 77 Abs. 3 BetrVG befinden. Entsprechendes gilt auch für den Einzelarbeitsvertrag. Darüber hinaus darf er auch nicht gegen betriebliche Vorschriften als höherrangiges Recht verstoßen. **34**

§ 14 Berlin-Klausel

Dieses Gesetz gilt nach Maßgabe des § 13 Abs. 1 des Dritten Überleitungsgesetzes vom 4. Januar 1952 (Bundesgesetzbl. I S. 1) auch im Land Berlin.

Die Berlin-Klausel ist durch die Vereinigung der beiden deutschen Staaten am 3. Oktober 1990 **gegenstandslos** geworden. **1**

§ 15 Änderung und Aufhebung von Gesetzen

(1) Unberührt bleiben die urlaubsrechtlichen Bestimmungen des Arbeitsplatzschutzgesetzes vom 30. März 1957 (Bundesgesetzbl. I S. 293), geändert durch Gesetz vom 22. März 1962 (Bundesgesetzbl. I S. 169), des Neunten Buches Sozialgesetzbuch des Jugendarbeitsschutzgesetzes vom 9. August 1960 (Bundesgesetzbl. I S. 665), geändert durch Gesetz vom 20. Juli 1962 (Bundesgesetzbl. I S. 449), und des Seearbeitsgesetzes vom 20. April 2013 (BGBl. I S. 868), jedoch wird a) und b) …

(2) Mit dem Inkrafttreten dieses Gesetzes treten die landesrechtlichen Vorschriften über den Erholungsurlaub außer Kraft. In Kraft bleiben jedoch die landesrechtlichen Bestimmungen über den Urlaub für Opfer des Nationalsozialismus und für solche Arbeitnehmer, die geistig oder körperlich in ihrer Erwerbsfähigkeit behindert sind.

Inhaltsübersicht Rn.

1. Bundesrechtliche Urlaubsbestimmungen

1 Vor Inkrafttreten des BUrlG am 1. Januar 1963 waren bereits verschiedene bundesrechtliche Vorschriften vorhanden, deren Bestimmungen nach § 15 Abs. 1 für bestimmte Personenkreise auch weiterhin Geltung finden. Dazu zählen folgende Gesetze:

a. Arbeitsplatzschutzgesetz und Zivildienstgesetz

2 Mit der Aussetzung der Wehrpflicht zum 1.7.2011 haben sowohl das Arbeitsplatzschutzgesetz als auch das Zivildienstgesetz, soweit es sich auf Kriegsdienstverweigerer bezieht, keine nennenswerte Bedeutung mehr. Eine Wehrpflicht besteht allerdings im Spannungs- und Verteidigungsfall (§§ 2, 5 Wehrpflichtgesetz). Die Vorschriften gelten jedoch für den aktuell möglichen freiwilligen Wehrdienst weiter. Dieser freiwillige Wehrdienst ist jedoch nicht zu verwechseln mit dem rein zivilen Bundesfreiwilligendienst.[1]
Die Vorschriften des Arbeitsplatzschutzgesetzes[2] regeln in § 4 ArbPlSchG die Urlaubsansprüche eines zum Grundwehrdienst und zu Wehrübungen eingezogenen Arbeitnehmers. Es handelt sich dabei um Sonderregelungen bzgl. der Gewährung, Übertragung und Abgeltung des Urlaubs sowie einer Kürzungsmöglichkeit für die Zeit des Grundwehrdienstes nach dem Zwölftelungsprinzip. Nach § 78 ZivildienstG[3] gelten die Vorschriften des § 4 ArbPlSchG für den Zivildienst analog.

b. Sozialgesetzbuch, Neuntes Buch (SGB IX)

3 Das SGB IX[4] hat das Schwerbehindertengesetz[5] abgelöst. Es regelt in § 208 SGB IX den Zusatzurlaub von jährlich fünf bezahlten Arbeitstagen. Diese Regelung bezieht sich auf eine 5-Tage-Woche, es soll also eine weitere Urlaubswoche pro Kalenderjahr gewährt werden. Weicht die tatsächliche Arbeitszeit hiervon ab, so erhöht oder vermindert sich der Zusatzurlaub entsprechend. Soweit Mehrurlaub durch Tarifvertrag, Betriebsvereinbarung

---

1 Vgl. nur Schaub/Vogelsang § 177 Rn. 3.

2 Vom 30.3.1957 (BGBl. I, S. 293), i.d.F. der Bekanntmachung vom 16.7.2009 (BGBl. I, S. 2055), zuletzt geändert durch Art. 2 Abs. 9 des Gesetzes vom 30.3.2021 (BGBl. I, S. 402).

3 I.d.F. der Bekanntmachung vom 17.5.2005 (BGBl. I S. 1346), zuletzt geändert durch Art. 7 des Gesetzes vom 12.12.2019 (BGBl. I, S. 2652).

4 Vom 23.12.2016 (BGBl. I, S. 3234), zuletzt geändert durch Art. 3 Abs. 6 des Gesetzes vom 9.10.2020 (BGBl. I, S. 2075).

5 I.d.F. vom 26.8.1986 (BGBl. I, S. 1421, bereinigt S. 1550), geändert durch Gesetz vom 23.7.1996 (BGBl. I, S. 1088), aufgehoben durch das SGB IX-ÄndG vom 19.6.2001 (BGBl. I, S. 1046).

oder sonstige Urlaubsregelungen vereinbart ist, wird dieser um den Zusatzurlaub erhöht.[6]

c. Jugendarbeitsschutzgesetz

Das JArbSchG[7] regelt in § 19 nur noch die Höhe des Urlaubs in Abhängigkeit vom Alter (§ 19 Abs. 2) und den Zeitraum der Urlaubnahme (§ 19 Abs. 3). Darüber hinaus wird in § 19 Abs. 4 vor allem auf die Bestimmungen des BUrlG verwiesen. 4

d. Seearbeitsgesetz

Das Seearbeitsgesetz,[8] das das Seemannsgesetz am 20.4.2013 abgelöst hat, regelt in den §§ 56–64 SeeArbG den Urlaub für Schiffsbesatzungen. Diese in erheblichem Umfang von den Vorschriften des BUrlG abweichenden Bestimmungen sind auch auf Kapitäne anzuwenden.[9] 5

e. Eignungsübungsgesetz

Das Gesetz über den Einfluss von Eignungsübungen der Streitkräfte auf Vertragsverhältnisse der Arbeitnehmer und Handelsvertreter sowie auf Beamtenverhältnisse – Eignungsübungsgesetz (EÜG)[10] – ermächtigt in § 7 »Vorschriften für Beamte und Richter« zu Regelungen per Rechtsverordnung bzw. zur Verlängerung des Urlaubsanspruchs um 4 Monate (nicht ausdrücklich in § 15 Abs. 1 erwähnt). 6

2. Landesrechtliche Vorschriften

Nach Art. 72 Abs. 1, Art 74 Nr. 12 GG sind die landesrechtlichen Urlaubsvorschriften mit Inkrafttreten des BUrlG unwirksam geworden, § 15 Abs. 2 Satz 1 gibt diese Rechtslage wieder. Lediglich die landesrechtlichen Bestimmungen über den Zusatzurlaub für Opfer des Nationalsozialismus sowie geistig und körperlich in ihrer Erwerbstätigkeit Behinderte werden gem. § 15 Abs. 2 Satz 2 von dieser Rechtsfolge ausgenommen. 7

---

6 Vgl. dazu BAG 24.10.2006 – 9 AZR 669/05, AiB 2007, S. 254–256, mit Anm. Peter.

7 Vom 12.4.1976 (BGBl. I, S. 965), zuletzt geändert durch Art. 5 des Gesetzes vom 20.7.2022 (BGBl. I, S. 1174).

8 Vom 20.4.2013 (BGBl. I, S. 868), zuletzt geändert durch Art. 1 des Gesetzes vom 14.10.2020 (BGBl. I, S. 2112).

9 Siehe §§ 3, 5 Abs. 1 SeeArbG.

10 Vom 20.1.1956 (BGBl. I, S. 13), zuletzt geändert durch Artikel 11a des Gesetzes vom 11.12.2018 (BGBl. I, S. 2387).

8 Für die Opfer des Nationalsozialismus galten folgende landesrechtliche Vorschriften:
§ 4 **Badisches** UrlG vom 13. Juli 1949, aufgehoben durch Gesetz vom 3.2.1994; § 2 Abs. 3 UrlG **Niedersachsen** vom 10. Dezember 1948, außer Kraft seit 30.11.2007; § 3 UrlG **Rheinland-Pfalz** vom 8. Oktober 1948, außer Kraft seit 23.6.2010; § 2 UrlG **Württemberg-Baden** vom 6. August 1947/6. April 1949/3. April 1950. § 1 Abs. 1 Nr. 4 ZusatzUrlG **Saarland** vom 22. Juni 1950/30. Juni 1951, geändert durch Gesetz Nr. 1436 vom 23.6.1999 ABl. S. 1263 und zum 1.1.2000 außer Kraft gesetzt.[11] Diese Vorschriften beinhalteten Regelungen über den Zusatzurlaub von jährlich drei bis sechs Tagen, wobei es sich lediglich in Niedersachsen um einen echten Zusatzurlaub für anerkannte Opfer des Faschismus handelte, d.h., es fand dort keine Kumulation mit anderen Regelungen wie beispielsweise dem § 125 Abs. 1 SGB IX statt.

9 Noch in Kraft ist die Verordnung über den Erholungsurlaub in den neuen Bundesländern: Hier erhalten **Kämpfer gegen und Verfolgte des Faschismus**[12] gem. § 8 der VO vom 28. September 1978 einen jährlichen Erholungsurlaub von 27 Tagen. Dieser stellt den Mindesturlaub dar, sodass weitere Ansprüche auf Zusatzurlaub hinzuzurechnen sind.

10 Die Ländervorschriften für **geistig oder körperlich in ihrer Erwerbstätigkeit behinderte Arbeitnehmer** finden aufgrund der konkurrierenden Gesetzgebung des Bundes nach Art. 74 Nr. 12 GG Anwendung, solange und soweit der Bund von seinem Gesetzgebungsrecht keinen Gebrauch macht. Soweit also gegenüber den in § 208 SGB IX hinausgehende Regelungen getroffen werden, behalten diese ihre Gültigkeit, wie die saarländische Vorschrift, die Menschen mit einem Behinderungsgrad von 25 bis unter 50 einen Zusatzurlaub gewährte.[13]
Darüber hinaus dürfen die Länder weiterhin Urlaubsregelungen treffen, soweit diese nicht den im BUrlG geregelten Erholungsurlaub betreffen, wie Bildungsurlaubsgesetze und Sonderurlaubsgesetze.[14]

---

11 Anspruchsberechtigte, die bis zum 1.1.2000 einen Anspruch erworben haben, können den Zusatzurlaub auch über den 1.1.2000 hinaus geltend machen; BAG 15.11.2005 – 9 AZR 633/04.

12 Vom 28.9.1978 (GBl DDR I 1978, 365), gültig ab 3.10.1990 gemäß Einigungsvertrag vom 31.8.1990.

13 BAG 27.5.1997 – 9 AZR 484/96, BAG 5.9.2002 – 9 AZR 355/01.

14 Vgl. hierzu Einführung, Rn. 3.

§ 15a Übergangsvorschrift

Befindet sich der Arbeitnehmer von einem Tag nach dem 9. Dezember 1998 bis zum 1. Januar 1999 oder darüber hinaus in einer Maßnahme der medizinischen Vorsorge oder Rehabilitation, sind für diesen Zeitraum die seit dem 1. Januar 1999 geltenden Vorschriften maßgebend, es sei denn, dass diese für den Arbeitnehmer ungünstiger sind.

Die durch Änderung des § 10 notwendig gewordene Anpassung der Übergangsvorschrift in § 15a erklärt sich selbst und betont zudem das arbeitsrechtliche Günstigkeitsprinzip.[1] Die praktische Bedeutung erschöpft sich auf die Klärung von Altfällen, die in der kurzen Frist des Gesetzestextes begründet wurden. 1

§ 16 Inkrafttreten

Dieses Gesetz tritt mit Wirkung vom 1. Januar 1963 in Kraft.

Das BUrlG ist am 1. Januar 1963 in Kraft getreten und mit ihm die landes- 1
rechtlichen Vorschriften – mit Ausnahme der in § 15 Abs. 2 genannten Bestimmungen – außer Kraft.

Zudem hat es mit seinen unabdingbaren Vorschriften der §§ 1–3 Abs. 1 2
auch in bestehende Tarifverträge eingegriffen, indem für den Arbeitnehmer tarifvertraglich ungünstigere Regelungen durch die Vorschriften des BUrlG ersetzt wurden. Die §§ 3 Abs. 2 ff. sind hingegen gem. § 13 Abs. 1 tarifdispositiv.

1 Zur Vorgängerregelung vgl. § 10 Rn. 1.

Stichwortverzeichnis

Kompetenz verbindet

Ingo Hamm

Betriebliche Arbeitszeitgestaltung

2., aktualisierte Auflage
2025. Ca. 400 Seiten, gebunden
ca. € 58,–
ISBN 978-3-7663-7502-5
Erscheint Dezember 2025

Das Handbuch systematisiert die verschiedenen »Modelle« der Arbeitszeitgestaltung, erläutert Gemeinsamkeiten und Unterschiede bei Rechtsgrundlagen und Mitbestimmung. Im Fokus der Darstellung steht immer die praktische Umsetzung in Verhandlungen mit dem Arbeitgeber und bei der Aufstellung von Betriebsvereinbarungen – etwa in Form praktischer Textbausteine zum Übernehmen.

Aus dem Inhalt:
- Rechtlicher Rahmen (Gesetze und Tarifverträge)
- Grundlagen zum Arbeitszeitkonto für alle Arbeitszeitmodelle
- Mitbestimmung bei der Arbeitszeitgestaltung im Betrieb
- Unterschiedliche Arbeitszeitmodelle und ihre Gestaltung
- Feste Arbeitszeiten
- Schichtarbeit
- Arbeit nach Dienstplänen
- Abrufarbeit
- Indizielle Flexibilität

Bund-Verlag

Kompetenz verbindet

Fischer / Mittländer / Steiner

Arbeitszeit und Mitbestimmung von A bis Z

Das Lexikon für die Interessenvertretung
2., neu bearbeitete und aktualisierte Auflage
2025. Ca. 500 Seiten, gebunden
ca. € 64,–
ISBN 978-3-7663-7495-0
Erscheint November 2025

Das Lexikon gibt wichtige Hinweise für die Mitbestimmung und zeigt, worauf in Betriebs- und Dienstvereinbarungen zu Themen wie Arbeitszeiterfassung und Arbeitszeitkonten, Gleitzeitarbeit oder Vertrauensarbeitszeit zu achten ist. Es erläutert alle wesentlichen Grundlagen, von der Altersteilzeit über Nachtarbeit bis zu Zeiterfassungssystemen. Berücksichtigt sind dabei alle relevanten Normen, vom Arbeitszeitgesetz über das Teilzeit- und Befristungsgesetz bis hin zu ausgewählten Regelungen in Tarifverträgen oder Betriebsvereinbarungen. Einbezogen sind auch die Auswirkungen der deutschen Rechtsprechung sowie die Entscheidungen des EuGH und der europäischen Richtlinien.

Vorteile auf einen Blick:
- Praktisches Wissen, nach Stichwort gegliedert, rasch zugänglich
- Mit Tipps und Hinweisen für die Mitbestimmung
- Mit Eckpunkten für Betriebs- und Dienstvereinbarungen

Bund-Verlag

Kompetenz verbindet

Adam / Budde / Jansen / Klabunde

Musterschreiben für die Schwerbehindertenvertretung

Einführungen – Beispieltexte – Praxistipps, inklusive
Online-Zugriff auf alle Musterschreiben und Übersichten
2., aktualisierte Auflage
2025. Ca. 300 Seiten, gebunden
ca. € 46,-
ISBN 978-3-7663-7494-3
Erscheint August 2025

Praktische Arbeitshilfen für die Aufgaben in der Schwerbehindertenvertretung. Die Musterschreiben betreffen die praxisrelevanten Bereiche, die sonst in Kommentaren und Handbüchern nur theoretisch dargestellt werden.

Die umfangreiche und vielfältige Sammlung von thematisch sortierten Musterschreiben, Checklisten, Hinweisen und Praxistipps sind in der betrieblichen Beratung erprobt und »für gut befunden«. Sie bieten der neu- und wiederge-wählten Schwerbehindertenvertretung Unterstützung und Orientierung bei komplexen Abläufen, aber auch eine konkrete Entlastung im Tagesgeschäft.

Mit Musterschreiben und Vorlagen u. a. zu:

- Festlegung einer Vergleichsgruppe
- Präventionsverfahren und Arbeitsschutz
- Ausstattung und Infrastruktur
- Antragstellung (z. B. Merkzeichen, Neufeststellung)
- Gleichstellung
- Teilhabeleistungen

Bund-Verlag

Kompetenz verbindet

Christian Schoof

Betriebsratspraxis von A bis Z

Das Lexikon für die betriebliche Interessenvertretung
(inklusive Online-Zugriff auf alle Inhalte)
16., neu bearbeitete und aktualisierte Auflage
2024. 3.117 Seiten, gebunden
€ 59,–
ISBN 978-3-7663-7378-6

Von der »Abmahnung« bis zum »Zeugnis«: Tauchen in der täglichen Betriebsratsarbeit Fragen auf, hilft der Griff zum »Schoof«. Auf neuestem Stand informiert das bewährte Lexikon über die Aufgaben, Rechte und Handlungsmöglichkeiten des Betriebsrats und über Ansprüche und Pflichten der Beschäftigten.

Das Lexikon behandelt über 210 zentrale Themen, zur Arbeit des Gremiums (wie Betriebsratssitzung, Betriebsversammlung, Geschäftsordnung) und zur Vertretung der Interessen von Beschäftigten (wie Arbeitszeitflexibilisierung, Kündigung, Versetzung).

Die neuen Kernthemen:
- Pflicht zur Arbeitszeiterfassung
- Whistleblowing und Hinweisgeberschutzgesetz
- Einsatz Künstlicher Intelligenz
- Mitbestimmung bei mobiler Arbeit
- Digitale Betriebsratssitzungen
- Kündigung nach aktueller Rechtsprechung
- Urlaubsrecht nach den wegweisenden Entscheidungen des EuGH und BAG

Bund-Verlag